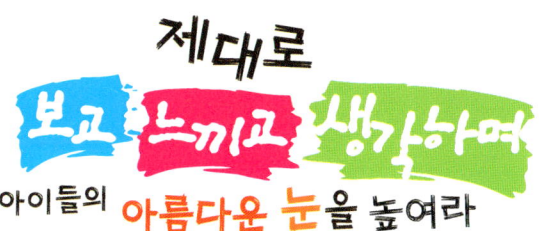

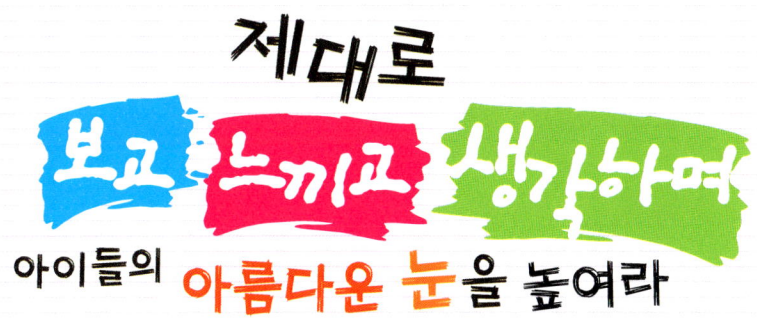

제대로
보고 느끼고 생각하며
아이들의 아름다운 눈을 높여라

임명숙 지음

이담
Books

이 책을 쓰는 동안,
가르침의 영감을 더해 준 사랑하는 두 아이들,
지연이와 태근이에게 이 책을 전합니다.

이 책은 저자가 1993년 한국교원대학교 대학원에서 발표했던『인식적 훈련을 통한 아동의 내적 표현 개발에 관한 연구－선그림을 중심으로』의 석사논문을 바탕으로 그동안 교육 현장의 안팎에서 연구하며 가르친 경험과 노하우로 저술한 것입니다.

# 추천의 글

임명숙 선생님은 교원대학교 대학원 초등미술교육 전공 첫 졸업생입니다. 당시 학교 교육과 개인 연구에 몰두하면서도 당시 학과장이었던 저와 더불어 한국미술교육학회를 창립하기 위해 열정을 아끼지 않던 모습이 지금도 생생합니다.

임 선생님이 졸업과 동시에 결혼 후, 교육자와 연구자에서 전업주부로 과감한 선택을 한 것도 대단한 결정이라고 존경했지만, 현장에서 필요로 하는 교사를, 미술교육 연구를 해야 할 연구자를, 미술교육을 활성화해야 할 미술교육활동가를 놓치는 듯해서 아쉬운 마음이 컸습니다.

학교 안팎에서 미술교육 연구와 활동을 계속했으면 하는 바람이었지만 자신은 좀 더 전문적으로 아이들을 가르치는 일이 더 좋으며, 나중에 자신만의 미술 아카데미를 운영하고 싶다는 포부를 밝힌 것도 기억합니다. 또한 언젠가는 자신의 교육과 연구 경험을 토대로 하여 책을 출간하겠다는 계획도 밝혔습니다.

벌써 20년이 다 되어가는 즈음에 책을 발간함은 교사와 학부형인 실제 경험의 시각으로 아이들의 지적, 정서적 발달 과정에서 느낌과 생각을 표현하는 방법을 드러내 보여 주면서 아동미술교육의 실제를 보여주고자 함입니다. 아이들이 동심의 세계에서 문화적 상상력과 시각문화 이해력을 키우면서 자기 세계를 가꿔나갈 수 있게 하는 예술교육의 중요성을 어필하는 데 큰 의미가 있다고 봅니다.

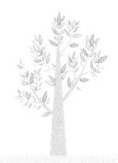

미술을 좀 더 지적인 활동으로 부각시키고, 내적 성찰교육으로 명상미술과 연계한 점, 아이들을 생각하는 기술인 철학과 결부시키고, 아름답게 생각하는 기술인 미학에 접근시킨 점, 좌뇌와 우뇌의 통합적 사고훈련으로 아이들의 뇌를 통제하고 조절하는 능력을 안내하고, 예술적 체험과 창의적 표현을 위해 통찰력을 높이는 방법 등 지금까지 아동미술을 단순하게 보아온 견해에 대해 아이들을 '꼬마 예술가'로 높여주려는 교육적 관점 등이 특별합니다.

일반적으로 아동미술교육 관련 책은 주로 교육 이론가의 이론이해 아니면 현장교사들의 지도방법서로 구분되어 있는 편입니다. 그러나 임선생님의 이번 출간에서는 이론과 실제 지도 경험에 의한 자신의 노하우를 쉽게 독자들에게 전달하려는 노력이 엿보입니다. 또한 아이들의 그림을 읽으면서 자칫 어렵게 느껴지는 미적 이론이해를 쉽게 전달하고 그림을 이해하는 법을 일반인의 눈높이에 맞춰 보여줌으로서 일반교사와 학부형들에게 아동미술에 대한 이해를 열어주고 있습니다.

교육에 대한 열린 마음과 눈, 미적인 눈높이가 교사와 학부형의 수준과 아이들의 수준을 더불어 높일 것이라는 생각에 동감합니다. 끊임없이 연구하고 배우려는 열정과 아이들과 함께하는 아동미술교육을 이루려는 꿈이 이 책 한 권으로 결실을 맺고 있습니다. 항상 아동미술 교육과 연구에 최선을 다하는 임 선생님의 고뇌와 수고에 박수를 보냅니다.

시지각적 사고에 의한 미적인식훈련으로 마음과 생각을 열어주며 뇌활동을 자극하고 활성화하는 방법은 미술교육 안내에 있어서 중요한 시사점을 갖게 합니다. 실제로 임

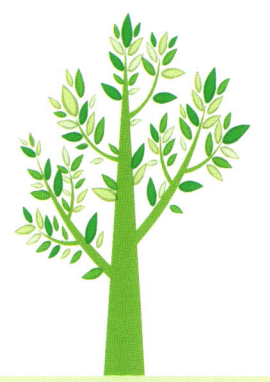

선생님은 그림을 그려본 적이 없는 시청각 장애인을 가르친 적이 있는데, 이 프로그램이 두뇌개발 훈련이라고 확신할 수 있었다고 합니다. 모쪼록 이번 출간이 여러 방면에서 아이들을 위해 쓰임 받는 좋은 책이 되기를 기대합니다.

이창림(한국교원대학교 교수, 사단법인 한국미술교육학회 이사장)

# 하고 싶은 이야기

1993년 한국교원대학교 대학원 졸업 당시, 석사논문에서 설정했던 「인식적 훈련을 통한 아동의 내적 표현 개발에 관한 연구」에 대한 이론의 바탕은 루돌프 아른하임의 『미술과 시지각』(김춘일 역)에서 언급된 시지각적 사고와 베티 에드워즈 여사가 집필한 책, 『눈으로 보고 눈으로 그리기』(강은엽 역)에서 언급된 인식적 훈련에 의해서 얻어진 용어이고 『독일의 슈타이너 학교의 음악교육』(최시원 역)으로부터 인식적 훈련에 대한 내적 표현 교육과 통합예술 교육의 방법들을 설정하게 된 계기가 되었다.

이 책의 제목인 『제대로 보고 느끼고 생각하며 아이들의 아름다운 눈을 높여라』는 말은 시지각적 사고에 의한 미적 인식 훈련의 미술교육용어를 독자들이 이해하기 쉽게 풀어 쓴 말이다.

시지각적 사고란 말 그대로 눈으로 보고 느끼는 감각과 생각하는 지각의 두뇌의 결합 활동에서 얻어지는 통합적 사고이다. 그렇게 얻어진 느낌과 생각의 결정체는 본질적 시각적 이미지로 남아 기억 속에 경험과 함께 저장된다. 우리가 어떤 사고활동을 필요로 할 때, 경험과 함께 저장된 기억 속에서 시각적 이미지를 끄집어낼 수 있고, 우리는 새로운 경험을 통해 또다시 느끼고 분석하고 통합하면서 새로운 개념과 지식을 만들어 내거나 창의적 산물을 창출해 낸다. 개인마다 각각 다르게 저장된 이 시각적 이미지와 영상은 시각적 언어로서 독특한 자신만의 미술표현으로 끌어낼 수도 있고 부연설명을 돕는 언어로 표현할 수도 있다.

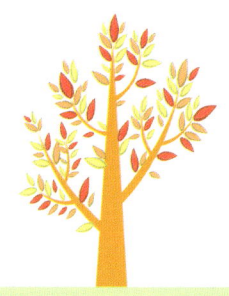

사고력과 표현력이 높다는 의미는 많은 시지각 경험으로부터 제대로 보고 특별하게 보는 본질과 이미지 연상훈련에 익숙함을 시사한다. 시지각적 사고훈련은 제대로 보는 법과 아는 법을 미술표현을 통해 감각과 지각을 동시에 훈련시키는 일이다.

일상생활에서 흔히 제대로 알지 못하고 표현한다며 지적받은 경우는 대개 제대로 보고 알고자 하는 훈련이 되어 있지 않기 때문이다. 제대로 보는 아이들의 그림은 내용도 풍부하고 섬세하며 정확하고 자기표현에 자신감이 있다. 학교에서의 학업성적도 대개 높다. 꼼꼼하게 보는 아이들의 인지능력이 높은 것은 이 시지각적 사고능력과 일맥상통한다. 그러나 특별하게 보는 미적 인식 훈련이 결여된 아이들은 정확성은 있으나 창의성과 미적 표현 능력이 떨어진 경우가 많다.

아이들 작품이 흔히 알고 있는 아동화 수준의 한계를 뛰어넘지 못하고 조잡한 것은 어른들의 아이들 표현에 대한 소극적 견해와 시지각적 사고훈련과 미적 인식 훈련에 대한 안내 없이 자유방임적으로 방치하기 때문이다. 아이들은 내적인 자극 없이는 결코 생각이 자라지 않는다.

1993년에 발표했던 논문「인식적 훈련을 통한 아동의 내적 표현 개발에 관한 연구-선 그림 표현을 중심으로」는 사실 졸업 후 몇 년 전까지도 내 자신의 것으로 완벽하게 소회하지 못했다. 짧은 시간에 많은 이론을 남독하고 아이들 수업에 적용해 보면서 좋은 결과를 얻어내었지만, 사실은 더 많은 고민을 필요로 했다.

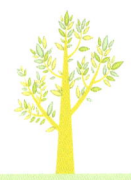

교수님들의 강의와 미술이론서적을 통해 얻은 지식을 적용해서 아이들의 예술적 표현의 잠재능력을 실험해 보고 싶었다. 당시에 근무했던 광양제철남초등학교의 최적의 교육 환경은 운 좋게 내가 원하는 방법을 다 시행해 볼 수 있었던 최고의 기회가 되었다. 아이들은 나의 미술수업과 방법에 진지하게 동참해 주었고, 좋은 결과를 얻었다. 자기 내면에 깊이 몰입할 수 있었기 때문이다. 아이들에겐 신나는 미술수업이기보다는 조용하고 진지한 수업이었다.

작품에 손을 대거나 기술을 가르치는 게 아닌데 아이들은 스스로 미적인 눈과 예술적인 자기 표현력을 높여 가고 있었다. 나는 그저 아이들과 동화하면서 아이들에게 제대로 보고, 아름답게 느끼고, 특별하게 생각하는 법, 특별한 자기만의 미적 표현의 방법을 찾도록 안내했을 뿐이다. 조금 더 철학적이고 미학적이며 예술적인 지식과 용어를 사용해 지적인 수업을 이끌었다고나 할까.

이후에 방과 후 특기적성 교육과 학교 밖에서 5살 이상의 아이들을 가르쳤을 때도 아이들은 별반 다르지 않았다. 대체로 더 지적인 호기심과 사고력을 가진 아이들, 자발적으로 자기 자신에게 몰입할 줄 아는 아이들에게 내 방법은 더 잘 통했고 잘 따랐으며 좋은 결과물을 얻었다.

아이들은 지적 호기심을 채워 주는 시지각적 사고훈련과 미적 인식 훈련수업에 항상 진지했다. 자신을 한 차원 높여 주는 수업을 한다고 생각한 듯했다. 자신의 표현에 만족하지

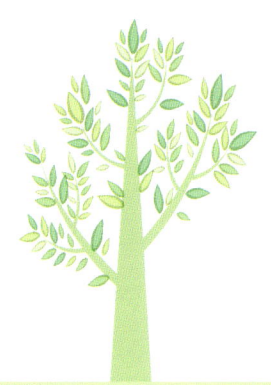

못할 때도 있고 이상한 미술을 배운다면서도 즐겼다. 배우는 과정 속에서 무언가 나름대로 얻어 가는 것이 있다고 생각하는 모양이었다.

그냥 느낌에 충실한 교육이 아니라, 생각을 찾아 새로운 이미지와 표현을 이끌어 내는 수업은 아이들의 예술적 잠재능력과 창의적 사고를 끌어내 주는 방법이었다. 거기엔 고정관념을 탈피하고 늘 생각을 비틀라는 나의 강한 요구와 함께 자기 내면에 깊이 몰입할 수 있도록 명상적인 분위기가 필요했다.

미적 인식 훈련은 시지각적 사고와 물음을 통해 예술의 창의적 표현을 지향하는 사고훈련이다. 아름답게 보는 눈, 즉 미적인 눈을 높이면 자연스럽게 미적 감각이 높아지며 미적이거나 예술적인 표현을 추구하게 된다.

무엇을 어떻게 아름답게 보느냐에 대한 주관적인 물음은 자기만의 내적인 표현과 예술적 표현으로 끌어낸다. 자기 자신에 대한 물음은 곧 철학적 사고를 수반한다. 아이들은 진지하게 자기 자신과 깊이 대화하기를 원한다. 자신과의 깊은 대화 속에서 어떤 의미와 가치, 본질을 찾는다. 느끼고 생각하는 방식, 게다가 시각적 아름다움에 대한 의미와 가치를 논하면 아이들의 미적인 눈과 감각은 저절로 높아질 수밖에 없다. 그렇게 미적 인식 훈련을 받은 아이들의 작품 속에는 그들 나름의 철학적 세계와 미적 의미와 가치가 드러난다. 아이들 표현이 놀이와 경험 표현만으로 끝나서는 안 되는 이유다. 이것은 내적 표현 교육으로서 각박한 현실에서 자신을 들여다보며 세상과 소통하기를 원하는 요즈음

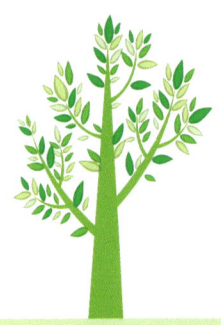

아이들에게 더더욱 절실하다고 본다. 치료 이전의 예방책이다.

미술이라는 시각적인 예술교육을 통해 아름답게 느끼고, 생각하는 법으로 아이들에게 세상을 보는 법과 아는 법을 가르쳐야 하고 그것을 다시 세상 밖으로 자신만의 아름다운 눈으로 시각화할 수 있도록 가르쳐야 한다. 그것이 시지각적 사고에 의한 미적 인식 훈련의 방법이며 아이들로 하여금 차원 높은 내적 표현으로 승화시키는 방법이다.

그동안 교육 현장의 안팎에서 창의적 사고와 표현에 관한 많은 논의가 있어 왔고 방법적으로 많은 시행착오가 있어 왔다. 미적 이론과 기술, 표현 방법은 시대와 역사, 문화의 흐름에 따라서 변화해 왔다. 교육이론도 마찬가지다.

이 시지각적 사고에 의한 미적 인식 훈련이란 용어도 사실 오래전부터 예술가나 미학자, 교육 심리학, 예술 심리학자들의 견해와 고찰에 의해서 얻어진 것이다. 다만 이러한 견해를 초등학생 이하의 아이들에게까지 교육시키는 일은 쉽지 않다고 생각했기 때문에 소홀히 여겼을 뿐이다.

처음에 나는 논문 방향을 원시인과 아프리카 미술, 동심적 요소를 그린 현대 화가의 작품을 비교하면서 아이들의 그림에서 예술성을 찾고 그 예술성을 유지하는 방법을 찾는 데 관심을 두었다. 그러다 베티 여사가 집필한 『눈으로 보고 눈으로 그리기』에서 개념의 이미지 표현에 대한 성인들의 참고작품을 보고 아이들에게 한번 시도해 보고 싶은 생각이 들었다.

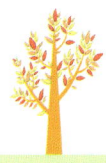

시도해 본 결과, 뜻밖에도 아이들은 어른들과 마찬가지로 자기 나름의 시각적 기억에 의한 이미지를 알쏭달쏭한 상징적, 추상적 이미지로 표출해 내었다. 또한 아이들도 어른들과 마찬가지로 인지능력의 차이에 따라 표현력에서 수준 차이를 드러내었다. 그리고 한 번의 기회를 제공했을 때와 어느 정도 훈련에 임한 아이들의 상징과 추상적인 표현은 또 달랐다. 훈련에 임한 아이들의 표현은 가히 예술가를 뛰어넘는다는 생각이 들 정도로 훌륭했다.

그리고 나는 우리가 얼마나 아이들을 고정관념의 틀에 가두고 가르쳤나를 실감하게 되었다. 무엇을 어떻게 가르칠 것인가에 대한 의문은 곧 시지각적 사고와 미적 인식 훈련에 의해 좌우된다는 생각이 들었고 그렇게 가르친 아이들은 유감없이 자신의 내적 표현을 드러내는 데 거리낌이 없었으며 나아가 자기만의 독특한 표현방법을 시도해 나갔다. 아이들마다 표현의 수준 차는 있기 마련이지만, 자기표현의 방법을 찾는 데 만족한다는 사실은 미술표현 교육을 통해 자존감을 세워 주고 나아가 창의적 사고와 표현으로 가능하게 해 준다는 사실이다.

이 근본적인 시지각적인 사고의 중요성을 특별히 강조하고 실제로 다중지능의 창의적 사고와 표현의 결과로 모든 학문 분야에 초석을 깔아 준 레오나르도 다빈치의 관점은 특별히 그 시사하는 바가 매우 크다. 지적인 교육에 정서적인 예술적 사고가 개입되어야 창의적인 지적 소산물이 창출되고, 정서적인 예술 결과물에 지적인 사고가 개입하여야 진정한 의미의 예술 창의적 표현으로 발현된다. 우리는 레오나르도 다빈치와 같은 시지각적 사고훈련과

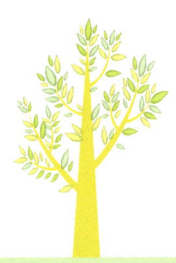

미적 인식 훈련에 입각한 교육을 염두에 둘 필요가 있다. 그것은 모든 교육에서 필요로 하는 가장 기본적이고 필수적인 바탕교육의 본질교육이다.

그는 화가의 눈으로 세상을 인식했고, 과학자의 눈으로 의문과 호기심으로 세상에 대한 이치를 연구했으며, 자신이 생각하는 방식으로 그림을 그리면서 창의성을 발휘했다. 결국 그것은 '무엇을 어떻게, 왜?'라는 질문으로 세상을 바라보는 그의 철학적, 미학적 인식에 있었다고 볼 수 있다. 거기에 그만의 독특한 호기심과, 탐구심, 열정, 집중력, 지구력이 좌우되었다. 그것은 그의 천재성을 좌우했던 타고난 자발성의 원리였다. 천재는 가르치지 않아도 스스로 깨우치고 창의성을 발휘한다.

그러나 보통의 많은 사람들과 아이들은 의도적인 교육 프로그램하에서 우리들의 잠재능력을 깨우고 세상을 배워 나간다. 또한 어떻게 배우느냐에 따라 그 잠재능력이 제대로 발현되기도 하고 고정관념의 틀에 가두기도 한다. 그리고 세상을 얼마만큼 제대로 보고, 아는가는 세상을 보고 인식하는 시지각적 사고훈련과 그것을 어떻게 표현하느냐는 미적 물음에 의한 미적 인식과 가치, 표현 훈련에 좌우된다.

제대로 보고 느끼고 생각할 줄 알며, 미적으로 인식하고 표현할 줄 아는 아이들은 미술표현에서뿐만 아니라, 기타의 다른 교과에서도 시지각적 사고와 성과물을 훌륭하게 보여 준다. 미술교사에 의해서만 미술교육이 이뤄지는 게 아니다. 모든 교과활동에서 이 시지각적 사고와 미적 인식은 각각의 프로젝트 수업에서 좋은 결과물을 만들어 내는 데

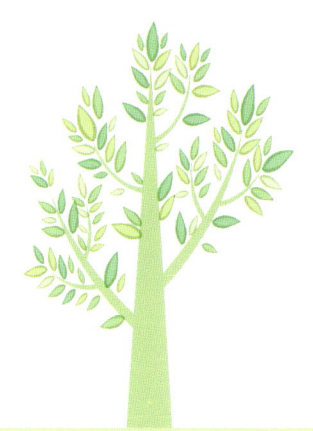

중요한 역할을 한다.

　아이들의 창의성은 시지각적 표현 결과물에 드러나고 어떻게 보고 어떻게 보여야 하는가에 대한 표현력을 요구한다. 그러한 관점에서 모든 교사들은 끊임없이 새로운 방법들을 제공하고 아이들의 사고를 자극하면서 미적으로 표현할 수 있도록 안내해야 한다. 이 방법들은 기술적인 방법과 표현 이전에 가르쳐야 할 사항이 아니라, 수업 내내 아이들과 교감하고 동화해 나가는 가운데 계속적인 물음을 제공하고 건드려 주어야 한다. 그러기 위해서 모든 교사는 이러한 시지각적 사고와 미적 인식 훈련에 길들어 있어야 한다.

　교실은 교과활동에서 이루어졌던 아이들의 표현작품들이 시각적인 볼거리로 가득 차야 한다. 일렬로 정리되고 사각형의 틀 안에 단정하게 집어 놓는 수준이 아니라, 교사와 아이들의 미적 의도하에 창의적으로 전시될 수 있도록 해야 한다. 보는 것, 보여 주는 것은 시지각적 사고와 미적 인식 훈련을 위해 너무나 중요하다. 어떻게 보느냐, 어떻게 보여 주느냐는 창의적 사고와 표현에 가장 중요한 실마리를 제공한다. 미국을 비롯한 서구권의 초등 교사들은 우리와 전혀 다른 개방적인 교실환경을 구성한다. 자유자재로 교실을 대범하게 구성한다. 우리와 전혀 다른 미적 표현의 자유를 배워 왔기 때문이다. 그들의 교실을 들여다보는 자체로 재미를 느낀다.

　이 책은 시지각적 훈련과 미적 인식 훈련을 통해 한 차원 더 높은 내적 표현을 돕는 미술의 본질교육을 안내하고자 쓴 책이다. 교육을 받아온 동안, 내가 교육현장에서

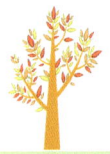

교사로서의 경험과 학부모가 되어 교육에서 한 발짝 물러나 바라봤던 시각에서 나는 이 중요성을 더욱더 깊이 깨달았다. 이제 세대교체로 똑똑한 젊은 세대의 교사와 학부모들이 새로운 차원의 교육을 지향하고 있음을 안다. 이 책이 현장에 있는 교사와 학부모에게 예전에 물려받은 우리의 진부하고 고정된 아동미술교육에 대한 시각을 일깨워 주는 데 조금이라도 도움이 되기를 기대한다.

이 책에 예시된 아이들의 참고작품은 1991년과 1992년에 논문을 위해 연구했던 광양제철남초등학교의 친구들과 1994년 미국에서 머무는 동안 잠깐 가르쳤던 이웃의 5살 여아들의 작품, 2001년에서 2003년까지 가르쳤던 경기도 안양시 인덕원에서의 영재아트클래스 친구들과 2004년부터 2006년 사이에 서울 개운초등학교에서 방과 후 특기적성 프로그램으로 가르쳤던 영재아트클래스와 학부모로서 학교봉사 프로그램으로 참여했던 클래식, 그림, 시 클럽에서 그리고 시간강사로 틈틈이 학교수업에 참여하며 아이들과 교류해 얻은 참고작품과 생후 18개월 이후의 딸아이와 아들의 난화로부터 지금까지 보관된 참고작품 중에서 글의 이해를 돕기 위해 선별했다.

# 교육경험의 실례를 통하여

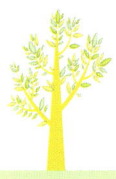

아이들을 가르치면서 아이들의 개인적인 잠재능력을 종종 발견할 때가 있다. 그림 속에서 발견된 아이들의 특별한 잠재능력을 엄마들한테 슬쩍 물어보면 내 관점이 거의 맞아떨어질 때가 많다.

문학적인 아이, 수학적인 아이, 과학적인 아이, 디자인적인 아이 …….

특별한 재능이 있는 아이와 정서적 결함이 있거나 인지능력이 확연히 떨어지는 아이의 표현은 그림 속에서 분명하게 드러나는데 대부분의 아이들은 평범해서 분석하기가 쉽지 않다. 더 많은 훈련이 필요하거나 아직 본인의 가능성이 발현되지 않아서이다.

이미 오래전에 교직을 떠났지만, 종종 어느 녀석이 무엇을 전공했다는 소식을 들으면 '맞네. 그 녀석이 그런 성향을 보였지. 음악 분야일 줄 알았는데 금융수학이라? 글을 잘 쓰고 그림을 잘 그렸는데 전산학과라?' 그렇게 아이들을 떠올리면 그 당시 그림 속에서 특별함을 보였던 아이들의 현재 모습이 궁금해지곤 한다.

인덕원에서 가르쳤던 아이들이 특별히 학교에서 두드러진다고 전해 들었을 때 나는 고개를 끄덕끄덕했다. 나는 미술을 통해서 개성을 가르쳤으니까 그럴 만했고 내가 아는 그 엄마들과 아이들은 당연히 그럴 만하다고 생각했다. 내게 아이를 맡긴 엄마들은 대개 서두르며 교육을 시키지 않았다. 마치 아이들에게 필요한 사고의 바탕을 깔아주는 교육을 추구하는 듯했다. 지금까지 연락이 닿고 있는 아이 중에는 교육청 영재반에 발탁되어 영재교육을 받은 아이가 있고, 방과 후면 도서관과 서점에서 하루 종일 책을 읽으며 사는 녀석도 있다. 이는 예상했던 바였다.

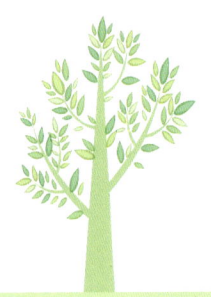

　　그러나 잠깐의 교육 기회로 아이들을 다 분석하고 판단하기는 쉽지 않다. 하지만 6살부터 초등학교 3학년 때까지 꾸준히 나의 미술적 관점을 지도받으며 자란 딸 JY를 언급하며 미술교육의 중요성을 조심스럽게 열어 보이고자 한다.

　　JY는 2008년 6학년 때 자신이 태어난 미국으로 돌아가 현재 8학년에 유학 중이다. 학교에 들어간 지 얼마 안 된 JY가 언젠가 내게 이렇게 말했다.

　　"엄마, 엄마한테서 배운 미술교육이 미국에 와서 빛을 보는 것 같아."

　　한국에선 판박이 같은 학교 미술수업이 지루하다고 늘 불평하던 아이였다. 그런데 미국에선 자신의 개성을 인정해 주는 것이 편했던 모양이다. 또한 상징과 추상적 이미지 표현에 더 익숙한 아이니까 더 자유로웠을 것이다. 많은 프로젝트 수업에서 미술적 표현을 요구하는 경우가 많아 그때마다 자신의 역량을 맘껏 발휘하며 인정받았다. 6학년 겨울방학 2주 동안 영어수업에서 book report 과제가 주어졌는데, A4용지 8장에 '반지의 제왕'을 주제로 애니메이션으로 엮고 스토리를 발표해서 선생님과 아이들의 관심을 많이 받았다. 이 일은 미국 학교 생활에 쉽게 적응하는 계기가 되었다.

　　JY는 미술적인 재능뿐 아니라 음악과 무용, 문학적인 소질도 있다. 가르치는 대로 쉽게 배우고 자신의 잠재능력을 기대 이상으로 발휘하여 가르치는 선생님들은 종종 그 분야에서의 전공을 권유하기도 했다. 그러나 내가 보기에는 재능은 있어 보이나 예술가로서의 끼는 부족해 보인다. 나는 JY의 이런 다재다능한 예술적 능력이 자신이 원하는 분야에서 응용되고

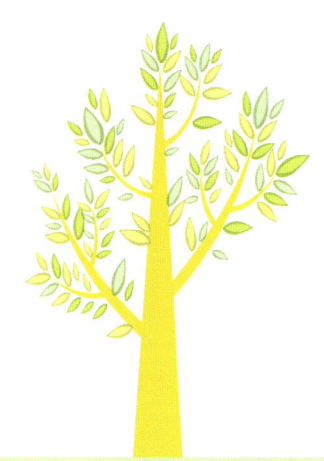

활용되기를 기대한다.

　미국에서 공부하면서 능력을 더 발휘할 수 있는 계기가 되었다. 7학년 때는 평소에 가장 자신 없다던 수학도 강제성을 띤 나의 요구로 수학경시반에 도전하면서 JY의 또 다른 잠재력을 평가받았다. 뜻밖의 능력발현에 나는 학교 측에 TAG(Talented And Gifted) 테스트를 요청했고 아이의 IQ검사와 적성검사로부터 JY에 대한 나의 막연한 예측이 맞아떨어졌다. 이를 통해 JY는 확실한 자기능력 파악과 자신감을 얻는 계기가 되었다. 좌·우뇌 사고력이 균등하게 상위수준에 있었다. 문화적 시각에 따른 JY의 언어표현을 고려해 평가자는 무려 6시간이나 내담하며 테스트했다. 평가자의 심사평 중에서 가장 눈에 띄는 대목이 JY는 시각적인 사고와 표현이 유난히 뛰어나다고 했다. 실제로 평소에 본질적인 이미지 파악과 연상능력이 탁월했다. 평가자가 나중에 무슨 직업을 갖고 싶냐고 묻자 JY는 의사와 플루디스드가 되겠다고 했단다. 전체 학생 적성검사에서도 의학과 예술 영역에서 균등하게 높이 평가되었다. 초등학교 때 언어영역과 예술영역에서 균등한 비율을 차지하였던 것에 비해 새로운 변화라고 할 수 있다.

　그동안 나는 JY를 키우면서 어떻게 이런 만능의 재주가 다 가능할까를 의문시했었다. 그런데 최근 TAG테스트를 통해 확실해졌다. 정말 레오나르도 다빈치처럼 모든 사람에게 다중지능적 소질이 다 잠재되어 있고 그것이 이런 교육으로 가능한 것인가? 혹시 그저 타고난 아빠의 좌뇌적 사고와 나의 예술적 감성의 우뇌적 사고의 DNA의 조합은 아닐까?

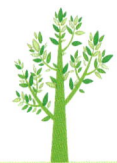

만약 주체성 없이 서울의 쫓기는 교육에 발맞추어 선행학습을 하면서 주입식 교육을 쫓았다면 JY는 어떻게 자랐을까?

아직 확실하지 않은 JY의 미래를 두고 쉽게 판단할 수는 없지만 그동안의 교육 경험으로 봤을 때 이제는 충분히 그 타당성을 얘기할 수 있다고 생각한다. JY는 시지각적 사고훈련 과정에서 미술, 음악, 문학적 사고, 철학적 사고, 수학적 사고, 과학적 사고를 미술표현 속에서 찾고 통합적인 미술표현으로 끌어내는 미적 인식 훈련에 익숙했기 때문이다.

선천적으로 타고난 재능도 방치하면 사장되어 버리기 쉽고 뒤늦게 가능성을 찾느라 혼자 방황하다 인생을 허비하기도 쉽다. 그러나 성공하는 사람들의 대부분은 부모나 스승의 안내, 어떤 교육적 기회를 만나서 그 잠재능력을 찾고 발휘한 경우가 많다. 나도 뒤늦은 대학 시절에야 미술과 선생님의 특별한 관심에 의해 미술에 눈을 뜨고 자아를 찾은 경우에 속한다.

결혼 전에 이 연구를 통해서 나는 본질적인 교육의 중요성을 알고 있었고 아이를 키울 때도 늘 이러한 관점에서 크게 벗어나지 않았다. 나는 JY가 특별히 뛰어난 머리를 갖고 있다고 생각하지 않았다. 본인도 그저 성실한 모범생이라고 여겼다. 5살 때까지는 그저 시지각적 사고훈련으로 사물과 현상을 놓치지 않고 인식하는 방법을 가르쳐 왔으며, 6살 이후부터는 또래친구들과 함께 나의 미술수업에서 시지각적 사고훈련과 미적 인식 훈련을 통해 내적 표현 교육에 충실해 왔다. 4살 때까지 언어와 그림 표현이 빨라 혹시 영재성은 아닌지 의심했으나, 그냥 평범한 아이보다 조금 상위의 수준이라 여기며 평범하게

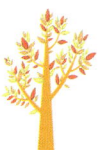

학교생활에 충실하고자 했고, 나는 무엇보다 아이의 자신감을 세워주기 위해 많은 노력을 했다.

점, 선, 면을 인식하면서 시각적인 이미지를 형상화하고, 색채 인식과, 음악 세계를 유추하며 추상적인 그림으로 이미지화하고 글로 내면화하는 과정 등의 본질적인 이미지와 사고를 탐색하며 제대로 보고 느끼고 생각하는 시지각적 사고와 아름답게 보는 미적인식훈련을 통해서 아이는 누구에게나 내재되어 있는 레오나르도 다빈치와 같은 다중지능적 사고를 발현시킬 수 있었던 거라고 믿고 싶다.

JY 또래 아이들과 같이 수업을 했을 때 나는 내 아이의 장·단점을 다른 아이들과 분명히 비교할 수 있었다. 또한 미술교육 하나만으로 재능과 학습력을 높일 수 있는 것은 결코 아니다. 사물과 현상을 제대로 잘 보는 훈련과 함께 기타의 오감훈련, 다양한 체험, 독서를 통한 지적인 사고력이 반영되어야 하고 무엇보다 아이의 자발적인 관심과 흥미에 따른 참여, 그리고 교사와 부모의 교육에 대한 관심과 배려에 좌우된다고 볼 수 있다.

아이들은 분명 부모의 유전적인 소질과 기질의 영향을 받겠지만, 그것을 붙잡아 주고 끌어 주는 것은 부모와 교사에 의한 교육의 몫이다. 미술을 통한 본질적인 시지각적 사고훈련과 미적 인식 훈련이 아이들의 예술적 잠재능력을 일깨워 줄 뿐만 아니라 각자의 숨은 소질과 개성을 찾아 주고 내면을 키워 주는 데 한몫이 될 거라고 믿는다. 나아가 지적이거나 정서적인 어느 교과 영역에서든 자신의 잠재적인 창의성을 충분히 발휘할 수 있을 거라고 믿는다.

# Contents

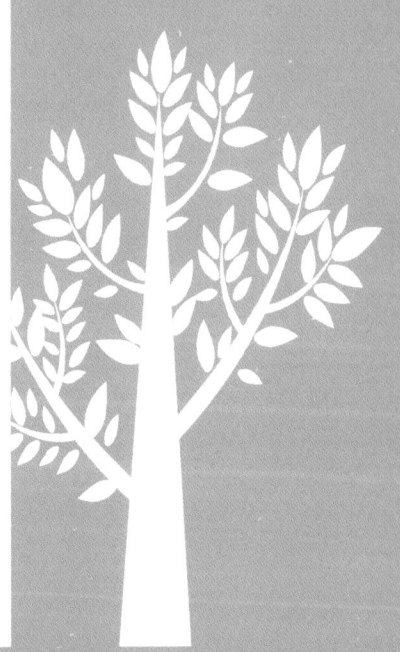

## 아이들과 같이 배우는 미적 인식 훈련

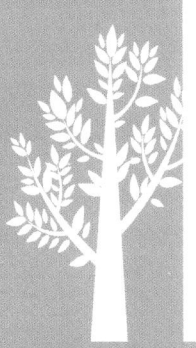

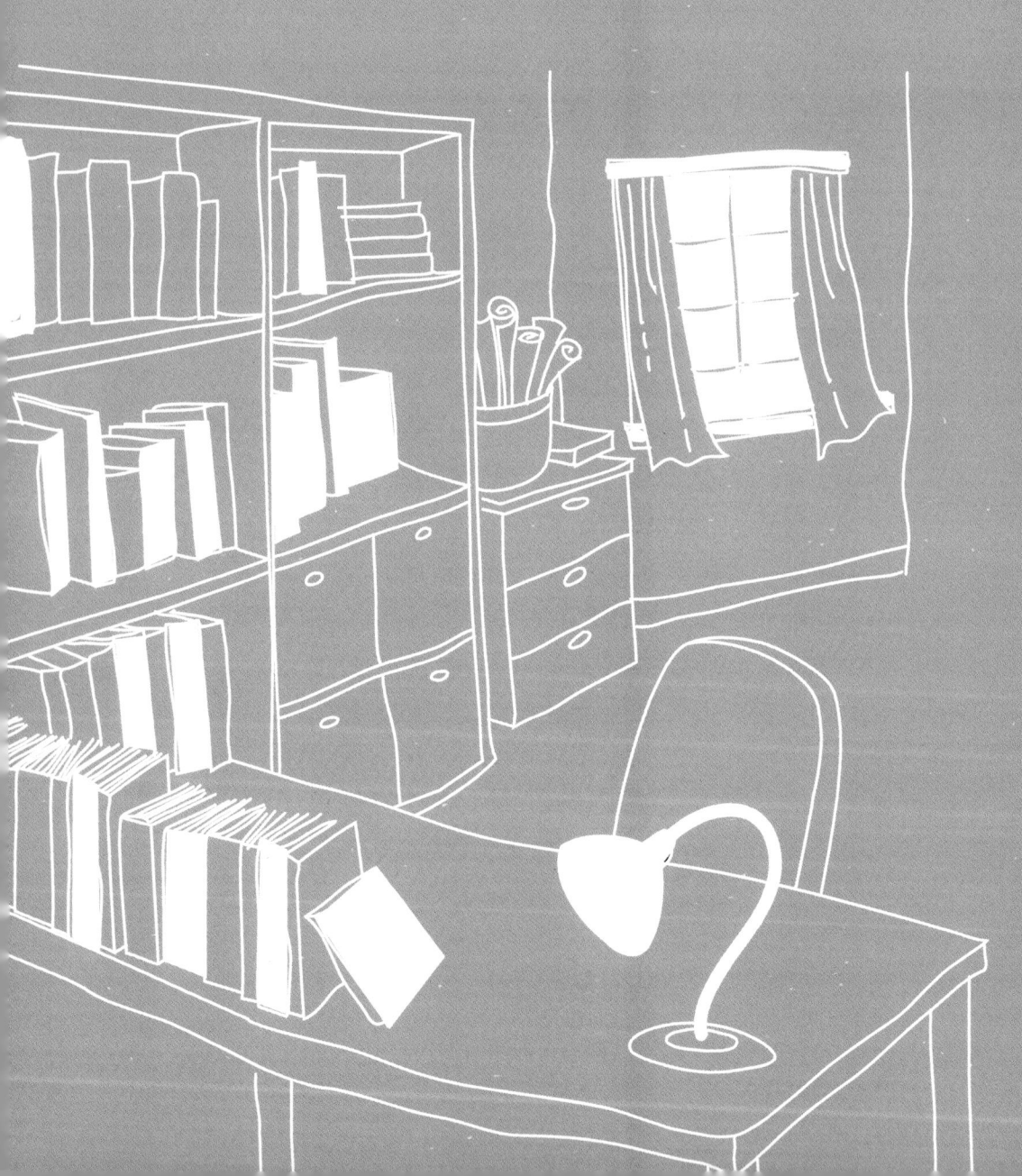

# 이론적 이해

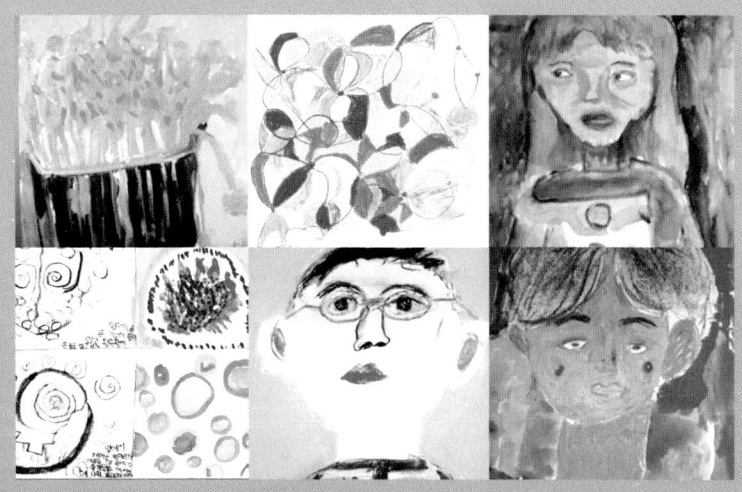

1. 미적 인식 훈련에 대한 이해
2. 미적 인식 훈련에 대한 실제적 접근 방법
3. 시지각적 사고에 대한 이해
4. 그림과 언어의 상관에 의한 내적 표현

# 1. 미적 인식
# 훈련에 대한 이해

## 1) 미적 인식 훈련의 의미

베티 에드워즈 여사는 그녀의 저서, 『눈으로 보고 눈으로 그리기』에서 누구나 보는 법을 배우면 그림 그리는 법을 배울 수 있고, 이는 예술적 훈련에 부과되는 인식적 훈련에 의해서 가르칠 수 있으며, 어렸을 때부터 가르쳐야 한다고 했다.

여기서 보는 법은 시지각적 사고를 의미하며, 예술적 훈련에 부과되는 인식적 훈련이란 미적 인식 훈련을 의미한다.

## (1) 아름답게 보고, 느끼고, 생각하는 미에 대한 사고훈련이다

시각적 예술에서 미적 인식은 완벽한 예술작품이나 잘 그린 완성된 그림에서만 얻어지는 아름다운 감탄이 아니다. 완벽한 조형원리에 좌우되는 것만이 아니다. 부조화 속의 미, 어긋남, 변형 등 이상한 형상과 표현에도 아름다움이 존재한다. 그것은 어떻게 아름답게 보느냐의 눈이다.

이 세상은 시각적인 볼거리로 가득 차 있다. 태초에 생성된 우주만물의 자연과 인간, 생물은 물론이고 인간의 필요성에 의해 창조해 낸 인공적인 구조물과 예술품, 눈에 보이지 않는 가상세계를 시각화한 영상 이미지들이 도처에 널려 있다. 구상과 비구상, 상징과 추상, 긍정과 부정적인 시계, 조화와 부조화의 세계에서 비롯되는 많은 볼거리에서 우리는 아이들에게 무엇을 보여주고 어떻게 가르칠 것인가?

그냥 관점 없는 눈으로 바라보고 자기만족의 경험으로 내버려 둘 것인가? 이렇게 많이 널린 시각현상을 보면서도 아이들의 표현은 예나 지금이나 크게 달라 보이지 않는다. 유아시절부터 그림을 그리고 미술학원을 다니지만, 아는 대로만 그리거나 대한민국 특유의 전형적인 그림은 세계 어디에 내놓아도 한눈에 대한민국 아동화임을 알아볼 수 있다. 교사와 학부모들은 창의적인 미술교육을 지향하지만, 어떻게 가르쳐야 할지 몰라서 주변을 기웃거리다가 뾰족한 방법을 찾지 못해서 결국 다른 사람을 쫓는다. 새로운 이슈가 등장하는가 싶으면 여전히 그것은 곧 새로운 표현방법을 내세우거나 특정 예술가의 작품이나 잘 그린 아이들의 작품을 모방하면서 창의성을 배울 수 있다고 가르치는 표현기술 훈련이 대부분이다.

창의성 교육을 주도하고 있는 미국에서 교육을 받고 있으면서도 한인타운 거리에 전시되어 있는 사설학원의 아이들의 그림은 놀랍게도 한눈에 알아볼 수 있는 대한민국의 전형적인 표현기법을 드러낸다. 미술학원은 대부분 창의적인 자기표현을 표방하지만 실제로 우리의 정형화된 아동미술

　무엇이 문제인가? 아이들에게 제대로 보고 아름답게 보고, 느끼고, 생각하는 미적 인식 훈련이 결여되었기 때문이다. 미적 인식은 일생생활 속에서 스치고 지나는 모든 자연과 현상, 어떤 대상을 바라보는 순간, 아름답고, 그럴듯한 멋이 있다고 느껴질 때 무언가의 의미를 부여하며 자신의 마음과 동화될 때 '야! 멋있다! 좋다!'고 느끼는 찰나의 감정이고 사고이다.

　이러한 찰나의 감정과 사고는 우연한 기회에 얻지만, 한순간의 느낌으로 끝나 버리는 경우가 많다. 그래서 대개 그 보는 것에 대한 느낌과 생각을 "아! 좋다"라는 단순표현으로 그치고 스쳐 버리는 경우가 많다. 이는 보는 대상과 현상으로부터 미적인 본질을 찾아내는 훈련이 되어 있지 않기 때문이다. 그냥 스치며 보는 것과 아름다움의 가치를 찾으며 보는 눈은 다르다. 아이들에게 어떻게 보이는가에 대한 느낌과 생각을 열어 주지 않으면 사물과 현상의 겉보기밖에 보지 못한다. 자칫 아이들에게 컵은 물 담는 컵일 뿐이며 비 오는 날은 우산 쓰고 길거리에 서 있는 기억만 떠올리게 만든다.

　일차적으로 시각적으로 보고 표현하는 것은 생각보다 느낌과 정서에 충실한 우뇌적 사고에서 비롯된다. 그러나 제대로 보고 느끼는 방법을 가르치지 않으면 아이들은 늘 단순하고 판에 박힌 관념적 표현에 머물기 십상이다. 느낌에 충실한 아이들은 지루해지면 뭔가 생각을 찾고 자기 나름의 특별한 의미와 이미지를 찾는다. 그리고 제대로 보는 법(보이는 대로, 있는 그대로 보는 법을 포함)에 익숙한 아이들은 자연스럽게 자기만의 아름다운 표현력을 찾아간다. 제대로 보면 아름다움에 대한 본질이 내적 경험 속에서 보인다. 그 아름다움의 본질이 의미화되면 자기만의 상징성과 추상성을 찾는다. 그 의미를 자기 내면의 아름다운 눈으로 그림과 언어로 끄집어내어 표현하면 자기만의 예술표현이 되는 것이다.

　미적 인식이란 말 자체가 미학적인 용어이기 때문에 언어 자체로서 심리적인 부담감을 느끼게 하는 것도 사실이다. 그러나 말 그대로 아름답게 보고, 느끼고,

생각하는 미에 대한 사고는 미술표현과 감상교육에서 가장 중요하고 기본적인 이해를 요구한다. 그것은 예술에 있어서 자기표현 교육의 본질이며 창의적 사고와 표현으로 나아가는 근본적 이해이다.

미적 인식에 대한 자연스러운 이해 없이는 아이들은 자신들의 그림과 기타의 다른 조형작품에서 자기만의 내면적 사고와 창의적 사고를 표현해 내는 데 어려움을 느낀다.

무엇을 어떻게 표현해야 하는지, 무엇이 좋은 표현인지 망설이고 벽을 느낀다. 아름답게 보고, 느끼고 생각하는 미에 대한 사고훈련은 미술에서의 내적인 자기표현과 창의적 표현을 자연스럽게 이끌어 낸다.

**Tip**

'보이는 대로'는 자기의 느낌과 감정을 실은 사실적 표현을 의미하고, '있는 그대로 보는' 방법은 구체적인 사물의 정확성을 요구함을 의미한다.

여기에 의도적인 의미와 가치를 부여하며 조형화하면 좌뇌적, 지적 활동을 더 개입하게 되어 통합적인 사고활동을 하게 된다. 미적 인식 훈련은 미술교육에서 생각을 개입하여 예술창의적인 사고를 돕는다.

예쁘고 화려한 컵만이 아름다운가? 변색되고 이가 빠진 컵은 아름답지 않은가? 형태와 색이 완전하고 화려해야만 아름다운가? 화려한 장미에서 아름나움을 찾는 화가도 있고, 다 깨진 사기그릇과 폐물들의 모음 속에서 아름다움의 의미를 찾는 화가도 있다. 거기엔 아름다움에 대한 화가의 눈, 미적 사색과 철학이 존재한다.

비 오는 날을 그리라 하면, 아이들은 하나같이 우산 쓰고 걸어가는 비 오는 날의 풍경만 그리지 않던가? 비 오는 날, 바깥에 나가 비 오는 현상과 느낌, 생각을 찾게 하라. 빗방울이 땅에 떨어지는 모습, 유리창을 타고 흐르는 빗방울, 나뭇잎을 구르는 빗방울, 거미줄에 걸려 있는 빗방울, 넘쳐흐르는 시냇물의 흐름을 보는 등 나만이 찾아낼 수 있는 비 오는 날의 현상을 10가지 이상 찾게 하고 자기만의 시각적 이미지를 그림으로 그리고 글로 표현하게 해라.

남이 보지 못하는 세상을 보게 하면 아이들은 창의적인 사고가 열린다. 특별하게 찾아본 것들을 자기만의 방식으로 그려 보게 하라. 보고 느끼면 아름다움이 보인다. 그리고 자기 경험과 스쳐 간 생각을 떠올리며 자기만의 미적인 눈과 마음의 울림으로 자기 내면의 세계를 더듬는다.

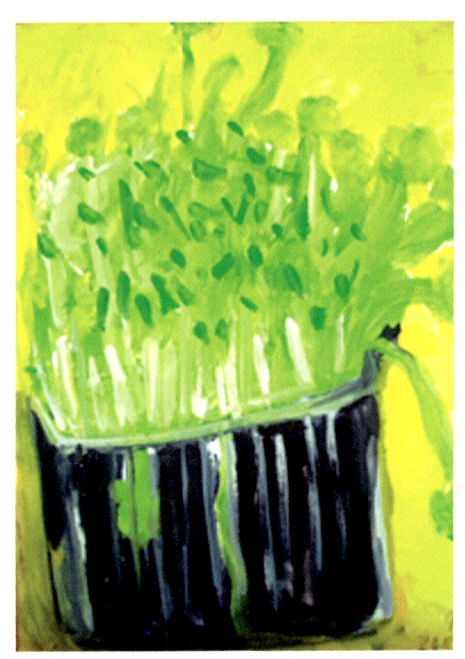

정물화(느낌 따라 그리기)-KMK(2학년), 2002

질척한 플라스틱 콩나물 시루를 불투명 수채화로 그렸다. 노란색 바탕이 연둣빛 콩나물 새순들을 더 생동감 있게 보이게 한다.

이 그림의 소재는 시중에서 사 온 콩나물을 질척한 까만 플라스틱 통에 물을 담고 키워 보던 중, 노릇노릇하게 새순이 피어오르는 콩나물 줄기의 선과 연두빛 색의 조화에서 아름다움을 찾고 아이들로 하여금 자신들의 느낌을 살려 그려 보게 한 것이다. 하찮아 보이는 콩나물도 가만히 들여다보고 있으면 그 안에 아름다운 미적 질서가 있음을 인식할 수 있다. 까만 플라스틱 통조차 특별하게 보일 수 있다.

아이 눈엔 빽빽하게 꽉 찬 콩나물 때문에 조그만 플라스틱 통이 크게 보일 수 있어 플라스틱 콩나물 시루를 화면에 꽉 차게 그렸을지 모른다. 시들어 늘어진 콩나물 하나가 시선을 끈다. 이 시들어 늘어진 콩나물 하나에서 특별한 자기만의 아름다움의 의미를 찾았는지 모른다. 몇 개의 콩나물 머리가 강조되었다. 빛에 반짝이는 콩나물의 하얀 줄기는 흰색으로 강조했고, 플라스틱 통의 빛 반사도 과감하게 흰색 줄로 그어 표현했다. 교사는 화분의 입체감을 살짝 살려 주었다.

■ 지도 방법

   – 3분 정도 콩나물시루를 가만히 응시한다. 어떻게 보이는지 전체의 흐름과 느낌을 찾는다.

**Tip**

내 눈에 띄는 아름다움의 포인트가 어떤 곳인지 찾는다.

   – 구도를 정하고 간략한 형태를 잡는다.

**Tip**

원근감이나 사실적 묘사를 의식하지 않게 마음의 눈이 이끄는 대로 자유롭게 설정하게 한다.

   – 수채화 기법에 상관없이 눈에 보이는 대로 마음의 색을 만들어 표현한다.
   – 실수했을 때는 적당히 커버할 수 있는 방법도 찾는다.
   – 미적으로 돋보이게 하기 위해서 어떤 느낌을 살려야 할지 분석하고 포인트를 살린다.

■ 주의 !

   수업 시간 내내 잡음이 들리지 않도록 하고 자기작품 활동에만 몰입해야 한다. 다른 친구의 그림과 닮지 않아야 한다. 세상에서 하나뿐인 나만의 독특한 그림을 그리고 있음을 강조한다.

■ 표현 재료

   – 실물정물, 수채도구와 8절 도화지

## (2) 제대로 알고 표현하는 지적인 사고훈련이다

미술표현이 흔히 정서와 감각을 요구하는 감정의 우뇌적 표현 교육으로만 인식하고 있는 점이 문제이다. 그래서 교사들과 학부모들은 미술을 대개 자기 마음을 표현하는 자기만족의 적당한 도구로 여기며 자유방임적인 태도로 안이하게 수업에 임하거나 가볍게 여기는 경우가 많다. 이것은 그들이 미술교육을 지나치게 단순하게 보기 때문이다.

미적 인식 훈련은 미술적 원리와 미적 이해를 요구하는 언어적이고 철학적인 사고로 지적인 사고를 필요로 하는 좌뇌적 미술교육 방법이다. 시각적 예술이 단순히 눈으로 보이는 대상이나 현상만을 표현하는 것뿐만 아니라, 보이지 않는 청각, 촉감, 미각, 후각 등의 오감을 통해 얻어진 경험과 개념, 지식도 표현할 수 있다. 뿐만 아니라 육감, 이상과 꿈, 무의식 세계 등의 3차원 세계나 초월적 세계, 과학적 상상 등의 눈에 보이지 않는 형이상학적인 세계도 눈에 보이는 형상과 이미지로 시각화할 수 있다.

아이들에게 우뇌적으로만 방치하는 느낌에 충실한 자기표현 방법에 내버려 두면 아이들의 미적 인식과 창의적 사고는 제자리에 머물게 되고 더 이상 자라지 않는다. 아름답게 보고 느끼고 생각하고 표현하는 방법은 가르침에 의한 시지각적 사고에 의한 미적 인식 훈련에 의해서 좌우된다. 우리는 여태껏 지시적인 교과서적 수업과 우뇌적인 자유표현에만 충실했기 때문에 자기 내면의 충실한 표현도 창의적인 예술표현도 쉽게 끌어낼 수 없었다.

학년이 높아 갈수록 아이들은 미적이고 창의적인 자기표현과 지적 표현 작품을 요구한다. 세상에 널린 시각적 자극과 아이들의 미적 인식과 경험, 지적 사고가 반영된 작품을 아이들의 내적 세계로부터 끌어낼 수 있도록 해야 한다. 느낌과 감각에 충실한 정서의 우뇌적 미술교육에서 서서히 의도적인 시지각적 사고훈련에 의해 제대로 보고 느끼고 생각하며 표현하는 좌뇌적인 미적 인식 훈련이 필요하다.

이 참고자료는 인체표현을 위한 인식적 훈련에 사용된 것으로 예림당에서 출판된 과학학습만화 '인체'에서 복사해 인체의 구조를 이해시키고 뼈대를 따라 그려 보게 했다. 이는 과학적 사고를 도입하는 인식 훈련으로 제대로 아는 방법을 가르치기 위해서 응용했다.

흔히 아이들의 인체동작 표현은 지극히 도식적이거나 교과서적 삽화 위주의 인물이나 만화적 유희로 그리기 일쑤이다. 설사 만화 캐릭터를 그리더라도 인체동작을 위해서는 관절의 구조와 움직임을 이해할 필요가 있다. 아이들이 쉽게 그

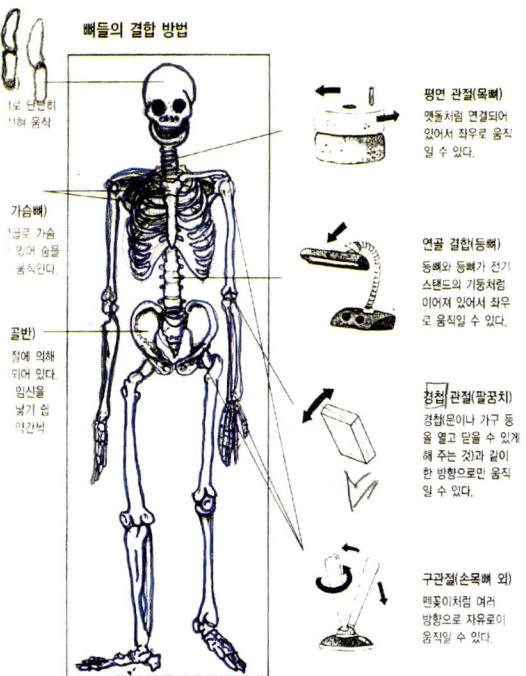

**인체구조의 이해-인덕원 친구(1학년), 2002**

뼈대의 선을 따라 그리다 보면 인체구조를 이해하게 되고 로봇같이 경직된 인체표현 선으로부터 자연스럽게 탈피하게 된다.

리기 위해 정면만 바라보거나 늘 같은 동작과 표현에서 탈피하여 움직임이 있는 동작표현을 안내하기 위해서 실험해 보았다.


■ 지도 방법
 – 칠판에 선 그림으로 인물의 관절 움직임을 그리면서 생각을 열어 준다.
 – 인체 뼈대 복사본을 개별적으로 나누어 주고 묵지를 대거나 따라 그려 보게 한다.
 – 흔히 그리던 직선의 뼈대에서 자연스러운 곡선의 인체 뼈대를 인식한다.

- 빈 종이를 나누어 주고 직접 구조와 관절의 위치를 분석하며 보면서 그려
  보게 한다.
- 뼈대에 살을 채워 인물화해 보거나 피부로 채색하고 옷을 디자인하여 입혀
  보는 것도 재미있다.

**Tip**

인체의 구조에 대한 인식과 기능에 대해 설명하면 과학과 통합적인 수업이 된다. 인체의
기능과 관절의 위치, 내장기관 등 인체에 대한 시각적인 과학수업 자료를 제공하여
인체인식을 실감 나게 하면 더 효과적이다.

■ 표현 재료
  - 인체 뼈대 복사본, 연필 및 선 그림 도구
  - 기타 인체모형도구

## (3) 예술적 표현을 향한 창의적 사고훈련이다

미술교육에서 궁극적인 목표는 예술적 표현을 향한 창의적 사고와 표현에 있다. 단순한 자기만족의 자기표현에서 나아가 다른 사람과의 교감이 가능하고 인정받을 만한 미적 공감대 형성이 가능한 감탄적인 요소를 드러내야 한다.

아이들은 예술적이란 개념에 대해 무엇인지 말로 다 설명하지 못하지만, 아이들의 작품 속에서 또는 예술가들의 작품 속에서 예술성을 인식한다. 아이들은 대개 완벽하게 잘 그린 그림보다는 삐딱하게 어긋난 부조화의 그림, 여백이 있는 그림, 간결한 그림, 알쏭달쏭한 상징과 추상적 표현에서 예술성을 찾고 편안함을 갖는다. 그것은 아름다움에 대한 아이들 나름대로의 미적 인식이며 창의적인 사고이며 표현이다.

우뇌적인 자기표현에 어느 정도 익숙해지고 자신감을 갖기 시작하면 아이들은 이제 새로운 자기만의 독특성을 추구하기 시작한다. 좀 더 좌뇌적인 자기훈련에 들어가기를 원한다. 아이들은 이 여유와 느슨함의 우뇌적 사고가 계속되길 원치 않는다. 여유도 시간이 길어지면 지루해지기 쉽다. 우뇌적 사고는 순간적인 감각에 더 좌우된다. 그러나 이 순간적인 감각에 지적인 충동과 창의적이 욕구가 더해지면 어느 순간, '아' 하는 반짝 아이디어나 이미지를 수반하는 통찰력이 생긴다. 그것은 곧 창의적 사고의 발로이다. 조금 더 좌뇌석 사고가 개입되는 자기표현도 반복되면 곧 지루해하고 또 다른 석당한 통제와 자극적인 새로운 교육방법을 원한다. 여기서 통제란 집중할 수 있는 적당한 스트레스를 말한다. 집중의 효과와 작품의 완성도를 높이기 위해 이 시간은 정말 중요하다. 아이들은 대개 지나치게 자유시간을 허락하면 처음에 시작했던 좋은 표현도 자칫 놀이와 재미로 흐트러진다. 혼자서도 창의적 사고를 높이기 위해서 몰입할 수 있는 적당한 시간과 공간, 분위기의 통제가 필요하다. 아이들에게 계속적인 자극과 표현을 유도해야 하는 이유이다.

창의적으로 생각할 줄 아는 훈련이 되면 아이들은 교사의 생각을 뛰어넘는다. 많은 것을 응용하고 비틀어 보면서 아이들이 스스로 연습하고 훈련하고 있는 것을 보게 된다. 당연히 자신이 알고 있는 지식들과 경험들을 끌어내서 조합하는 능력에 익숙해지고, 이제는 더 많은 지식과 정보의 필요성을 느끼면서 주위를 더 자세히 관찰하고 의문시하며 깊이 인식하는 습관이 생긴다. 왜, 어떻게 대한 시지각적 사고와 물음은 스스로 체득되었고 그 물음에 대한 자기만의 독특한 사고와 표현을 스스로 발전시켜 간다. 그 한계가 스스로 느껴지면 아이들은 책이나 인터넷 등을 통해 정보와 자료를 수집하여 자기의 생각에 응용하고 창의적으로 조합시켜 나간다. 창의적 사고는 지적인 아이들에겐 재미 그 자체이다. 많이 알수록 응용력이 생긴다.

창의적 사고와 표현이 단순한 반짝 아이디어로 보이는 스케치와 밑그림, 단순한 표현만이 아니라, 작품 속에 자기만의 눈으로 본 시각적 본질을 찾아내어 지성적이고 감각적인 예술창의적 표현으로 드러내어야 한다.

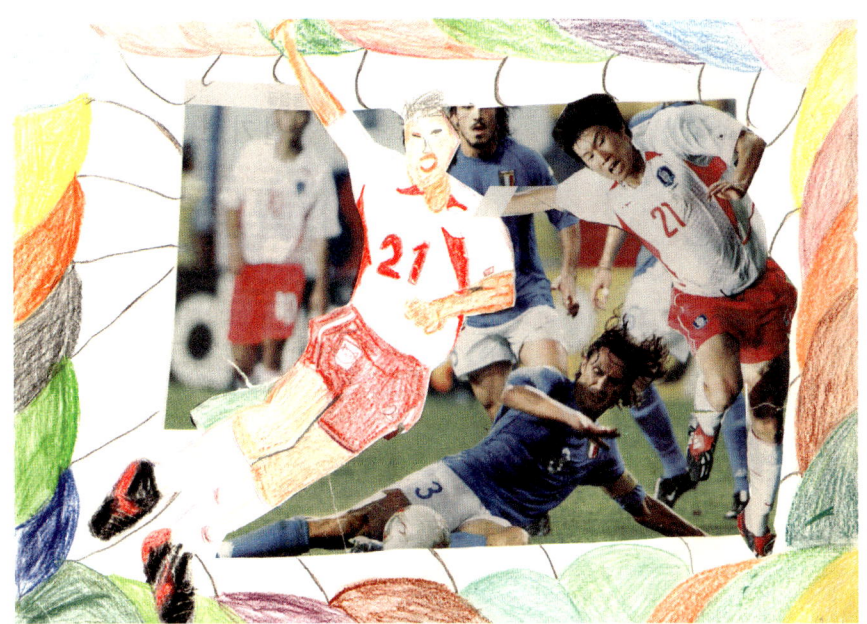

**인물동작의 변화를 위한 응용표현–KKH(7세), 2002**

축구선수들이 밖으로 뛰어나올 듯한 역동적인 장면을 연출했다. 한 인물을 오린 후에 따라서 그려
보고 오린 인물 사진을 다른 공간에 배치하였다. 원래의 사진 밖으로 그림을 더 보충함으로써 실감
나게 하였고 바탕을 액자화함으로써 훨씬 더 창의성을 더했다.

　　창의성은 의도적인 지적사고의 훈련을 필요로 한다. 2002년 월드컵 축구대회
당시, 온 신문은 축구동작 사진으로 도배를 했었다. 역동적인 축구 선수들의 동작은
아이들의 관심을 끌기에 충분했고 창의적으로 생각하는 법을 가르치기에 좋은
방법이 되었다. 이 그림은 21번 박지성 선수를 사진에서 오려 내고 자신이 의도하는
공간에 비틀어 배치한 다음, 오려 낸 사진 빈 바탕에 박지성 선수를 다시 그림으로
표현했다. KH는 한 걸음 더 나아가 그림을 액자화했고 선수는 마치 액자 바깥을
뛰어나오려는 듯한 역동적인 모습을 취하게 하고 있다. 같은 동작의 사람도 어떻게
배치시키느냐에 따라 전혀 다른 모습의 행동을 보여 준다.

■ 지도 방법

– 스포츠 신문이나 잡지에서 선수들의 역동적인 동작사진을 스크랩한다.

– 사진으로부터 원하는 인물 동작 하나를 조심스럽게 오려 낸다.

– 사진을 8절 도화지에 붙이고 오려 낸 인물을 원하는 위치에 배치하여 풀로
붙인다.

– 오려 낸 인물의 여백에 오려 낸 사진을 참고하여 인물을 그리고 그대로
채색하거나 상대방의 선수 유니폼으로 채색하는 등 재미있게 자기 나름의
이야기로 구성하여도 된다.

– 바탕을 여러 가지 방법으로 구상하여 특별한 이미지로 꾸며 본다.

**Tip**

또 다른 차원의 역동적인 화면구성을 위해 오려 낸 인물을 화면의 이곳저곳에 배치하여
기발한 발상과 가장 효과적인 미적 포인트를 찾도록 한다.

■ 표현 재료

– 신문, 잡지사진, 8절 도화지, 가위, 풀, 색연필, 사인펜, 물감 등

# (4) 자존감을 세워 주는 내적 표현 교육이다

아이들의 살아 있는 그림엔 아이들만의 독특한 존재의식이 드러나 있다. 살아 있는 그림이란 자기만의 느낌, 생각, 의도, 철학이 반영되었음을 의미한다. 사물의 대상이나 현상을 아름다운 눈으로 제대로 보고 인식하면 '나'라는 자의식이 들여다보인다. 사물을 정확하고 완벽하게 그리기에 앞서 나의 의식과 무의식, 잠재의식이 내재된 자신만의 눈으로 제대로 본 느낌과 생각이 자유로운 손의 감각으로 마음이 가는 대로 표현되어야 한다. 남이 보는 방식, 남이 그리는 만큼의 표현수준을 의식하면 '나'의 존재감은 상실되고 만다. 많은 훈련 후에 상당한 표현기법에 익숙했을지라도 아이의 존재감이 드러나지 않는 작품은 결국 비슷한 표현수준의 그림과 함께 식상하게 보일 뿐이다. 아이들의 마음과 사고를 열어 주지 않고 그림을 그리면 아이들은 잘 그리기 위해 쉬운 그림과 모방을 통해 관념적이고 기술적 표현만 익힌다.

작품을 하는 과정 동안에 자신들의 내면에서 벌어지고 있는 상황, 즉 스쳐 가는 자신의 느낌과 생각, 의도 등을 놓치지 않고 글로 내면화하게 되면 아이들은 자신의 내면을 깊게 들여다보게 된다. 그것은 곧 자기인식의 명상훈련이며 통찰훈련이다.

이러한 자기 인식의 과정을 통해서 아이들은 귀한 존재로서의 자신을 바라보며 자존감을 갖게 되고 자신의 미래에 대한 꿈을 키워 나간다. 있는 그대로의 자신을 발견하며 장점과 단점을 찾아 키워 나가고 긍정적인 가치관을 갖는다.

아이들의 존재감과 꼬마 예술가로서의 가능성을 인정하고 북돋워 줘라. 꼬마 예술가로서 자긍심을 불어넣어 주면 아이들은 그 순간에 깊은 자아의 세계로 몰입한다. 그러면서 자기만의 독특한 표현세계를 스스로 펼치기 시작한다.

자존감이 있는 아이들은 미술수업에서 잘하건 못하건 주변을 의식하지 않고 자기표현에 만족하며 새로운 표현방법을 탐색한다. 대개 지적 수준이 높고 열린 사고를 갖고 있는 아이들, 개성이 강한 아이들은 더 쉽게 빨리 배운다. 반면에 자존감이 약하거나 지적 수준이 떨어진 아이들은 자기표현에 자신감을 잃고 미술시간을 두려워하게 된다. 잘하고 싶은데 어떻게 해야 될지 몰라 망설이며, 조잡한 표현과 소심한 표현으로 끝내고 만다. 더욱이 초등학교 4학년 이후엔 더 이상 마음과 표현이 자라지 않는 시기로 전락한다.

어느 부류든 지적, 정서적 수준 차는 있기 마련이다. 더딘 아이에게는 더 많은 시간, 훈련을 필요로 하며 더불어 교사의 관심과 배려가 더 많이 필요하다. 그나마도 안 되는 아이라면 마지막 단계로 모방훈련이라도 배워 시각화하는 법과 자기 표현력을 익히는 것이 낫겠다. 보고 베끼는 훈련은 인지능력이 떨어진 아이에게나 효과적인 방법이지 보통의 아이들에게는 오히려 창의성을 가두게 하고 의타심을 갖게 하는 교육이 될 뿐이다. 나를 아름답게 보는 눈으로부터 출발하는 미적 인식 훈련은 아이들의 자존감을 세워 주는 지적인 예술의 내적 표현 교육이다.

자존감을 갖게 되면 아이들은 당당하다. 이렇게 당당한 아이들은 학교에서 눈에 띄는 리더나 특별한 자기 재능, 학업에서 높은 성취력을 보여 준다. 나아가 긍정적인 자기분석과 통찰에 의한 이 내적 표현 교육은 일종의 명상 교육으로서 자기의 내면세계를 깊이 들여다보며 내면의 본질을 파악하여 밖으로 표출함으로써 마음을 다스리고 스스로를 치유하는 내적 치유의 효과를 얻는다.

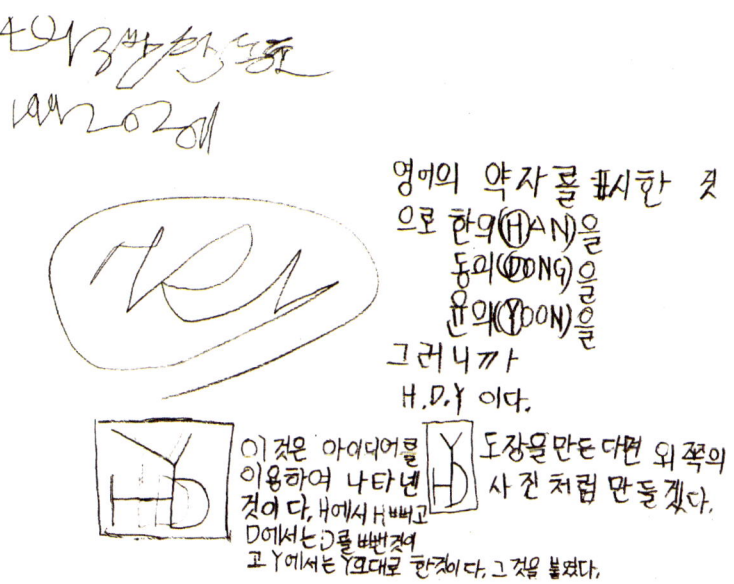

**나의 사인-HDY(4학년), 1991**

얼마나 신중하게 집중하고 있는지 글에 잘 나타나 있다. 좌우뇌가 잘 조화된 아이다. 좌뇌적인 선과 우뇌적인 선으로 동시에 자기 사인을 만들어 내고 있다.

이 그림은 자신의 사인을 만드는 과정에서 자신의 생각과 의도를 아주 정밀하고 간결하게 글로 잘 정리하였다. DY는 당시에 컴퓨터 연구에 심취하던 아이고 성적은 상위에 속했다. 생각과 의도를 논리적으로 분석하고 정리하여 글로 써 내려갈 수 있는 연구형이다. 알파벳 약자를 좌·우뇌적인 선으로 자신의 사인을 연구하고 있다. 왼쪽 상단의 리드미컬한 사인은 우뇌적선이고, 네모틀 안에 들어있는 사인은 좌뇌적 사인이다. 이렇게 아이들은 자신의 이름을 다양한 시각에서 생각하여 보면서 의미를 파악하고 사고화 하면서 자존감을 키워 나간다. 이 사인연습에서 좌·우뇌적 선이 명확하게 드러나 있다. 분석적 사고와 함께 유연성까지 갖춘 창의적 성향이 강한 아이다. 과학적 사고와 시각적 미술, 언어표현을 자유롭게 드러내고 있다. 많은 아이들 중에서 유일하게 두 가지 방법으로 사인을 만들어 보여 주었다. 나아가 4학년 3반 한동윤과 '나의 사인'의 주제도 나름껏 자기표현의 방법을 시도하고 있다.

■ 지도 방법

 – 자기 이름의 의미와 형상을 살피고 특별한 이미지를 찾는다.

 – 직선이든 곡선이든 구애받지 않는다.

 – 머릿속에 그려지는 이미지를 상징화하여 연습하고, 글로써 그 의미를 분석하고 내면화한다.

 – 옆 사람을 의식하지 않는다.

 – 사인을 완성하고 화면에 그려 내는 방법도 자신의 의도대로 구성한다.


**Tip**

활자체, 알파벳, 로마체, 한글, 한자 등 다양한 서체를 연상시킨다.


■ 표현 재료

 – A4용지, 연필 및 기타 드로잉 도구, 지우개

제대로 보고 느끼고 생각하며 아이들의 아름다운 눈을 높여라

## (5) 잠자는 내면을 살짝 건드려 깨우는 훈련이다

아이들에게 미술을 가르치는 것은 무엇을 어떻게 아름답게 보고 느끼고 생각하느냐를 자연스럽게 터치하며 그들의 잠재능력을 끄집어내어 표현하게 하는 일이다. 우리 학창시절의 미술시간을 기억해 보라! 얼마나 답답했던가? 뭔가 남과 다른 방법으로 잘 그리고 싶은데 무엇이 좋은지, 어떻게 표현함이 좋은지 미적 인식도 기준도 가치도 배우지 못한 상태에서 교과서적 참고작품이나 주제 제시만으로 막연하게 잘 그리려고 애쓰던 기억이 있지 않은가. 잘 그리는 친구들의 작품을 비교하면서 '저렇게 그려야 하나?'를 망설이며 고민했던 기억 말이다. 미술학원에서 기법을 익히노라면 왠지 답답하고 틀에 매이는 듯한 기분으로 이젤 앞에 앉아 정도의 수준에 도달하기 위해 중압감을 느끼며 힘든 시간을 보내기도 한다.

아이들 중엔 선천적으로 미적 인식과 감각을 타고난 아이들이 있다. 사물을 정확히 보거나 제대로 보는 눈이 발달한 아이들은 판단력과 분석력이 좋아 정확하게 잘 그리고 색채감각 등이 뛰어나다. 그런 아이들은 스스로 체득하며 조금만 인식시켜 줘도 쉽게 이해하고 응용하면서 자기표현의 방법을 창의적으로 터득해 간다. 그러나 이 아이들도 특별한 기술적인 기법을 배우면 그 방법에 고정되어 버리는 경향이 많다. 그 표현방법에서 탁월한 실력을 보여 주지만, 다른 표현방법에서 자유롭지 못한 경우가 많다.

예를 들어 만화기법을 배운 아이들은 거의 모든 표현방법에서 만화적 표현을 드러낸다. 특별히 만화의 캐릭터 모방은 손에 익숙하게 되어 아이들의 경험 속에 표현된 인물은 대부분 만화적으로 표현한다. 미적 인식 훈련으로 그 고정관념과 기법에서 탈피하는 데도 꽤 시간이 걸린다. 어느 표현에서든 "이렇게 그려라" 하고 표현방법을 가르쳐 주는 일은 아이들에게 고정적인 시각과 표현만을 가르쳐 줄 뿐이다. 더 많은 가능성을 받아들일 초등학교 시기의 아이들에게 모방훈련은 금물이다.

미적 인식 훈련은 아이들의 잠재된 미적 인식과 감각을 터치하는 일이다. 자신의 아름다운 눈으로 느끼고 생각하는 훈련이다. 자신의 의식과 무의식, 잠재의식을 더듬으며 특별한 의미와 가치, 상징언어를 미적으로 끄집어내는 일이다. 나만의 소중하고 독특한 표현을 향한 자기 인식과 가치로부터 출발한 이 훈련에 익숙해진 아이들은 어느 표현에도 두려움이 없다. 스스로에게 터치하는 법을 알기 때문이다. 자기표현에 스스로 만족할 줄 알고 더 나은 방법을 시도한다. 생각이 유연해져서 다양한 표현방법을 찾는 데도 거침이 없다.

제대로 보고, 느끼고 생각하면서 자유롭게 표현하고, 비틀어 보면서 자신의 표현세계를 찾아 나선다. 아이들은 자신 속에 가둔 것들을 스스로 건드리면서 '아하!' 하고 깨달음을 얻으며 그 깨달음 속에서 체득하며 한걸음 더 나아가 예술 창의적 표현으로 발전시켜 나간다.

7살 팀의 아이들과 색채인식 훈련수업을 하던 중. 토마토 실물을 보며 20가지 이상의 색을 찾아 표현하라는 내 주문에, JH가 그림에 열심히 몰두하면서 고개도 들지 않고 조용한 말로 이렇게 말했다. "선생님, 토마토 속에 이렇게 많은 색이 들어 있는지 정말 몰랐어요."
바로 이거다! 모르던 사실을 알게 되는 바로 그 순간. 아이는 사물을 바라보는 미적인 눈이 열리기 시작한다. 토마토는 그저 빨간색이나 주황색으로 인식하고 있던 사실로부터 초록색 꼭지로부터 노란색, 주황색, 빨강색 등으로 읽어 내고 자연스럽게 다양한 색깔들을 아울러 내면서 존재하는 토마토를 새롭게 인식한다. 이후에 아이는 더 이상 사물을 쉽게 보지 않는다. 그리고 이러한 시지각적 사고와 미적 인식 훈련을 통해 사물과 현상에 대해 정확하고 날카롭게 본질을 파악하는 직관력이 향상된다.

한동일의 〈노란 우산〉을 제목을 가르쳐 주지 않고 음악을 들려준 다음, 음악을 유추하면서 자신의 느낌과 생각을 표현한 것이다. 처음부터 비 오는 소리를 느낌으로 찾아낸 JY는 나중에 교사가 제목을 가르쳐 주자 자신의 판단과 맞아 떨어진 것에 대해 감동한 모양이다. 4B연필 하나로 비 오는 날의 심상적인 표현을 잘 드러내었는데 왠지 모르게 우울해 보인다. 말이 없는 이 아이의 마음속을 들여다보고 싶은 생각이 든다. 음악을 통해서 아이의 잠자고 있는 내면적 세계를 살짝 건드려 깨워 본 내적 표현이라고 할 수 있겠다.

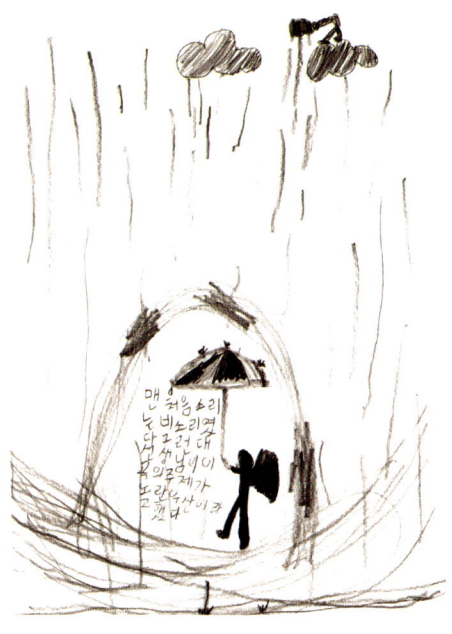

**클래식, 그림, 시(노란 우산)–SJY(2학년), 2005**

빗줄기를 표현하는 선을 짙은 선에서 흐린 선으로 슬그머니 강약을 조절하고 있다. 우산에도 빗방울이 튀는 모습과 우산대 사이로 미끄러지는 빗방울도 하나 표현했다. 비가 많이 내려서 길가의 빗물이 출렁거리는 느낌이 든다. 인물표현 위를 둘러친 선이 마치 JY의 마음을 가두고 있는 것처럼 느껴진다.

■ 지도 방법

  – 조용히 몰입할 수 있도록 커튼을 치는 등 명상적인 분위기를 조성한다.

  – 가사가 없는 음악의 주제를 가르쳐 주지 않고 5분 정도 들려준다. 귀를 통해 들려오는 음악을 자신의 내면으로 끌어들인다.

  – 떠오르는 느낌이나 이미지, 스쳐 가는 생각들을 붙잡는다.

  – 주어진 하얀 종이 위에 주어진 드로잉 도구를 자유롭게 선택하여 이미지를 시각화한다.

  – 평가받기 위한 그림이 아니라 나의 내면을 그리는 일에 만족하는 그림을 그린다.

– 화면을 꽉 채우거나 잘 그리려 하지 말고 그리다 만족하면 언제든 펜을
내려놓는다.
– 미적인 효과를 살리며 빈 여백에 주제를 정하고 그림을 그리는 과정에서
오갔던 느낌과 생각을 글로써 내면화한다.

■ 표현 재료
– 한동일 〈노란 우산〉 CD, 연필, 사인펜 등 드로잉 도구, A4용지

## (6) 유하원칙에 의한 시각적인 물음과 미적인 깨달음이다

시각적 사고에 의한 미적 인식 훈련이란 무엇인가를 바라볼 때, 어느 때, 어느 상황에서 무엇이 어떻게 왜 아름다운가에 대한 시각적인 물음이고 깨달음이다. 주어진 현상을 시각적인 아름다움으로 바라보는 눈과 마음으로 분석하며 묻고 깨달음을 얻는 훈련이다. 그냥 '아름답다, 예쁘다'고 느끼며 스치는 감정만이 아니라, '어떻게?, 왜?'라는 물음으로 생각을 분석하고 그로부터 또 다른 새로운 이미지를 찾아 의미를 부여하는 창의적인 사고의 표현으로 끌어내는 일이다.

이러한 분석적이고 논리적인 미적 인식에 대한 사고훈련이 되어 있지 않으면 아이들은 어떻게 느끼고 생각하느냐에 대한 물음에 그저 "좋다. 예쁘다, 아름답다"라는 등의 단답형 대답으로 밖에 자기 자신의 마음을 표현하지 못한다. 느낌도 생각도 표현도 다 정체되어 버리고 만다.

예쁘고 화려하고 완벽하게 완성된 작품을 꼭 미적인 기준으로 여길 수 없다. 사실적으로 잘 그린 그림, 꽉 찬 그림, 주제가 강조된 그림, 진하고 확실하게 그린 그림, 반드시 바탕색을 칠해야 완성된 그림처럼 여기는 오랫동안 이어져 내려온 이 미적 기준의 대물림 때문에 아이들의 좋은 작품의 평가기준은 예나 지금이나 그 범위에서 크게 달라 보이지 않는다.

미적인 기준은 시대와 상황에 따라서 변화되어 왔으며 현대의 미적 기준은 객관적이라기보다는 보는 사람마다의 주관적인 미석 인식에 더 좌우되는 것 같다. 현대의 추상화를 감상하면서 작가에게 무엇을 그렸는지를 알아내려고 질문하는 것은 무식한 처사라고 하지 않던가.

그러나 그림을 보고 읽는 훈련은 필요하다. 작가의 의도나 작품의 의미를 헤아려 보는 것은 작가의 의식과 감정의 동화 또는 전혀 다른 미적 세계를 인식함으로써 새로운 미적 체험을 맛보기도 한다. 미술작품을 보면서 그저 형상과 색채의 아름다움만 느끼는 게 아니라, 작품 안에서 자기만의 느낌과 의미, 작가의 의도를 상상하고 자신의 생각과 비교하며 또 다른 미적 체험을 즐길 수 있어야 한다.

마구잡이 낙서가 아니라면 사람들이 그리는 모든 선과 색의 선택은 자기만의 의미를 지니고 있다. 사람들은 일하다 말고도 무의식적으로 종이에 낙서를 끼적거리곤 하지만, 사실은 자신만의 심적인 무엇인가를 무심코 드러내고 있는 중이다. '내가 지금 무얼 그렸나? 왜 이 그림을 그리고 있지?' 잠시 멈추고 자신의 내면세계를 들여다보라! 무심코 그림을 그렸다고 해서 그냥 스치고 넘기면 무의미한 낙서로 머물고 만다. 그 표현 속에서 미적인 무언가를 발견하고 좀 더 의미화하며 그럴듯한 이미지로 그려 보자. 속상하고 화나는 일도 나만의 그림, 예술이 되며 때로는 문제의 해결점을 찾기도 한다.

개성이 강하고 주관이 뚜렷하며 창의적인 아이들은 자기의식에 개입하면 짜증을 내거나 자신의 작품에 손을 댈라 치면 과감하게 교사의 도움을 지워버리거나 다시 그린다. 자기애가 강하고 자기 관심 영역에 대해 집착이 강하다. 깊은 몰입과정을 통해 냉철하게 분석하며 찾아낸 본질적인 시각적 이미지를 자기언어로 상징화하고 의미화하기를 즐긴다.

아이들에게 미적 인식은 꼭 조형적인 이론에 의한 훈련에 의해서 얻어지는 게 아니다. 조형적인 이론 설명에 의한 미적 인식은 아이들을 표현에 대한 심리적인 부담을 갖게 한다. 그렇다고 아이들이 조형적인 언어를 이해 못 하는 게 아니다. 조형적인 언어, 지적인 미술용어도 아이들은 어떻게 접근하고 설명하느냐에 따라 쉽게 이해하고 자신의 작품에 반영한다. 미적 용어를 장황하게 설명하거나 주지시키기보다는 수채화의 초벌작업으로 가볍게 밑칠을 하듯이 우뇌적으로 유연하게 느낌에 충실하게 쉬운 예화로 설명해야 한다. 어디까지나 유아, 초등수준은 우뇌적 감각사고에서 출발하여 좌뇌적인 지적 사고와 표현으로 서서히 차원을 높여 가야 한다.

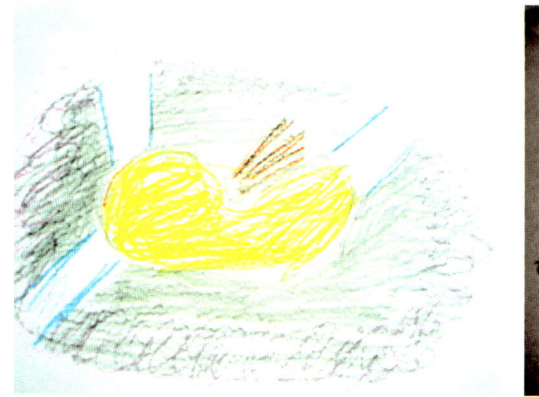
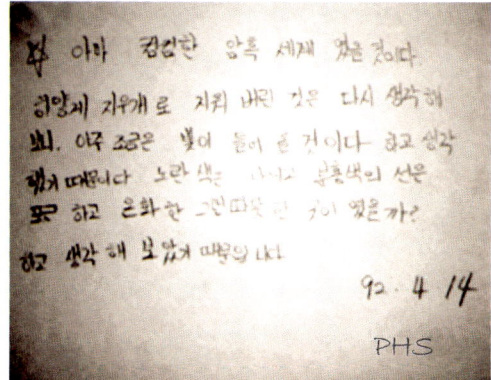

알쏭달쏭 이미지 표현(내가 엄마 배 속에 있었을 때)-PHS(4학년), 1992

배 속의 태아를 노란색으로 선택하고 몇 가닥의 선 표현으로 마치 호흡이나 소리를 내는 것처럼 설명을 보태서 마치 살아 있는 생명체인 것처럼 더 실감나게 표현하고 있다. 하얀 길을 터놓은 것은 엄마 배 속의 태아가 살기 위해서는 무언가의 소통을 위한 통로 같은 것이 열려 있어야 한다고 생각했을지 모르겠다.

글은 간단하지만, 내가 엄마 배 속에 있었을 때를 추측하여 자신이 아는 사실을 바탕으로 상상하여 표현하였다. 다시 생각해 본다는 것은 스치고 지나갔던 생각들을 잡아채 오는 과정이다. 그러면서 의문을 제기하고 답을 찾아가고 있다. 빛이 들어오는 곳을 생각하는 것은 엄마의 탯줄로 이어진 생명의 연관관계를 의식하고 있고, 노란색과 분홍색으로 따뜻한 엄마의 태내를 기억하고 있는 것처럼 표현하고 있다. 빛이 들어오고 있다는 것을 의식하고 있다는 것은 과학적 사고를 반영하고 있는 것이다. 의도적으로 지워 낸 3갈래의 통로는 아이의 잠재의식을 반영한 것이라 느껴진다. 엄마의 태로부터 자신의 생명체를 잇게 해 주는 어떤 통로, 산소, 영양, 배설의 통로를 무심코 끌어낸 것은 아닐까? 꿈틀거리는 듯한 생명체의 선과 양감, 무언가 자신의 소리를 엄마에게 전하는 듯한 입으로부터 뱉어 내는 듯한 주황색 선의 표현, HS는 정말 엄마 배 속에 존재하는 것처럼 깊이 상상세계로 몰입했던 듯싶다. PHS는 현재 간호사로 일하고 있다고 한다.

- 조용히 눈을 감고 명상한다.

- A4용지를 나누어 주고, 조용한 소리로 주제를 일러 준다.

- 태아가 되어 엄마 배 속으로 돌아가는 상상을 한다.

- 최소한의 상식을 동원할 것이며, 자신의 느낌과 생각, 이미지를 놓치지 않고 의식적으로 끌어내어 붙잡는다.

- 구체적인 태아의 모습이 아닌 이미지를 상징화, 추상화한다.

- 의식이 가는 대로 도구와 표현방법에 구속받지 않고 그림을 그린다.

- 그림에 만족하면 마무리하고, 글로써 그림을 그리는 과정 속에서 스쳐 지나갔던 느낌과 생각을 빈 여백에 남기며 내면화한다.


■ 표현 재료

- 종이와 색연필, 연필

## (7) 좌·우뇌 조화를 돕는 통합예술 교육이다

인간은 오감을 통해 느끼는 감정을 자유롭게 표현하기를 원한다. 오감이 발달되어 있으면 그 느낌에 대한 본질적 이미지를 쉽게 찾아낸다. 오감이 발달된 사람 중엔 여러 개의 감각을 동시에 파악하기도 해 두뇌회전이 빠르게 작동할 수밖에 없는 원동력이 되기도 한다. 음악의 선율을 색채로 인식하거나 미술을 음악적으로 본다든지, 문학을 음악과 미술로 파악하는 등 공감각이 발달된 사람도 있다.

레오나르도 다빈치는 다중지능의 대표적인 소유자로 만능의 천재였다. 그는 오감 중에서 '시각'을 가장 우선시했고 시각훈련을 중요하게 생각했으며, 다음으로 청각훈련을 중요시했다. 제대로 보고, 듣는 훈련은 사고력을 높이는 데 중요한 역할을 한다. 어릴 적 미술과 음악교육을 받아 온 사람 중엔 예술뿐 아니라, 수학과 과학 등 다방면에서 창의성을 발휘하고 있는 사람들이 많다. 톨스토이 집안은 자녀교육을 위해 필수적으로 미술교육을 시켰고, 아인슈타인은 바이올린이 수준급이며, 추상표현주의 대표화가인 파울 클레나 칸딘스키는 수준급인 그들의 음악성을 미술에 반영했다. 우리나라의 신사임당은 특유의 관찰력으로 시, 서, 화를 남겼고, 학예일치의 대가 추사 김정희는 창의적인 사고와 열린 사고로 시, 서, 화와 학문을 자유롭게 넘나들며 그의 예술성을 발휘했고 그림과 글로 이미지를 동시에 내면화하여 통합예술의 신념을 보여 준다.

미술은 우선적으로 감정과 정서의 우뇌적 예술표현이다. 그렇다고 해서 미술이라는 표현이 우뇌적인 사고만으로 이루어지는 감각교육에 치우친다면 감정에 치우친 표현으로 머물 소지가 높다. 좌·우뇌 교육의 균형과 조화가 필요하되 개인의 성향에 따라서 또는 작품성의 의도에 따라서 조금 더 지적이냐 감성적이냐에 선택의 우위를 두어야 한다. 때로는 감정에 충실할 수도 있고 지적인 사고력에 더 치중할 수도 있어야 한다. 따라서 미술교육에서 아이들 스스로 자신의 양쪽 뇌를 다스리고 조절할 수 있는 능력을 가르쳐야 한다. 그러기 위해서 시각적 이미지를 그림과 동시에 글로 내면화하는 내적 표현방법은 좌·우뇌 사고의 조화를 돕는 기본적인 통합예술 교육의 방법이 된다.

예술에서의 창의성은 우뇌적 정서바탕하에 지적 사고의 개입과 통합, 조절에 의해 얻어지는 것이다. 물론 내키는 대로의 자기 내면을 온통 그대로 드러낸 작품은 미술을 통한 자기표현과 자기치료 방법이 될 수 있다. 그러나 그것 또한 우뇌적 정서감정에 치우치면 이성의 통제가 불가능한 불합리한 사고를 갖는 교육이 될 수도 있다. 우뇌적, 내적 감성교육에 너무 치중하면 우울증 같은 심리적 병폐현상을 초래할 수도 있다.

**Tip**

내면의 소리에 귀를 기울일 수 있는 예술의 내적 표현 교육과 함께 반드시 외적인 표현 발산의 즐거움을 줄 수 있는 활동의 기회를 주어야 한다. 자칫 자기 안으로 지나치게 파고드는 내성적인 아이로 자랄 수 있다. 억압된 교육현실 안에서 실컷 뛰고 춤추고 노래할 수 있는 기회도 열어 주어야 한다.

또한 계속 자기감정만을 드러내는 자기표현만 계속한다면 아이들은 싫증을 내고 심드렁한 표현을 하고 만다. 이럴 때 아이들은 좌뇌적인 교육자극을 원한다. 지나치지 않을 구속과 통제의 교육기회를 원한다. 같은 주제라도 새로운 사고와 표현방법을 찾을 기회를 갖길 원한다. 그리고 자연스럽게 창의적 사고와 표현을 지향해 간다.

보는 자체를 그저 느낌 자체로만 받아넘기지 않고 자신의 내면세계를 분석하듯 의식하며 느끼고 생각하면서 얻어진 시각언어를 그림과 언어로 동시에 표현하면 자연스럽게 통합예술 교육이 이루어진다.

같은 주제로 그림을 그리는 일은 우뇌적 사고 표현 훈련이고, 글로 내면화하는 일은 좌뇌적 사고 표현 훈련이다. 머릿속에 스치는 시각적 이미지나 영상은 그 자체로 우뇌적 사고활동이고, 그 시각적 이미지나 영상을 의식적으로 붙잡고 언어로 분석하고 유추하며 의미화하는 자체는 좌뇌적 사고활동이다. 자신의 내부 속에서 '나'라는 자아가 어떤 의식과 함께 의미를 부여하며 생각을 만들어 낸다. 느낌을 유추하고 본질적 이미지를 개념화하는 좌·우뇌적 사고의 통합훈련은 창의적 사고를 극대화하는 방법이 된다.

흔히 우뇌적이라고 관념화되어 있는 음악을 조지 윈스턴의 음악을 늘려주면서 좀더 분석적으로 감상하며 계절을 찾아내는 훈련을 하고 있다.

그냥 '좋다, 아름답다'고 단순하게 느끼고 표현하는 형용사 나열이 아니라 음악의 선율과 곡의 흐름을 좌뇌적으로 의미를 파악하고 분석해 보면서 듣게 되면 자기 나름의 시각적인 알쏭달쏭한 좌뇌적 이미지로 표현할 수 있는 능력이 생긴다.

JY는 나뭇가지에서 눈이 녹는 모습을 상징화하고 있다. 노란 나뭇가지는 이제 막 물오르기 시작한 봄의 생명의 시작을 의미하고 아직도 나뭇가지에 걸친 약간의 눈이

클래식, 그림, 시(조지 윈스턴의 음악으로부터 계절 찾기)
-KJY(3학년), 2005

겨울에서 봄이 오는 길목을 표현한 곡이다. 음악적 감수성이 예민한 JY는 겨울에서 봄으로 움직이는 이미지를 찾아내고 보라색과 노랑색으로 계절색을 선택하여 고드름이 녹아 떨어지는 물방울과 노란 나뭇가지를 이미지화했다. 고드름이 녹아 떨어지는 걸 마음의 겨울이 녹고 있다고 얘기하고 있다.

얹혀 있고, 녹아 떨어지는 물방울에도 명암표현으로 물방울의 농도를 표현하고 있다. 노란색과 보라색의 보색대비를 취하고 있다. 알고 선택했는 지는 모르겠다. 작품

설명글은 의도적으로 그림 가운데에 넣었다.

그림에서 글을 한 귀퉁이에 써넣어야 한다는 구속감에서 벗어나고 싶어한다. 구속의 틀을 벗어나려는 시도가 물방울이 잘린 형태에서 보인다. 때문에 A4용지가 유난히 커보이고 시선이 옆으로 확산되어 보인다. 알고 의도한 것인지는 모르지만, 나름대로 미적인식을 하고 있다고 볼 수 있다.

그림의 의미를 글로 남기지 않았다면 우리는 이 아이의 그림을 그저 물방울로만 이해했을 것이다. 이 단순한 그림 안에 아이는 음악세계로부터 찾아낸 자기만의 철학적 의미와 세계를 부여하고 있다. 본인도 글로 남겨두지 않았다면 후에 어떤 의미로 이 그림을 그렸는지 기억하지 못할 수 있다.


■ 지도 방법
 – 눈을 감고 조용히 몰입할 수 있는 명상적인 분위기를 조성한다.
 – 주제를 알려 주지 않고 5분 정도 음악을 들려준다.
 – 계절의 변화를 인식하며 몰입한다.
 – 작곡가는 어느 계절로의 변화를 창작했을지 자신의 경험과 계절의 기억과 음악의 선율을 연상시키며 다시 한 번 듣는다.
 – 시각적 이미지를 유추하여 빈 화면에 자신의 이미지를 알 듯 모를 듯한 알쏭달쏭한 이미지를 그린다.
 – 색연필이나 사인펜 등으로 이미지를 미적으로 부각시키며 채색한다.
 – 글로써 그림의 이미지를 빈 여백을 미적 주관으로 내면화한다.
  (빈 여백에 그림의 이미지를 글로써 자신의 미적 주관으로 내면표현)


■ 표현 재료
 – 조지 윈스턴 〈겨울에서 봄으로〉 CD, A4용지, 드로잉 도구

# (8) 자기몰입에 의한 통찰력 훈련이다

창의적 사고에 대한 통찰력의 반응은 대개 몰입하고 있는 어느 한순간, "아하!" 하며 찰나에 얻어지는 깨달음이거나 새로운 아이디어이다. 그러나 그것은 저절로 얻어지는 게 아니다. 무엇에든 깊게 자기 내면에 몰입하고 있을 때나 몰입 후에 잠시의 한가로운 시간에 순간 떠올려지기도 한다.

자기 안에서 지성과 감성적 사고가 교류하면서 복잡한 생각들이 스쳐 지나간 후에 정리되어 떠올려지는 답이다. 그것은 꼭 좌뇌적인 것만도 우뇌적인 것만도 아니다. 좌뇌적인 사고에 치중하는 사람에게는 우뇌적인 정서의 여유가 필요하고, 느슨한 우뇌적인 사고에 치중하는 예술 분야에는 합리적이고 분석적인 좌뇌사고가 필요하듯이 상호 보완적인 훈련이 필요하다.

미적 인식 훈련은 언어적 사고를 많이 동반한다. 시각적 대상을 그냥 느낌 그대로 스쳐 보내는 게 아니라, 보이는 대상으로부터 느끼고 알게 되는 순간적인 지각이나 생각에서 본질을 시각적인 언어로 추출해 내는 작업이다. 대상으로부터 자신만이 느끼는 본질을 찾아내어 이미지화하는 작업이다. 그것은 깊은 자기몰입에 의해서 훈련되고 그렇게 훈련된 아이들은 쉽게 본질을 찾아내어 이미지화하여 상징화하거나 추상적으로 표현할 수 있다. 본질적인 표현은 명확한 듯하면서도 알쏭달쏭한 상징적, 추상적 표현이다. 그리고 그것은 깊은 의미와 철학적 사고를 담고 있다.

그런 통찰력에 익숙한 아이들의 표현엔 자연스러운 생동감이 있고 깊이가 있으며 아이들답지 않은 세련된 표현이 있다. 아름다운 표현은 마음의 통찰에 의한 울림이다. 그 통찰의 울림에 의해서 미적 표현의 결과물은 달라 보인다.

주어진 시간에 조용히 앉아 있다고 해서 몰입하고 있다고 말할 수 없다. 몰입은 내 안의 세계로 깊이 들어가 있을 때를 말한다. 집중과 몰입은 차원이 다르다.

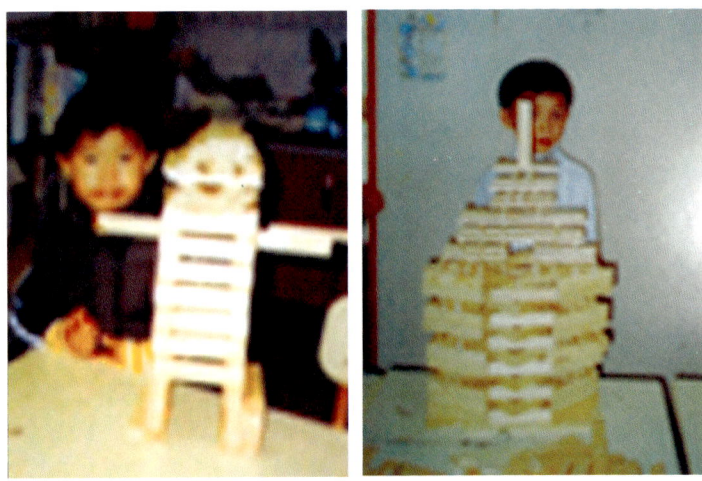

**카프라 구조물 쌓기-SYJ(5세) & SDW(7세), 2002**

5살 아이와 7살 아이의 작품이다. 11살이 된 YJ는 현재 교육청 영재클래스에서 공부하고 있고 오른쪽 DW는 과학에 관심이 유난히 많던 아이다. YJ는 한 치의 오차를 남기고 싶지 않은 만큼 긴 시간을 투자하며 작품을 완성했다. 반면에 DW는 유연한 사고로 자기 방식을 찾았다.

카프라 쌓기를 통해 균형감각과 정확성, 집중력을 높일 수 있다. 왼쪽 5세 YJ는 카프라 책자의 참고작품을 거의 한 치 오차 없이 완벽하게 외워서 좌뇌적으로 완성했고, 7세 DW는 약간은 빈틈이 있어 불안해 보이나 유연한 창의성을 발휘하고 있다. YJ는 직선적인 로봇 형태의 그림을 그리는 분명한 좌뇌적 성향을 가졌고, DW는 과학책을 탐독하는 과학적 사고의 좌뇌적 성향이 강하지만, 그림을 그릴 때는 곡선 이미지의 유연한 우뇌적 표현을 즐긴다. 현재 중학생인 YJ는 교육청 영재반에서 발탁되어 영재교육을 받고 있다는 후문을 들었다. 지금 고등학교에 다니고 있을 DW는 과학적 사고와 예술적 사고가 열려 있어 앞으로도 과학 분야에서 창의적 사고와 표현을 유연하게 할 수 있지 않을까 예측해 본다. 언젠가 어느 미술대회에선가 두 형제가 나란히 상을 받은 적이 있는데 두 형제가 차분하고 지적이며 과학에 관심이 많았던 것으로 기억한다.

■ 지도 방법
- 카프라를 책상에 쏟아 놓고 자세히 바라보며 무엇을 세울 것인지 생각하여 본다.
- 머릿속에 그려진 자기 그림을 정확성과 균형, 안정감을 고려하여 주의를 기울이며 쌓는다.
- 무너지지 않도록 치밀하게 계획을 세워야 하며 침착하게 몰입해야 한다.
- 미적인 효과를 살리는 법을 연구하며 완성한다.
- 친구들의 작품과 전혀 다른 방법으로 구상하거나 설계해야 함을 잊지 않는다.
- 여럿이 함께 작업하므로 옆 친구에게 피해가 가지 않도록 주의를 기울여야 함을 강조한다.

■ 표현 재료
- 카프라

## (9) 아이들의 자발성의 원리에 의해 좌우된다

　미적 인식 훈련에 자발적으로 참여한 아이들의 미적 표현은 크게 다르다. 지적 수준과 표현력 수준에서 처음에 그리 높지 않았던 아이들도 이 미적 인식 훈련에 적극적으로 참여하면 특별한 표현결과를 보여 준다. 게다가 지적 수준과 사고력이 높고 개방적인 아이들, 특히 자기몰입에 깊이 빠지는 아이들은 자기표현에서 스스로 예술적 감각을 발전시키며 창의적 사고와 표현을 유감없이 발휘한다.

　대부분 유치원 교육 과정을 거치고 온 초등학교 아이들은 이미 우뇌적 사고가 바탕이 되어 있는 것처럼 보인다. 아이들을 가르치면서 느낀 개인적인 나의 견해로는 좌뇌적 사고가 우뇌적 사고보다 창의성을 좌우하는 데 우위라는 생각을 한다. 물론 우발적이고 순간적인 발상이나 이미지를 포착하는 일은 감성적인 우뇌가 자발적으로 기여한다. 창의성이 아닌 창조성은 어떤 의도나 다른 매개체로부터가 아닌 완전한 새로운 탄생의 의미를 갖는 원초적이고 최초적인 우뇌적 의미를 갖게 한다. 그러나 창의성은 말 그대로 어떤 주어진 대상으로부터 새로운 의도가 개입되어 변화와 변형을 추구한 좌뇌적 사고가 더 깊이 개입되는 것 같다. 현대의 창조성은 의도적인 사고개입의 창의에 의한 유추나 변형에 의해 얻어진 경우가 대부분이다. 새롭게 만들어 가는 의미에서 창의성이 더 많이 차지한다. 얼마나 더 수준 높은 우뇌적 발상이느냐와 얼마나 더 수준 높은 판단력과 지식 개입의 좌뇌적 사고에 따라 창의성의 수준은 평가된다고 볼 수 있다.

　좌뇌적 사고가 더 강한 아이들에게 시지각적 사고에 의한 미적 인식 훈련으로 예술적 잠재능력을 일깨워 주는 일은 우뇌적 성향의 아이들보다 더 쉽다. 초등학생의 경우, 좌뇌적 사고가 높고 좌·우뇌가 잘 조화된 아이들은 더 가르치기 쉽고 표현의 수준은 물론 더 안정감이 있으며 예술적이다. 그러나 우뇌적 성향의 아이들에게는 지적인 사고의 미적 인식 훈련으로 더 많이 교육시킬 필요가 있다. 대체로 우뇌적 성향이 강한 아이들이 인지능력이 떨어지고 학업에도 뒤처지는 경우가 많은데, 논리적으로 분석하고 통합시키는 노력을 싫어하기 때문이다. 대개 순간적으로 판단하는 능력으로 모든 것을 해결하려고 하기 때문에 아이디어는 좋으나 결과물은 떨어진다. 문제에 파고들어서 답을 찾고 해결하며 끝까지 완성하려는 능력이 떨어지기 때문이다. 이런 아이들에겐 반대로 꼼꼼하게 시간을 많이 들여서 할 수 있는 기회를 제공해 사고하는 방법을 바꾸어 주어야 한다. 바꾼다는 의미보다는 창의성을 위해 사고를 응용, 활용하는 방법을 가르쳐야 한다. 좌뇌적 성향의 아이를 우뇌적으로 변화시키는 일보다 시간이 더디 걸리지만, 어느 정도의 시간이 지나면 저마다의 취향에 맞는 창의성을 발휘한다. 무엇보다 자발적으로 동참할 수 있도록 흥미를 유발시키는 수업과 아이에게 개인적인 관심을 제공해야 함은 필수적이다.

조용히 혼자서 사고하며 표현하는 이 훈련시간에 잡담을 하는 아이들의 표현엔 아무리 지적 수준이 높아도 알맹이가 없다. 늘 제자리걸음을 한다. 집중하지 못한 결과, 본질을 잡아내지 못하기 때문에 맹숭맹숭한 결과를 낳는다. 그러나 지적 사고력이 조금은 떨어져도 이 훈련에 흥미를 갖고 자발적으로 참여한 아이들은 표현력 향상이 조금 더디 걸려도 자기 나름의 표현력을 갖게 된다. 아이들마다 능력의 차이는 있기 마련이다. 누구에게나 잠재되어 있는 예술 창의적인 자기표현을 일깨워 주기 위해선 아이들이 관심을 갖고 자발적으로 열심히 참여할 수 있는 분위기를 이끌어야 한다.

교사는 인내심을 필요로 하고, 때로는 담금질을 필요로 할 때도 있고, 필요에 따라 부드러운 조언과 강한 언질로 세게 자극을 주어 아이들의 잠자는 내면을 일깨워 주어야 한다.

**Tip**

아이들과 눈을 맞추고 대화하라. 긍정적인 조언과 미소로 대하는 대꾸는 아이들을 자발적인 수업참여로 이끈다. 아이들은 부모와 교사가 자기에게 관심 가져주길 원하고, 소통하길 원한다. 수업 중 단 한 번만의 터치만으로도 아이들은 마음을 연다. 관심이 아이들을 키운다. 미술시간에 교사가 책상에 앉아 다른 업무를 하는 등 한눈을 파는 한, 아이들과 같이 수업에 동참한 옆 반에 비해 졸작이 나올 수밖에 없다. 엄마들도 아이들 미술과 관련된 과제에 5분만 동참하면 아이들은 절대 대충 하지 않는다. 그러한 관심과 터치가 아이들의 창의적인 사고와 자기주도적인 학습자세로 이끈다.

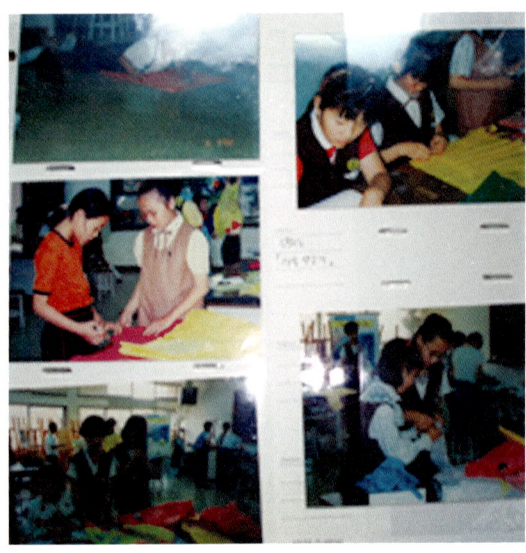

**의상 디자인 수업–광양제철남초등학교 5학년 친구들, 1992**

진지하게 수업에 참여하면 바닥에 엎드려서 무엇을 해도 방해하지 않았다. 그것도 표현의 즐거움이니까. 필요에 따라서 앉거나 서거나 하는 활동이 자유로워야 한다. 자신이 입을 수 있는 진짜 옷을 만들고 있기 때문에 진지할 수 밖에 없다.

모든 아이들이 자발적으로 참여하면 그 수업은 진지하다 못해 엄숙하기까지 한다. 서로의 작품에 도움을 주면서 의견을 나누기도 하고 응용하기도 한다. 자발적으로 참여하면 재미있고 스스로 만족할 만한 좋은 작품이 나올 수밖에 없다. 설사 작품이 불만족스러워도 자발적인 그 몰입에 즐거워한다. 그 자체로 아이들은 예술이 무엇인지 창의성이 무엇인지 경험 한다.

이 의상디자인 수업시간에 나는 아이들 작업을 감상하느라 정신을 빼앗겼다. 이 시간을 위해 나는 아무것도 도와 준 것이 없었다.

아이들은 완벽하게 자신들의 준비물을 챙겨왔고 80분의 미술시간을 완벽하게 마무리짓곤 했다. 이 아이들이 자발적으로 진지하게 수업에 참여하는 이유는 완성된 자기작품으로 모델이 되어 경험하게 될 흥미 있는 패션쇼와 야외촬영을 기대하기 때문이다. 아이들은 다양한 소재로 다양한 방법으로 디자인하고 여러 가지 소품으로 치장하며 즐거워했다. 의상을 디자인함에 있어 아이들 작품에 엄마들의 협조가 개입되기도 했다.

■ 지도 방법
  - 미술수업은 표현을 위한 학습이므로 편안한 자세여야 한다.
  - 옆 사람을 방해하지 않는 한, 앉거나 서거나 누워도 말리지 않는다. 공간만 허락한다면, 일단 즐겁고 자기표현에 만족해야 한다.
  - 억지로 강요하는 수업은 아이들에게 마음의 틀을 설정하게 하고 문을 닫게 한다.
  - 자발적으로 동참하는 수업은 진지하고 잡음이 없어 고요하다.
  - 서로 의견을 나누고 돕는 수업은 자발성을 이끌어 준다.
  - 교사는 아이들의 작품 활동에 쉬지 않고 움직이며 개개인마다 관심을 갖고 지도해 주어야 한다.

■ 표현 재료
  - 한지, 실, 바늘, 풀, 가위, 헌 옷 등

# (10) 객관적인 미적 질서와 조형원리를 바탕으로 한다

　　무엇이 어떻게 왜 아름다운가에 대한 미적 인식은 보는 것에 대한 보는 사람의 주관적 인식에 따라 다 다르지만, 어느 정도의 객관적인 미적 질서와 조형원리를 바탕으로 한다. 물론 아이들에게 그 원리를 완전히 이해시킬 필요도 없고 이해시키기도 어렵다. 그러나 아이들의 미적 인식은 어른들의 시각과 크게 다르지 않으므로 막연하게 느끼는 느낌으로 끝낼 게 아니라, 구체적으로 미적 원리에 바탕을 깔고 자연스럽게 접근시켜야 한다. 자연스럽게 미적인 용어나 조형적 언어를 사용하며 이해시켜야 한다.

　　아이들은 교사가 가르칠 때 사용하는 특별한 용어에 귀를 기울이고 흉내를 내기도 한다. 새로운 몇 개의 미적인 언어를 접하면서 아이들은 자신들이 차원 높은 수업을 하고 있다고 뿌듯하게 여긴다. 객관적인 질서와 조형원리에 주관적인 미적 인식과 판단으로 특별한 미적 체험을 하며 자기만족의 자기표현과 창의적인 표현으로 발전시켜야 한다. 자신의 표현에 감각적으로만 이끈 게 아니라, 자신이 알고 있는 이론을 바탕으로 응용하고 새롭게 표현하도록 끌어내는 것이다. 교과서적인 평이한 질문이 아니라, 선과 색, 형태, 조화와 부조화와 같은 미적인 인식과 분석, 판단, 평가 등에 질문으로 이끌고 토론식 수업과 글쓰기 수업을 통해 아이들은 미적인 사고와 창의적인 사고를 끌어내어 자기 나름의 표현을 시도하게 해야 한다.

　　표현을 하는 동안 교사는 내내 아이들의 작품과정을 들여다보면서 같이 호흡해야 한다. 나만의 그림으로 만족할 게 아니라, 다른 이에게도 공감을 줄 수 있는 미적 질서를 인식시켜 주어야 한다. 어느 정도의 조형원리는 아이들의 미적 감각과 완성도를 높여 준다. 지나치게 미적 질서와 조형원리를 강조하면 아이들은 흥미를 잃고 거부감을 나타낸다. 너무 좌뇌적인 지적 인식 훈련은 아이들을 체하게 한다.

아이들의 표현활동을 들여다보며 개인적인 질문을 통해 아이들의 잠재된 예술적 사고를 자극하고 생각을 교환하면서 미적 인식을 높이며 새로운 표현방법을 구안하도록 이끌어 주어야 한다. 아이들에 대한 사랑과 관심은 아이들의 마음을 열어 미술수업에 대한 관심과 표현에 대한 열정을 갖게 만든다. 아이들의 마음과 작품을 읽어 주며 이해하고자 하는 소통관계 속에서 아이들은 객관적인 미적 질서와 조형원리를 익혀 나간다.

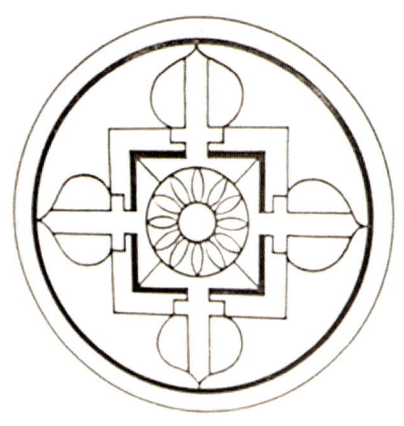

**만다라(종교적인 의미로 보며 색으로 표현하기)**

종교적인 상징이 떠올려지는 문양이다. 아이들에게 종교적인 색채 인식이 무엇인지 궁금했다. 이 그림을 쉽게 따라 그리는 방법이 무엇인지 나름대로 찾게 했다.

균형과 안정감을 갖는 이 만다라 문양으로부터 종교적인 이미지를 찾은 필자는 아이들로 하여금 이 문양을 쉽게 그리는 법을 생각하게 하고, 자기 방법대로 따라 그리게 한 다음, 자기만의 떠오르는 이미지를 상징화하게 히고, 종교적인 색채 이미지로 채색하도록 한 것이다.

JY는 십자가, 바오밥나무, 새싹들을 연상하면서 그려 나갔고 태극기 이미지를 그리다 주제를 '나 홀로 태극기'라 명명했다.

십자형의 꽈배기 무늬가 DNA구조처럼 보인다. 그 안에 노란 씨앗이나 핵 같은 의미를 담고 있는 듯 하다.

4개의 노란 떡잎이 뿌리를 내리고 땅을 뚫

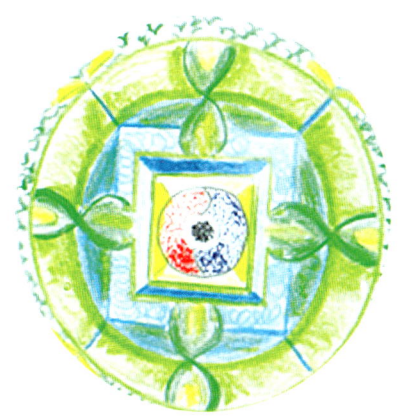

**만다라(나홀로 태극기)-KJY(4학년), 2005**

평온함을 느끼게 하는 그림이다. 무언가 해답을 찾고 싶어 하는 구도자의 갈구처럼 깊은 내면 세계가 엿보인다. 원 전체를 숲과 지구 땅덩어리로 보며, 우주와 생명에 대한 관심으로 드러내고 싶어 하는 듯하다.

고 있는 듯한 상징이 엿보인다. 어쩌면 하늘 색은 땅 속의 물을 상징하고 있는지도 모른다. 글로 다 표현하지 못했겠지만, 무심코 스쳐간 마음 속의 이미지를 그려내었는지 모르겠다. 16살이 된 JY가 종교적이거나 철학적인 내면의 관심에 대한 책을 선호하는 걸 보면 이 시기에 그린 마음의 글과 그림이 자연스럽게 읽어진다.

만다라 그림 자체가 균형과 질서, 안정감의 형태를 취하고 있다. 때문에 안으로 집중하게 하는 안정감의 미적인 질서가 엿보인다. 하지만 보기에 따라 답답하게 느낄 수 있다. 아이는 주어진 그림을 약간 비틀었다. 생각을 비틀어서 막힌 선들을 뚫고 외곽선을 열었다. 자유롭고 싶은 마음의 표현이 무의식적으로 표현된 것은 아닌지, 자아가 싹트는 시기와 새싹을 그려 넣는 의미가 왠지 맞물린 듯 자연스럽다. 봄을 연상케 하는 연둣빛으로 색채를 통일시켰고, 가운데 중심으로 빨강색을 강조하여 그림에 생동감을 더하고 있다. 생각이 많아 보인다.


■ 지도 방법
- 만다라 문양의 복사본을 나누어 주고 3분 정도 가만히 들여다보며 종교적인 느낌과 생각, 의식을 붙잡는다.
- 어떻게 따라 그릴지를 각자의 방법대로 구상하거나 변형하여 원본을 보고 밑그림을 그린다.
- 느낌과 생각이 가는 대로 색연필이나 사인펜으로 채색한다.
- 밋밋한 색칠을 탈피해 마음이 가는 대로 다양한 터치가 드러나는 채색법을 찾는다.
- 편안함을 갖도록 전체 분위기를 고려하고 미적인 포인트를 찾아 강조한다.
- 주제를 정하고 마음의 흐름을 잡아 글로써 의미화하고 내면화한다.

종교적인 분위기의 평온함, 안정감, 통일감을 갖는 선, 형태, 색을 찾는다.

■ 표현 재료

  − 만다라 복사본, 만다라 보는 법 복사본, 연필, 지우개, 색채도구
    (색연필, 사인펜 등)

## 2) 미적 인식 훈련에 대한 이해

### (1) 미적인 눈을 높이기 위한 방법이다

　미적 인식 훈련은 미적인 눈을 높이기 위한 교육방법이다. 눈에 보이는 시각적 대상과 현상을 어떻게 아름답게 보고 느끼고 생각하며 표현하느냐에 대한 훈련이다. 자신만의 눈으로 세상을 제대로 보고, 새롭게 보고, 특별하게 보는 법을 배우는 훈련이다. 어떻게 미적으로 보고 느끼고 생각하느냐는 어떤 시각적 이미지로 표현되느냐의 문제이며, 더 많은 시지각적 사고에 의한 경험과 기억, 미적 인식을 통한 내적 이해(앎)는 창의적 사고와 표현, 예술성을 좌우한다.

　제대로 잘 보고, 알수록 아름답게 보는 눈의 안목이 높아진다. 꼬리에 꼬리를 문 확산적인 미적 질문은 내면으로부터의 자기발견과 내적 사고를 드러냄으로써 자기표현은 미적 앎으로 확대되어 간다. 그냥 대충 보고 느끼는 정도가 아니라, 대상과 현상을 음미하는 눈을 갖게 되며 특별한 가치를 찾아내어 미화시키는 눈을 갖게 된다. 순수한 본질의 미를 추구하거나 예술에서 찾아내는 조형적인 세련미, 합리적인 미를 응용하거나 반영하면서 의도화된 미를 표현하기도 한다. 자발적으로 기술적인 미를 익혀 나가기도 한다. 자기 안에서 본질적인 눈으로 보고 아름다운 세계를 느끼고 생각하며 탐닉한다.

　미적 인식 훈련은 좌뇌의 지적인 사고와 우뇌의 정서적 사고의 흐름을 조절하며, 의도적으로 좌, 우뇌를 자극하며 총체적으로 사고력을 훈련시키는 교육방법이다. 사색을 통한 철학교육이고, 자신의 의식 세계와 그림 그리는 과정을 그림과 글로 내면화시키는 통합적인 예술교육 방법이다. 자신의 마음과 의식세계를 조절하고 통제하는 가운데 자기 내면의 본질적 이미지를 포착하는 명상훈련이다.

내면의 본질적 이미지는 내 안의 의식과 무의식, 잠재의식 사이에서 오가는 시지각적 경험과 기억, 사고로부터 어떤 상징적인 의미를 추출하는 자기만의 특별한 아름다운 눈으로 걸러 낸 시각적 언어이다. 그냥 단순한 표현의 '예쁘다', '아름답다'가 아니라, 어떻게 아름다운가? 왜 아름답게 보이는가? 라는 질문과 의식이 개입된 구체적인 자기만의 내적 아름다움의 표현이다.

절대적인 미의 기준은 없다. 현대의 미적 기준은 보는 사람의 눈과 사고에 의존한다. 더구나 창의적 사고와 표현은 눈에 보이지 않는 가상의 세계, 3차원과 4차원의 세계를 탐구하기도 한다. 그 본질은 대개 시각적 이미지의 상징과 추상, 변형 등을 찾아내고 표현함에서 비롯된다. 미적인 눈은 차원을 높여 보는 눈이다. 있는 그대로, 보이는 대로의 미적 인식에서 나아가 자신만의 느낌과 감성, 이성적 판단이 혼합된 형태의 형상과 색채로 드러나는 특별한 표현을 찾아가는 훈련이다. 이 시각적 언어를 포착하여 눈으로 보이는 미적인 시각적 표현과 미적인 언어로 끄집어내 보는 게 미적 인식 훈련이다.

여기에 시각화 작업에 성패의 좌우나 향상의 정도는 자기를 지배하는 자기 의지나 자기 단련의 자발성 원리에 좌우된다. 이러한 미적 인식 능력이 스스로 개발되어 있는 아이라면 미술에 대한 영재성이나 창의적 사고가 높은 유형의 아이다. 그러나 대부분의 아이들은 교육적 의도와 안내에 좌우된다. 여기에도 배우려는 관심과 자발적 태도가 높은 아이들과 낮은 아이들은 전혀 다른 결과를 드러낸다. 그것은 곧 집중력의 정도로 좌우되고 자의식과 내면을 드러내는 정도에 따라 미적 표현 수준은 달라 보인다. 미적인 눈을 높인다는 것은 내 안으로 몰입하는 훈련을 통해 본질을 끄집어내어 상징화하거나 의미화하면서 창의성을 드러내는 일이다. 나를 움직이는 것은 '나'라는 주체의식에 의해서이다. 따라서 미술교육에서 미적 인식 훈련은 제대로 보고, 느끼고, 생각하는 시지각적 사고훈련으로부터 새롭게, 특별하게 보고, 느끼고, 생각하는 훈련으로 단순한 미적 감각 훈련이 아니라 차원 높은 나만의 아름다운 눈으로 의미를 담는 이미지를 미적으로 표현하는 내적 표현 교육이다.

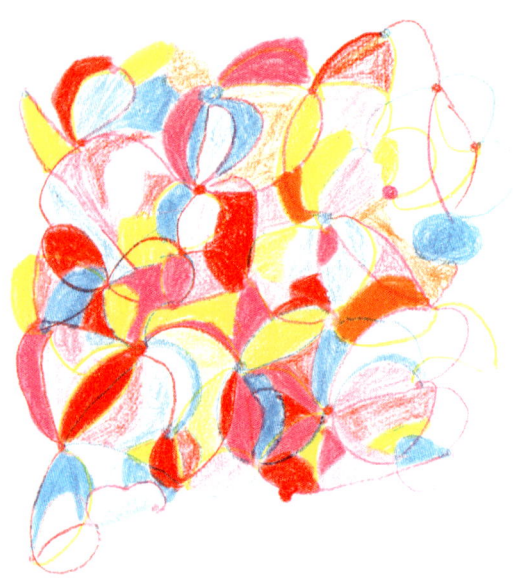

점, 선, 면(향기나는 꽃)-KYJ(1학년), 2005

향기나는 꽃이라 했다. 자세히 들여다보고 있으면 정말 꽃들이 화려하게 무리지어 피어 있는 것 같다. JY는 그 속에서 향기까지 느낄 정도인가 보다. 도발적인 하늘색의 선택이 생기를 더해준다.

점, 선, 면의 미적 인식 훈련을 통해서 작품을 완성한 YJ는 자신의 작품 이미지를 '향기 나는 꽃'이라 정했다. 자세히 들여다보고 있으면 정말 꽃들이 화려하게 무리 지어 피어 있는 것 같다. 아이들은 이렇게 제목 하나라도 미적인 감각을 발휘하며 제목을 취한다. 흔히 아이들의 전형적인 그림에서 꽃의 이미지는 빨강, 노랑, 주황, 분홍색으로, 잎은 초록색 계열로, 줄기는 밤색이나 초록색 계열로 반영한다. 그것은 일종의 고정관념의 색이다. 식물과 꽃을 그릴 때 파란색은 대개 잘 떠올리지 않는 색인데 이 '향기나는 꽃' 그림에서 하늘색의 더함은 오히려 눈을 쉬게 하고 꽃의 생기를 더해준다. 아이들만의 과감하고 도발적인 색의 선택은 아이들만이 가질 수 있는 독특한 미적인 눈이다. 우리는 이러한 순수하고 도발적인 아이들만의 미적인 눈을 유지하면서 세련된 미적 감각을 높여 주어야 한다.

**Tip**

이 미적 인식 훈련의 의도는 점의 다양성을 반영하고 곡선의 리듬을 살리며 색깔선택을 통제함으로써 안정감과 통일감을 인식시키기 위함이다. 아이들은 글씨를 배우고 수학에서 선분 개념을 배우면서 대개 모든 선에 대한 개념을 융통성 없는 직선으로만 표현하는 경향이 있다. 게다가 미술시간에 선에 대한 개념인식을 시키지 않기 때문에 아이들은 글씨 쓰는 연필 쥐는 자세로만 반듯하게 선 그림을 그리는 습관을 갖고 있다. 아동화에 드러난 선은 유연하지 않고 인체의 동작조차 꺾인 직선으로 표현한다. 미술에서 직선과 곡선을 유연하게 사용할 수 있도록 무엇보다 미적으로 보는 눈을 열어 주어야 한다.

■ 지도 방법

   – 크고 작은 점을 자유롭게 20개 이상을 마음이 가는 대로 찍는다.

   – 점과 점을 곡선으로 유연하게 잇는다.

   – 5가지의 따뜻한 색으로 부드러운 면을 깔끔하게 채색한다. 혼합하여
     채색한다.

   – 다 그린 그림을 들여다보며 특별한 이미지를 찾아 제목을 정하고 마음의
     글을 간단하게 써 본다.

■ 표현 재료

   – 점, 선, 면 인식 훈련 복사본, 선 그림 도구(연필, 색연필)

## (2) 미적 인식 훈련은 시지각적 사고훈련으로 미적인 앎을 확대해 가는 방식이다

아이들의 발달 단계를 고려하며 느낌에서 출발한 감성적인 우뇌적 사고의 교육에서부터 점차 자신만의 생각이나 의도를 개입하여 분석적이고 논리적으로 표현의 좌뇌적 사고의 교육으로 안내해야 한다. 하얀 도화지에 찍는 붓 터치의 한 점에서부터 연필 한 자루에서 나오는 선의 변화와 수채화의 색채인식의 감각훈련에서 나의 의도와 시도를 가미하여 미적인 앎을 확대해 간다. 제대로 보고 깊이 느끼고 생각하는 가운데 미적인 지식과 깨달음을 알아 가게끔 인식시켜 주는 교육이다.

앎에는 크게 지각(Perception)에 의한 직접적, 직관적 앎과 성찰(Reflection)에 의한 간접적, 개념적 앎의 두 가지가 있다. 직관적 앎은 우뇌에서 얻어지는 앎이며, 개념적 앎은 좌뇌에서 얻어지는 앎이라고 할 수 있겠다.

어떤 존재에 대한 본질적 의미와 함께 어떻게 아름답게 보일까 하는 시각적인 형상적 물음은 미적 인식 훈련의 접근 방법이다. 이러한 물음은 자연스럽게 자신의 경험 속에서 얻어진 어떤 존재나 대상에 대한 이미지가 자기 나름대로 머릿속에서 재조합되어 형상화된다. 그것은 바로 내 안에서 보이는 시각적인 이미지로서 그림이 되고 언어가 된다.

우리가 글을 쓸 때나 글을 읽을 때 머릿속에 어떤 그림을 떠올려 보라는 것은 이미 경험된 시지각적 사고에서 현재의 조건과 상황에 부합되는 시각적 이미지를 찾아보라는 의미이다.

아이들에게 미적으로 보는 법과 아는 법을 가르쳐야 한다. 사물을 제대로 보는 법은 사물에 대해서 잘 알아 가는 방법이다. 잘 보게 되면 잘 알게 되고, 그 안에서 자체의 본질적인 아름다운 미적인 의미를 이해하고 배워 나간다. 그러나 그냥 보이는 대로 내버려 두면 그저 잘 느낄 수 있는 경우로만 끝나기 쉽다. 자기표현의 한계를 뛰어넘지 못하고 급기야는 의기소침해져서 조잡한 표현으로 끝내고 만다.

특히 사실적 표현에 갈등을 느끼는 시기인 초등학교 4·5학년 때까지 사물을 제대로 보고 느끼고 생각하는 시지각적 사고훈련과 미적 인식 훈련에 참여하여 배울 수 있는 기회가 없다면 창의적 자기표현 과정에서 혼란을 느끼며 어른이 될 때까지 그 표현수준으로 정체되어 버리고 만다. 차라리 이 시기엔 형이상학적인 개념 추상표현이나 형태감을 뛰어넘은 상징적 이미지 표현이 더 쉽게 느껴진다. 또한 제법 지적인 사고력과 경험, 미적 인식이 높아지는 시기라서 새로운 표현의 돌출구를 찾고 싶어 한다. 추상표현을 배운 아이들은 사실적 표현에도 쉽게 접근하나 사실적 표현에 익숙한 아이들은 상징적, 추상적 표현에 쉽게 마음을 열지 못한다. 마음의 눈으로 보고 표현함이 미적 인식에 쉽게 마음을 여는 길인 것이다.

미적 인식 훈련은 보는 훈련을 통해 사물의 본질을 깊이 이해하는 눈, 자신의 눈으로 특별하게 읽는 법, 그리고 새로운 것을 확산시켜 바라보고 어떻게 아름답게 보고 아느냐의 미적인 앎을 확대해 가는 방식이다. 즉 있는 그대로 보고 느끼는 직접적이고 감각적인 직관적 인식과 사색과 경험의 과정에 의한 간접적이고 개념적인 인식의 과정을 통해 지적인 미적인 앎, 지식, 깨달음을 얻는다.

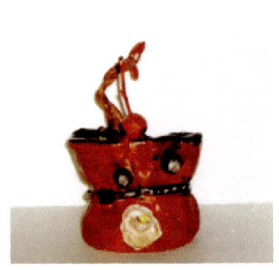
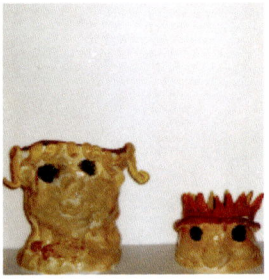
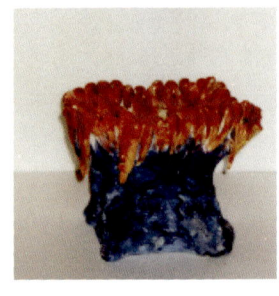
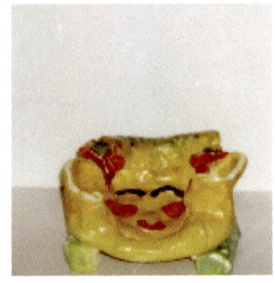

지점토로 기발하고 재미있는 컵을 만들어 보게 했다. 인형컵 주제에 대해 어떤 아이들은 비트는 정도가 아니라, 변형하거나 제멋대로 이미지화한다.

이상하게도 아이들로 하여금 예쁘게 잘 만들려는 목표를 갖게 하면 심리적인 부담감을 갖게 되는지 망설이고 결국은 어설픈 작품으로 완성되는 경우가 많다. 이럴 때 "망쳐도 좋다", "어딘가를 잡아당겨 봐", "뜯어 봐", "눌러 봐" 하며 과감한 시범을 보여 주면 아이들은 해방감을 갖고 변형하는 작업에 재미를 붙인다.

그것은 창의적인 발상을 쉽게

**재미있는 지점토 컵-인덕원 친구들(5세~2학년), 2002**

왼쪽 상단의 쪽쪽이를 물고 있는 아기 모습을 주머니로 표현한 아이는 말없이 수업에 참여했다가 말없이 떠나는 너무 조용한 아이라 도대체 무슨 생각을 하고 살까 싶은데 저렇게 재미있는 생각을 담아내는 게 신기하다.

불러일으킨다. 이 작품들은 5세 이상의 아이들과 2학년 아이들의 작품이다. 쪽쪽이를 빨고 있는 아기 얼굴 표정의 컵에는 나뭇가지에 달려있는 열매를 하나 더 만들어 달아 미적인 효과를 장식한 아이도 있고, 말미잘, 소파, 귀여운 소녀상, 도깨비를 떠올린 아이도 있다.

**Tip**

보는 대상으로부터 특별한 이미지를 떠올려 보는 연상훈련은 창의적 사고 훈련이다. 찰흙을 떡 주무르듯 주무르다 보면 이상한 형태로부터 재미있는 상상의 이미지를 찾아낸다. 처음엔 유아조형놀이 표현처럼 가지고 놀아 볼 필요가 있다. 처음부터 주제를 계획하기보단 생각의 실마리를 풀어 주는 유연한 수업으로 이끌어야 한다.

■ 지도 방법

- 눈을 감고 세상에 하나뿐인 자기만의 컵을 머릿속으로 스케치한다.

- 스케치 없이 바로 지점토를 통째로 주무르며 작업한다.

- 가지고 놀면서 형상이 떠올려지면 구체적으로 작업한다.

- 물을 바르면서 지점토의 질감을 조절하고 형상화한다.

- 결코 반듯하지 않은 재미있는 컵을 완성한다.

- 마른 다음에 수채화물감으로 지점토 색이 드러나지 않게 자유로운 방법으로 채색한다.

- 다 마른 다음에 니스로 칠하여 말려 완성한다.


■ 표현 재료

- 지점토 2개 이상, 도구, 수채물감, 니스


Tip

스케일을 키울 수 있도록 큰 작품을 경험할 수 있는 기회를 주어라!

## (3) 미적 인식 훈련은 직관과 이성적 사고 훈련으로 통찰력을 향상시킨다

　　미적 인식 훈련은 직관적 앎과 개념적 앎의 과정을 다 필요로 한다. 찰나에 떠오르는 본능적인 육감이나 추측, 직관적인 감각훈련도 필요하지만, 논리적이고 이성적인 사고 훈련도 필요하다. 이러한 훈련하에 어떤 문제나 상황에 대해 새로운 관점에서 종합적으로 파악하는 통찰력이 생겨난다. 그렇게 얻어진 통찰력은 미적 인식과 감각표현에 대한 수준을 가늠하며 창의성을 좌우한다.

　　이러한 통찰력을 얻기 위해선 평소에 사물을 있는 그대로 바라보는 훈련도 사물의 이미지를 직관적으로 파악해 내는 감성적인 우뇌적 사고의 훈련도 필요하고 과학적이고 합리적으로 분석하는 지적인 좌뇌적 사고의 훈련도 필요한 것이다.

　　본능적인 감각과 직관력의 바탕하에 비판적이고 합리적인 사고가 어떤 일에 대해 확실한 결과를 얻게 만든다. 보는 것과 아는 것, 느끼는 것과 생각하는 훈련에 의해서 얻어진 재빠르게 얻어지는 정확한 판단과 같은 그것은 바로 통찰력으로 찰나에 얻어지는 영감이다. 이 통찰력은 자기 안에 깊이 몰입해서 얻어지는 특별한 능력으로 자기 몰입의 훈련을 필요로 한다.

　　더구나 급변하는 현실에서 많은 것을 배워야 하고 수용해야 하는 21세기 현대교육에서 재빠른 느낌과 이성적인 판단의 조화에 의해서 얻어지는 이 통찰력 훈련은 창의성 교육에서 필수적이다. 당장 눈앞에서 벌어진 문제에 대한 답이나 해결이 아닌 멀리 내다보며 명확하고 한 차원 앞서 가는 예지의 사고를 요구한다. 순간적인 직관과 함께 명철한 철학적인 의미가 담긴 통찰력 있는 미적인 눈을 높이는 사고력 훈련을 필요로 한다.

　　직관은 본질적 이미지를 추출해 내고 이성적, 분석적 사고에 의한 의미로 유추하여 의미심장한 형상과 이미지를 구체화하고 창의화한다. 창의성이란 의도적인 의식의 개입이 작용해야 얻어진다. 보다 높은 창의성은 우뇌적 직관과 영감, 의식적인 이성과의 조화에 의한 깊은 통찰력에 의해서 얻어진다. 이 통찰력은 고도의 몰입의 수고과정을 필요로 한다.

사물로부터 직관적으로 잽싸게 이미지를 파악하는 능력과 함께 날카로운 판단력과 지적 이해는 그에 대한 이미지를 객관적으로 형상화할 수 있는 능력으로 실제로 유용하거나 비전을 갖는 통찰력 있는 작품을 구상화한다. 이 이미지는 가위라기보다는 날렵한 제트기나 새의 형상 같다. 열심히 지우개로 지우며 자기만의 상상 이미지를 형상화하기 위한 노력의 흔적이 엿보인다. 사물을 직시하고 다르게 보는 법은 이렇게 아이들의 기발한 창의적 사고를 향상시킨다.

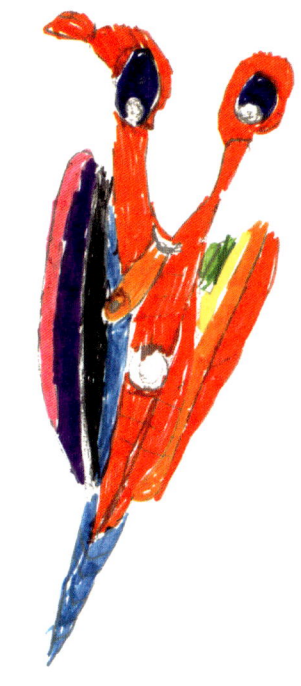

가위 이미지-KKH(7세), 2002

이발용 가위 이미지가 공중을 날고 있는 날렵한 새와 제트기처럼 이미지화되었다. 사실은 조금 부조화된 색채표현이지만, 워낙 재미있는 가위 이미지 발상으로 색깔의 단점까지 보이지는 않는다. 7살 아이가 굉장히 진지하게 연구하고 있던 모습을 봤다면 감히 단점을 언급할 수 없다.

■ 지도 방법
   - 가위를 3분 정도 바라보며 가위의 쓰임새를 생각하며 특징과 구조를 분석한다.
   - 가위 형상에서 크게 벗어나지 않는 이미지를 연상하여 보고 스케치한다.
   - 물감이나 사인펜, 색연필 등으로 채색하고 세부묘사를 한다.
   - 제목을 정하고 간단한 글로써 생각이나 의도 등을 빈 여백을 활용하여 남긴다.

■ 표현 재료
   - 가위나 기타 특징이 있는 물체, 연필, 지우개, 채색도구

## (4) 미적 인식 훈련은 긍정적인 자기 인식으로부터

아이들에게 분명한 자기 인식과 사고를 표현하도록 가르치는 것은 미적 인식 훈련에 있어 가장 기본적인 토대이다. 나를 긍정적으로 바라보고 제대로 인식하는 일은 자신을 아름답게 보는 첫 출발점이다. 자신의 존재 가치를 인식하는 것, 세상에 하나뿐인 귀한 나의 존재, 자신의 내면세계를 표현하는 그 자체로 자기 예술 표현이 된다.

교육의 과정과 본질교육은 말없이 흐르는 물처럼 조용히 흐르고 천천히 섞여야 하고 그런 다음에 자연스럽게 더 넓고 깊은 바다로 흘러 나가야 한다. 미적 인식 훈련은 본질적인 미에 대한 사색이다. 형식적이고 유행에 민감한 미적 감각을 좇는 게 아니고 타인의 눈을 의식하지 않는 자기만의 독특한 미적 세계를 추구하고자 함이다. 유행을 좇는 게 아니라 유행을 선도할 수 있는 창의적인 미적 인식과 감각을 키우고자 하는 교육이다.

미적 감각이 있는 사람은 아무렇게나 옷을 입어도 자연스럽다. 형태와 색채에 민감하고 자기 나름의 감각에 훈련되어 있기 때문에 옷을 고를 때도 자신의 소유하고 있는 옷들을 떠올리며 순식간에 디자인과 색채의 조화를 계산한다. 유행에 민감하지 않고도 자신만의 스타일을 당당하게 고집할 수 있다. 이와 같이 실생활에서 거슬리지 않고 의미와 본질적인 미가 배어 있는 자연스럽고 세련된 미적인 눈은 긍정적인 자기 인식으로부터 출발한다.

자기의 존재에 대하여 제대로 들여다보고 아름답게 느끼며 특별하게 생각하는 자기 인식 훈련은 긍정적인 자아를 형성하고 내면을 드러낸 표현 그 자체로 자기만의 아름다운 예술이다. 표현의 모든 주체는 '나'라는 존재이다. 아름다움은 '나'의 존재, 나의 내면으로부터 인식된다.

Tip

레오나르도 다빈치, 렘브란트, 빈센트 반 고흐, 추사 김정희의 자화상은 무엇을 의미하는가?
심지어 미켈란젤로는 그의 작품 '천지창조'에서 남들이 알아보지 못하게 작품 속의 인물에
자신의 얼굴을 그려 넣기도 했다고 한다. 레오나르도 다빈치의 '모나리자'는 자신의 모습을
그렸다는 얘기도 있다.

거울을 보지 않고 자신의 이미지를 그렸다.
자신의 생김새의 특징, 성격을 분석하면서 자신의
캐릭터를 그려 보는 것도 재미있는 방법이다.
자화상이 얼마나 잘 그렸냐가 중요함이 아니라
자신에 대한 이미지를 분석하고 파악하면서
자신을 들여다보는 데 더 큰 의미를 두어야 한다.
진지하게 깊이 몰입하면 누가 봐도 자신과 닮아
보이는 그림을 그리게 된다. 뿐만 아니라, 다른
사람을 보고 그리는데도 무의식적으로 자기
모습을 그림 속에 투영시키곤 한다.

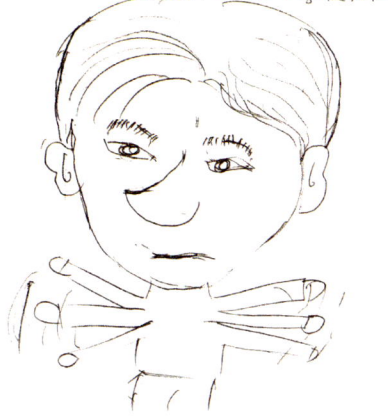

나의 이미지-PNS(4학년), 1992

정말 NS의 인상과 닮았다. 활동적인 아이다. 코
의 오똑함과 바쁘게 움직이는 자신의 모습을 표
현하고자 하는 노력이 역력하다.

Tip

모든 사고와 표현은 '나'라는 존새의식으로부터
비롯된다. 자신을 제대로 인식함은 긍정적인
자화상을 갖게 한다. 학기 초·말에 자기 인식의
'자화상'을 그려 보아 변화를 비교해 보는 것도 한 학년을 마무리하고 시작하는 데
자기인식의 변화와 성장 과정을 돌아보는 데 좋은 지침이 될 수 있다.

- 글로써 간단하게 자신에 대한 분석을 한다.
- 거울을 보지 않고 자신의 특징과 개성, 성격을 살려 알고 있는 자신을 그린다.
- 표현 형식에 구애받지 않고 자신만의 독특한 이미지를 살려 그린다.
- 10~15분 이내에 짧고 깊게 생각하고 빨리 그려 낸다.

■ 표현 재료

- A4용지, 선그림 도구

## (5) 미적 인식 훈련은 철학을 수반한다

사고, 즉 '내적 경험'은 오감과 육감에 의한 경험으로부터 얻어진 시지각적 감각과 영상으로, 그것은 또 다른 시각적 앎, 경험과 어우러져 자기만의 또 다른 관념과 영상, 이미지를 새롭게 만들어 낸다.

우리의 인식능력은 성장의 발달 단계의 수준에 머물러 있는 것이 아니라, 본인의 깨달음이나 지적 수준의 차이, 우리 경험의 정도 또는 배움의 상황에 따라 인식의 수준은 달라진다. 어른 같은 수준의 사고력을 가진 아이도 있고, 아이처럼 유치한 사고를 기진 어른도 있다.

우리는 종종 아이들의 사고와 표현 속에서 철학적 사고를 발견하곤 한다. 어른들은 깊은 사색을 통해서 형이상학적인 고차원의 철학을 추구하지만, 아이들은 순간에 단순하고 순수한 본질을 찾아내어 자기 사고를 표현함에 거침이 없다. 어른들은 철학이라는 것을 세상 이치에 꿰어 맞추고 복잡하게 삶의 의미와 가치관의 실타래를 풀어 가지만, 아이들의 마음과 눈은 항상 열려 있기 때문에 세상을 바라보는 시각이 단순명쾌하다.

아이들의 사고표현에서 의미심장한 그 무엇, 의미, 더 이상 형언하기 어려운 본질적 표현을 발견할 때 우리들은 단순해 보이는 아이들의 그림과 글에 감동한다.

이이들은 이렇게 타고난 지적 호기심과 인식능력이 낙월하지만, 어린 시절에는 경험의 기회가 적거나, 학교의 지시적 교육에 의해 사고가 경직되어 버리는 경우가 있어 그들의 칠학적 인식 능력의 가능성이 발휘되지 못한 경우가 많다.

따라서 사고와 표현이 고정화되기 전에 아이들의 가두어진 잠재의식을 자극시키고 고무시키며 열어 주어야 한다. 특히 유치원 때까지의 정서적 바탕의 열린 교육이 초등학교에 입문하면서 과도한 학습의 지시적 교육에 그들의 열린 사고가 경직되기 시작하고 고정화되거나 사고의 문을 닫아 버리는 경우가 많다.

사고하는 모든 행위는 철학적인 행위라 볼 수 있으며, 아이들도 그들 나름대로의 사고를 하고 있다고 본다면 그 수준에서 철학적 사고를 하는 존재로 이해하고 그들에게 적절한 철학적 사고 훈련을 제공한다면 아이들은 세상을 이해하는 눈과 미적인 눈이 저절로 높아지게 된다.

철학적 훈련이란 인간과 자연, 현상에 대한 근원과 근본을 묻고 본질적인 세계에 대한 물음과 깨달음, 답을 구하며 생각하는 훈련이다. 바탕없이 지적, 정서적인 배움으로 무조건 채우기에 급급한 요즘 아이들에게 철학적 훈련은 절실하게 필요한 교육이다.

사교육에서 유행하는 많은 영역들을 학습하며 배움을 습득하는 것에 비해 아이들의 말과 행동은 앞서나 정작 알맹이가 없고 철학적인 깊이가 없는 것은 바로 표현의 저변에 깔려야 할 마음의 눈, 즉 철학적인 눈이 없기 때문이다. 모든 아름다운 표현이나 기술적인 어떤 표현도 사실은 인간을 위한 것, 그 안에는 인간의 숨결이 느껴지는 그 무엇이 담겨 있어야 한다. 우리의 교육엔 그 본질적인 무언가가 자꾸 생략되어 가는 것 같다. 그래서 금방 배우고 쉽게 모방하는 기술은 있으나 마음과 뜻을 깊이 전달하지 못하는 진정한 의미의 창의성은 발휘되지 못하는 이유가 아닐까 싶다. 한마디로 철학 교육의 부재, 아니 거창하게 철학을 논하기 전에 자기 인식에 대한 이해의 부족 때문이 아닐까.

가볍게 보고 느끼고 생각하는 게 아니라, 그 안에서 어떤 의미심장한 의미와 본질을 파악하여 끌어내는 것, 그 자체에 아름다움에 대한 미적인 철학이 있다. 나의 눈을 통한 세상인식, 그리고 다른 사람과의 미적인 소통의 길을 열어 주는 길, 그것이 미적 인식 훈련이다.

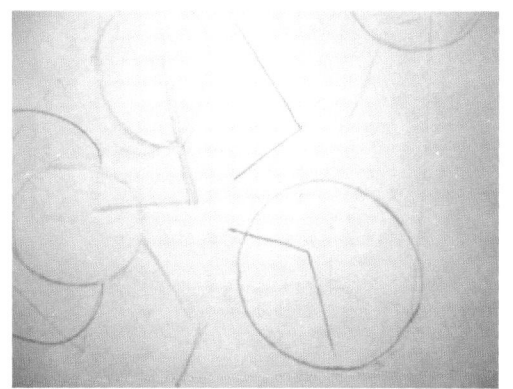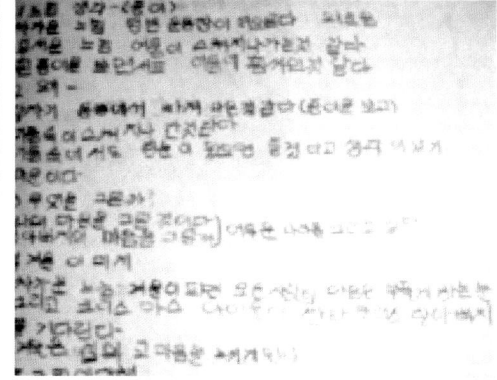

겨울 이미지-광양제철남초등학교 친구(4학년), 1991

기하학적인 도형으로 겨울 이미지를 구상하였는데 마치 칸딘스키의 스케치를 들여다보는 듯하다. 단순한 이미지 그림 속에 아이들은 우리가 생각하는 것 이상으로 자신들의 그림에 경험과 생각, 의도 등을 드러낸다.

　　위의 '겨울 이미지'의 단순한 이미지의 그림에 아이의 느낌과 생각, 의도 등이 그대로 표현되어 있다. 철학적 의미나 가치가 아이들 내면에 드러날 때 아이들의 그림에서 더 의미 있는 미적 가치를 느끼게 한다. 스쳐 지나가는 생각들을 흘려 버리는 게 아니라, 글로 내면화하는 과정을 통해서 생각과 느낌을 정리하게 되고 미화시키며, 자연스럽게 의미를 부여하게 된다. 그리고 그림과 언어의 표현에서 드러난 아이들의 내적 세계는 더 아름답게 여겨진다.

　　이 단순한 그림 속에 아이는 많은 생각과 의미를 담고 있다. 이이의 내면의 글을 읽지 않는 이상, 어떻게 이 그림을 겨울 이미지라 이해할 수 있을까? 아이는 곡선과 원, 날카로운 선을 함께 의미화했고, 나름 공간구성을 고려하여 여백도 살리며 통일감과 균형, 긴장감 등을 미적으로 인식하고 있다. 마치 칸딘스키의 기하학적 이미지의 스케치를 보는 듯하다. 칸딘스키의 작품을 본 적이 있을까? 나는 이 시점에 아이들에게 칸딘스키의 그림을 보여 주거나 언급한 적이 없다. 1991년 어느 수업 시간에 얻어 낸 표현이다.

■ 지도 방법

- 눈을 감고 5분 정도 겨울 이미지에 자신의 경험과 느낌, 생각 등을 떠올려 알쏭달쏭한 이미지를 연상한다.
- 선 그림 도구로 머릿속에 그려진 영상을 이미지화한다.
- 낙서가 아닌 나만의 내적 예술을 표현한다.
- 자기 그림에 만족할 때 어느 때든지 연필을 내려놓고 자신의 그림을 들여다본다.
- 지우개로 정리하며 깔끔하게 마무리한다.
- 머릿속에 스쳐 지나갔던 느낌과 생각, 의도, 제목 등을 글로 남긴다.

**Tip**

그림의 의미가 드러나야 한다. 대충 그린 그림과 의미 있는 그림은 금방 구분된다.

■ 표현 재료

- A4용지, 선그림 도구

## (6) 미적 인식 훈련은 아이들과 내통하며 사고를 자극하는 훈련이다

미술표현에서 시지각적인 사고에 대하여 미적으로 인식하며 자신만의 미적 감각으로 창의적 사고와 표현을 끌어내는 아이들과 지적인 사고력이 높거나 시각적 표현에 특별한 재능을 가진 아이들은 소수에 불과하다. 대부분 자신이 볼 수 있는 만큼, 아는 만큼만 표현한다. 미술표현은 아이들의 시지각적 사고의 수준을 그대로 보여 준다. 미적인 눈을 높일 만한 교육적 자극을 주지 않는 한, 아이들은 늘 같은 표현수준에서 벗어나지 못한다. 잠재된 사고력을 일깨우지 않는 한, 거의 모든 아이들이 비슷한 패턴의 형식화되고 고정적인 아동화의 시각적 표현에서 크게 벗어나지 못한다.

미적 인식 훈련은 아이들의 잠재적인 사고와 능력을 끄집어내어 그들만의 미적인 눈으로 보고, 느끼고, 생각하며 아름답게 표현하도록 하여 미적인 눈을 높여 준다. 호기심을 자극하고 그 호기심에게마저도 미적인 눈을 열어 주어, 그에 대한 마음과 생각을 미적으로 승화시킬 수 있도록 교육적 기회를 마련해 주는 일이다. 따라서 교사는 시간과 공간의 제한과 함께 수업 내내 아이들과 내통하면서 그들의 마음을 터치하며 의식의 흐름을 조절하며 몰입하게 함으로써 의도적인 미적 인식 훈련으로 그들의 사고를 자극해야 한다.

미적 인식 훈련은 아이들의 닫힌 생각 주머니를 슬그머니 긴드리고, 실마리를 슬쩍 던지며, 슬그머니 시식을 밀어 넣는 것이다. 스스로 알아채고 깨닫도록 슬그머니 미적 인식에 대한 물음을 던지고 답을 요구하며 자연스럽게 사극을 제공하는 미적 사고 훈련이다.

미술교사의 가장 필수조건은 아이들의 마음을 읽어 주고 이해하며 동화하면서 아름다운 마음의 눈으로 사물과 현상을 인식하고 그림을 읽어 주는 선생님이 되어야 한다.

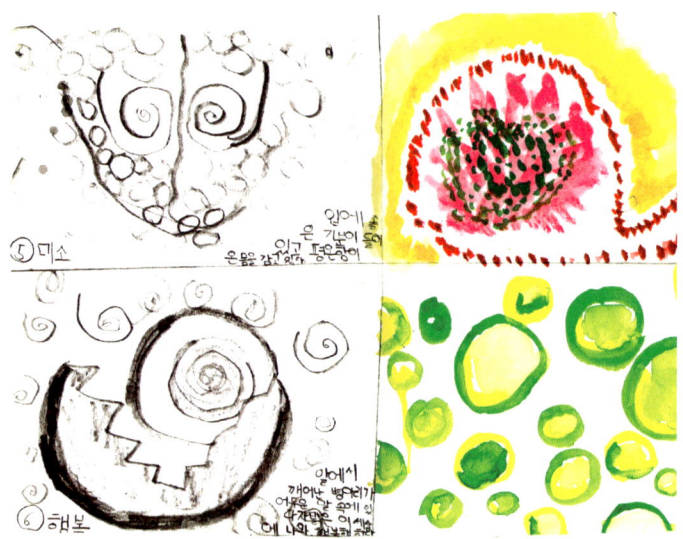

**감정의 추상적 표현-KJY(3학년), 2005**

미로의 그림처럼 세련되고 정제되어 있다. 선과 색채 모두 내면을 그대로 드러
내어 보는 사람으로 하여금 마음의 평화를 얻게 한다.

　　미소와 행복의 개념의 이미지를 각각 선 그림과 색채로 인식하며 표현하였다.
흔히 미소에 대한 이미지 표현에 대해 아이들은 대개 만화적 표현으로 살짝 웃고
있는 사람의 얼굴을 그리는 게 대부분이다.

　　JY는 미소의 이미지에 대해 얼굴을 그릴 듯 말 듯한 형상으로 그리고 눈의
이미지를 소용돌이 무늬로 대칭시키며 미소의 느낌을 투영하고 있다. 마치 사시를
갖고 있는 것처럼 표현하여 너무 좋은 감정을 품고 있는 것처럼 보인다. 코와 입은
일자로 슬그머니 이은 듯 처리했다. 좋은 기분을 표현하기 위해 작은 동그라미들을
거품처럼 얼굴에 가득 채웠다. 오른쪽 색채 이미지는 바깥으로 드러나는 미소의
표정을 노란색으로 드러냈고 마음 안의 기쁜 감정을 빨간 점선으로 주머니처럼
형상화했지만, 어딘가로 연결되는 것처럼 열려 있다. 마치 초록색 심장이 흥분하여
빨간 ♡의 색으로 변하여 터질 것 같은 기분을 표현한 것 같다.

　　행복에 대한 선그림은 알에서 부화된 병아리의 감정을 상상하여 표현하였다.

병아리 껍질을 보라. 6B로 반복하여 짙은 선으로 단단한 껍질임을 강조하면서 깨진 껍질을 삐죽삐죽한 가는 선으로 처리하였고 오른쪽 병아리의 생명체가 붙어있는 선은 슬그머니 가는 선을 흐리게 빼면서 달걀 속과 생명체를 완전히 분리시키지 않고 있다. 병아리의 형태를 둥글게 처리하면서 안에는 소용돌이 무늬로 병아리의 내장기관 또는 웅크리고 있는 병아리의 형상을 의미화했다. 짙은 선으로 달걀 껍질 선과 병아리 생명체의 연결을 암시하고 있으며 선의 강약을 조절하며 미적감각을 발휘하고 있다.

행복에 대한 색채 이미지 그림은 노란색, 연두색, 초록색으로 왼쪽 그림의 소용돌이 무늬같은 심성을 단순하게 표현하고 있다. 눈에 확실하게 보이는 싱거운 표현이 아니라 내면에서 인식하고 있는 본질적인 이미지를 상징적, 추상적으로 추출해 내는 이런 훈련은 아이들의 잠재되고 감추고 있는 사고를 자극할 때 얻어지는 것이다. 이제 겨우 3학년인데도 이런 표현이 가능하다. 그것은 얼마나 내 안에 몰입하느냐에 좌우된다.

**Tip**

늘 반복된 형태나 색으로 그림을 그리지는 않는지, 그림 그리는 일에 두려워하거나 망설이지는 않는지, 딱딱한 직선과 틀에 박힌 선, 수평적인 구도만 그리지 않는지, 놀이나 경험의 만족으로 끝나지는 않는지, 지나치게 단조롭거나 채우려는 습관은 아닌지, 식식한 그림을 그린다든지 감정폭발의 그림은 아닌지 등 문제가 보일 때, 지시적으로 가르치려 하지 말고 "이렇게(반대적인 의미) 시도해 보는 것은 어떨까" 하고 부드러운 질문으로 터치해라. 이래라저래라 지시하면 아이들은 마음속에서 반감을 갖게 되며 오히려 생각의 문을 닫아 버린다

- 도화지를 4칸으로 나눈 다음, 4개의 개념을 지시한다.

- 조용히 눈을 감고 각 개념에 대한 이미지를 알 듯 모를 듯한 알쏭달쏭한 상징적, 추상적 이미지를 왼쪽 칸에는 선그림으로 그리고, 오른쪽에는 수채화 색채를 인식하며 스케치없이 바로 표현한다.

- 이미지를 살리고 미적으로 드러내기 위해서 자기표현의 방식을 연구한다.

- 강조점을 찾고 만족하면 언제든 붓을 내려놓을 수 있어야 한다.

- 표현방법에 구애를 받지 않는다.

- 작품을 칠판에 전시하고 아이들과 생각을 공유한다.

- 그림을 그리기까지의 스쳐 가는 느낌과 생각, 의도 등을 붙잡아 글로 내면화한다.

**Tip**

'미소'에 대한 이미지 표현을 끌어내리려면 언젠가 어디에서인가 보았던 누군가의 미소를 떠올리게 하고, 어떤 느낌인지 어떤 선, 색, 형상의 이미지인지 깊이 들여다봐야 한다. 아이들이 사색하는 동안 교사는 부드러운 목소리로 아이들 주변을 조심스럽게 걸어 다니면서 등을 만져 주기도 하고 눈을 마주쳐 주면서 터치하면 아이들은 자신과 일체감을 느끼는 가운데 자기만의 이미지를 끌어낸다.

■ 표현 재료

- 선그림 도구, 수채물감, 붓, 팔레트

# (7) 미적 인식 훈련은 시지각적 사고 훈련을 필요로 한다

① 예술에 있어서의 미적 인식과 시지각적 사고

미적 인식 훈련은 시각적 사고, 철학적 사고, 창의적 사고 등 모든 가능성을 동반한다. 우리의 일상생활에서 보이고 행해지는 모든 일에 대한 미적인 물음이고 보고, 느끼고 생각하며 미적 인식에 대한 답을 구해 가는 하나의 과정이다. 그 자체의 모든 사고가 상징적인 의미와 가치를 지닌 시각적 이미지를 동반하고 그림과 언어로 표현할 수 있는 시각적 언어를 가지고 있다.

예술은 표현 그 자체로서 사고의 깊이나 현실세계가 독특하게 표현되었을 때 예술의 높은 가치를 둔다. 현대의 미술은 눈에 보이지 않는 3차원과 4차원의 세계를 고도의 상상력을 발휘하여 끌어냈을 때 창의적인 예술의 높은 가치성을 두고 있는 추세이다. 고도의 상상력은 모든 학문의 영역에서 창의성과 결부되고 이는 거의 시각적인 산물로 창출됨으로써 사람들에게 쉽게 전달되고 이해시킨다. 눈에 보이는 창의적인 그림과 영상물, 조형 구조물로 쉽게 창조화된다.

미술은 상상력을 눈으로 보이게끔 해 준다. 예를 들어, 미국의 할리우드 영화는 과학과 상상을 뛰어넘는 초고도의 상상력을 보여 주는 시청각 예술로 시지각의 산물이다. 기묘한 움직임은 철저히 계산된 과학적 사고에 바탕을 두고 있다. 그 엄청난 상상력이 인간의 마음과 눈으로 그려 낸다는 사실은 정말 흥미롭기만 하다. 어떻게 그게 가능할까?

또한 월트 디즈니의 판타지아 시리즈는 음악과 미술, 문학의 통합적인 표현으로 인간의 심오한 환상의 세계를 그려내 주고 있다. 영상에 음악적 배경을 선정하는 일은 그리 어려워 보이지 않으나, 음악적 이미지를 유추하여 흐르는 음악적 선율에 마치 움직이는 그림을 맞춘다는 것은 고도의 기술력을 필요로 한다.

21세기의 창의성 교육을 주도하는 미국의 예술교육은 그렇게 많은 가능성을 열어 놓고 통합하여 새로운 것을 창조해 가도록 안내하는 것 같다.

본다는 것은 그 자체로 시각적 사고이다. 미술가들은 이 시각적 사고를 머릿속으로 마음속으로 이미지를 떠올리며 자기 그림을 계속 주시, 관찰하며 마음의 눈이 움직이는 대로 작업을 한다. 마음의 눈이란 마음속에 떠올려지는 그림, 영상, 또는 이미지라 하겠다. 단순한 경험에서 얻어진 눈에 보인 그림이 아니라, 마음속에서 울려지는 어떤 울림과 느낌에 의해서 조합된 것을 말한다.

아이들이나 원시인들의 그림을 보면 사물을 보고 지각하는 방식은 충격적이라 할 만큼 신선하고 자유롭다. 그들 나름대로의 다양한 관찰과 지각에 의해서 세계를 이해하고 있고 자기 나름의 의도적인 표현을 가미하고 있다. 이는 우리가 아는 지식이나 관념에 의해 배우지 않았지만, 그들의 정신세계나 사고 속에도 마음의 눈으로 보는 사고와 분석적으로 보는 앎의 시지각적 사고를 하고 있다는 것이다.

루돌프 아른하임(R. Arnheim)에 의하면, 시지각은 지성과 감성, 부분과 전체, 추상과 구체를 동시에 가진다고 한다. 아동들은 '보는 것'과 '아는 것'을 그림으로 표현할 수 있는 시지각적 능력을 가졌으며, 미적 인식 훈련은 시지각적 능력을 향상시키기 위한 방안이 될 수 있다. 모든 사물과 현상에서 가르칠 방법을 찾을 수 있다.

따라서 그리는 법을 직접적으로 가르치는 게 아니라, 제대로 보고 아는 법을 가르치고, 본 것과 아는 것을 끌어내어 창조화하는 방법을 가르치면 된다. 그리고 날카로운 직관력과 지적인 몰입에 의한 통찰력을 돕는 시지각적 사고훈련으로 이끌어 내야 한다. 우리는 지성과 감성으로든, 전체적으로 보든 부분적으로 보든, 구상이든 추상이든 간에 무엇이든 배울 수 있는 아이들의 가능성을 열어 주고 예술의 잠재능력과 사고력을 발산할 수 있도록 다양한 시지각적 사고의 프로그램을 제공해야 한다.

EK는 처음에 눈에 보이는 대로 표현하던 즈음에는 그다지 눈에 띄던 아이가 아니었다. 말이 많은 편이고 주관이 강한 성격이었다고 생각한다. 그런데 이미지 표현의 형이상학적인 이러한 추상적 표현에 접근하면서 갑자기 심사숙고해지고 조용히 몰입하는 단계로 빠져들더니 다른 아이들과는 구분되는 수준의 그림을 그려 나갔다.

무엇을 제공해도 독특한 창의적인 사고와 표현을 끌어내었다. 수학을 좋아하느냐고 물으니 그렇다고 했다. 음악의 전체적인 느낌과 선율, 박자들의 흐름과 환타지아 영상을 기하학적인 도형과 상징으로 뭉뚱그려 자기의 이미지로 조형화하였다. 부드럽고 편안하면서도 호기심을 갖게 하는 세련된 작품이다. 박진감 있으며 변화무쌍한 장면들이 이어지는 느낌, 선율들이 같이 움직이고 있는 듯하다. 균형과 안정감을 찾고 있고, 우뇌적 이미지보다 좌뇌적 이미지로 더 추상화하고 있다.

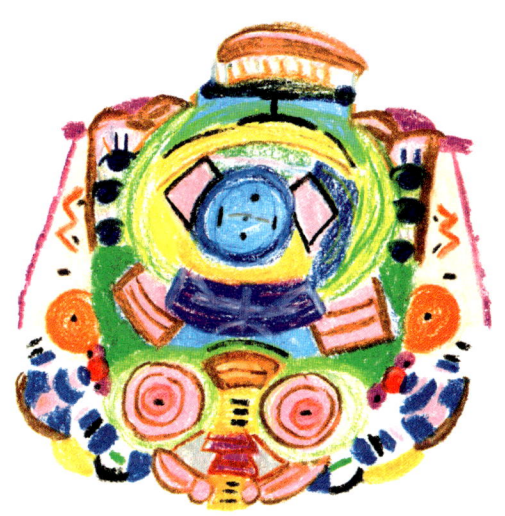

환타지아 이미지(베토벤의 전원교향곡)—SEK(2학년), 2005

음악의 전체적인 느낌을 기하적인 도형과 상징으로 자기의 내적 이미지를 표현하였다. 부드럽고 편안하면서도 다채로운 색으로 많은 것을 드러내며 호기심을 갖게 하는 세련된 작품이다.

■ 지도 방법

- 월트 디즈니 만화 '환타지아' 중 베토벤의 전원교향곡을 보여 준다.
- 눈을 감고 조용히 장면들을 떠올리며 눈에 띄는 이미지를 떠올린다.
- 영상에 대한 느낌과 이미지를 크레파스로 스케치 없이 알쏭달쏭한 이미지로 표현한다.

- 오로지 그림을 그리는 순간에 몰두하며 생각의 끈을 놓지 않도록 한다.
- 옆 사람을 의식하지 않고 오로지 자기 자신에게만 몰두한다.
- 그림에 만족하면 빈 여백의 공간에 마음의 움직임을 있는 그대로 글로 남긴다.

■ 표현 재료
- 환타지아 비디오테이프, VCR, 8절 켄트지, 크레파스

② 예술적 훈련에 부과되는 시지각적 사고에 의한 미적 인식 훈련

미적 인식 훈련은 보는 것과 아는 것을 표현하는 시지각적 사고의 훈련이며, 근원적인 물음에 대한 철학적 사고로서 새로운 미적 체험과 표현을 위한 창의적인 사고를 끌어내는 사고력 훈련이다.

이와 더불어 미적 감각과 조형적 요소가 가미된 예술적 훈련에 부과되는 시지각적 사고에 의한 미적 인식 훈련을 필요로 한다. 그렇게 함으로써 인물, 풍경, 정물, 이미지적 표현이든 어떤 대상이건 보는 것과 아는 것을 자기의 감정이나 의도적인 사고를 가미하여 자유롭고 자신 있게 그리고 표현할 수 있는 시지각적 기술을 배워 나간다.

사고 그 자체는 철학의 필수조건이며, 인식의 과정이다. 인간의 행동에는 사고 활동이 수반되며 그 사고는 반드시 의미를 내포하고 있다. 그리고 사고활동은 사고의 경험을 축적한다. 미술로 사고하는 과정도 이와 같다. 미적 인식과 미적 감각, 미적 사고, 미적 태도, 미적 가치와 표현에 의미를 두고 오가는 생각과 느낌의 과정이고 그로 인해 얻어지는 표현의 결과이기 때문이다.

어떻게 볼 것인가에 대한 초점은 예술가들의 작품을 통해서 미적으로 인식하고 표현하는 방법을 배울 수 있다. 흔히 모방을 통해서 창의성을 훈련하는 방법은 쉽고 빠르게 배우기를 원하는 성인이나 인지능력이 낮은

제대로 보고 느끼고 생각하며 아이들의 아름다운 눈을 높여라

아이들에게 필요하다. 그러나 진정한 의미의 예술적 훈련에 접근하는 창의적 자기표현은 예술작품을 통해 작가의 특별한 눈과 의미, 예술성을 찾고 표현법을 스스로 알아내고 자기 선택에 의해 응용해 보는 것이다. 아이들에게 예술품조차 보고 베끼는 훈련은 아이들 마음을 가두게 하는 방법이다. 무엇보다 내 눈으로 보고 판단하여 선택할 수 있는 미적인식 훈련이 필요하다.

파울 클레의 작품집을 통해 작품에 대한 미적 인식과 조형적 이론, 표현법 등을 파악하고 평가한 뒤에 자신의 방법대로 작품화했다. 처음에 아주 조그만 만화그림에 익숙해져 있던 YD는 내 수업에 참여하면서 손가락으로 그림 그리는 일을 즐기고, 교실수업에서도 자기표현을 강행하곤 했다. 남을 의식하지 않고 대담하게 자신을 표현하고 표출한다. 그런 YD에게 나는 내게 더 이상 수업을 배우지 않아도 된다고 권유했다.

2학년 때부터 엄마의 반대에도 불구하고 나를 쫓아다닌 2년의 시간을 투자한 결과, 거의 마지막 수업 단계에서 얻어진 작품이다. 클레의 작품으로부터 부소재를 생략하고 인물표현에 중점을 두었다. 왼쪽을 향하고

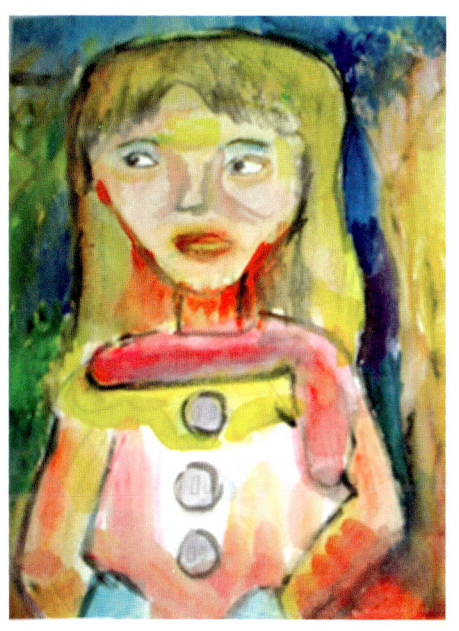

**클레의 그림처럼-YYD(3학년), 2006**

YD의 그림에 모처럼 밝은 색이 등장했고 과감한 색의 선택과 표현법을 시도했다.

있는 눈초리에서 포인트를 찾은 것 같다. 그림 속 주인공이 YD의 이미지와 닮았다.

클레의 그림처럼 주변과 배경이 한 가지 색의 톤이 아닌 옷의 밝은 면을 드러내어 주제와 바탕이 분리된 느낌이다. YD처럼 자발성이 높은 아이들은 자신의 내면적 사고를 거침없이 쏟고 자신만의 미적 표현 방법을 모색하다 보면 어느 순간, 미적 표현에 대한 발전의 가속도가 붙어 창의적 표현에도 높은 향상을 보인다.

■ 지도 방법
- 클레의 작품집 47p를 감상시키며 아이들 각자의 눈으로 분석하고 평가하면서 주제를 찾고 그리는 방법을 찾는다.
- 클레의 표현방식을 모방하되 자기 주제와 표현방법을 찾는다.
- 미적 효과를 높이기 위해 포인트를 찾고 배경과의 조화를 고려하며 채색한다.
- 뒷면에 그림에 대한 자신의 생각과 의도 등을 글로 남긴다.


■ 표현 재료
- 클레의 작품집 47p, 〈Young Girl with Pitches, 1910〉, 수채도구, 8절 도화지


③ 철학적 사고는 미술에서의 창의적 사고와 표현에 내포되어야 한다


본질적인 문제를 명확히 인식하고 유연하고 독창적이고 독립적인 사고를 하는 아이들이 문제해결에 있어서도 독특한 결론을 내리고, 미술 표현에서도 그 표현이 훨씬 더 두드러진다. 일반적으로 이러한 아이들로 하여금 창의적 사고를 가지고 있다 말하며, 이는 대부분 가능성을 갖고 있는 아이들 내면에 깊숙이 잠재되어 있다.

창의적 사고와 표현을 갖기 위해서는 일상적인 문제에 대해서도 본질적인 의미를 명확하게 찾아내고 인식할 수 있어야 하며, 일상 주변에서 당연하게 받아들이는 것을 또한 새롭게 인식하고 바라볼 수 있어야 한다. 그리고 문제해결에 대한 모든 가능성에 대해 유연하게 사고할 수 있는 마음과 눈을 열어두어야 한다. 그것은 바로 일상생활의 철학적 사고이다.

그러므로 아이들에게 우리가 배워 온 대로 또는 알고 있는 대로 관념화된 관념과 지식을 그대로 전수하거나 표현하도록 가르칠 것이 아니라, 사물과

현상에 대한 참된 의미와 관계를 알 수 있도록 미적 인식 훈련을 통해 철학적 사고를 열어 주어야 한다. 아이들에게 적절한 동기유발은 아이들의 인식 구조에 적합한 도전적인 자극이나 경험 상황이 주어질 때 인지적 갈등을 일으키고 그 내부에서 새로운 동기가 나타난다. 이러한 철학적 사고 훈련에 대한 마음의 작용과 사고방식은 미술에 있어서 아이들의 논리적 사고를 유도해 내며, 제대로 보고 느끼고 생각하는 시지각적 사고 훈련과 미적 인식 훈련은 감수성 개발과 창의적인 능력을 향상시킨다.

따라서 사고학습은 철학교육에서뿐만 아니라 예술교육, 더 구체적으로 미술교육에서도 창의적 자기표현을 위해서 단순한 발상이 아닌 하나의 구체적인 표현방법으로 본질적인 수단으로서 시행될 수 있다. 예술교육은 미적 인식에 기초를 둔 사고학습, 또는 철학교육이다. 그러므로 철학적 사고는 미술에서 창의적 사고와 표현에 내포되어야 한다. 그러한 과정을 통해 미적 인식은 미적 사고 과정을 통해 미적 감각을 발달시키며, 미적 감각이 발달되면 그림이나 기타의 미술 영역, 기타의 다른 예술 분야에 접근했을 때 다른 사람보다 쉽게 배우며 좋은 작품을 창작하거나 표현해 낸다. 또한 이러한 미적 인식과 미적 감각의 발달은 다른 학문의 영역에서조차 참신한 발상과 표현으로 그 수준을 높인다.

그러므로 아이들에게 잠재된 예술적 표현능력과 감성을 일깨우기 위해선 시지각적 사고 훈련과 예술적 훈련에 부과되는 철학적 사고인 미적 인식 훈련을 통해 자연스럽게 가르쳐야 한다. 그렇게 함으로써 그들의 잠재된 내면의 철학적 사고는 자극받아 자신의 내면에서 무언가를 끄집어내어 자신들의 경험과 자신들이 이미 알고 있는 개념과 지식, 아이디어를 뭉뚱그려 자신들만의 새로운 인식을 창의적으로 표현해 낸다.

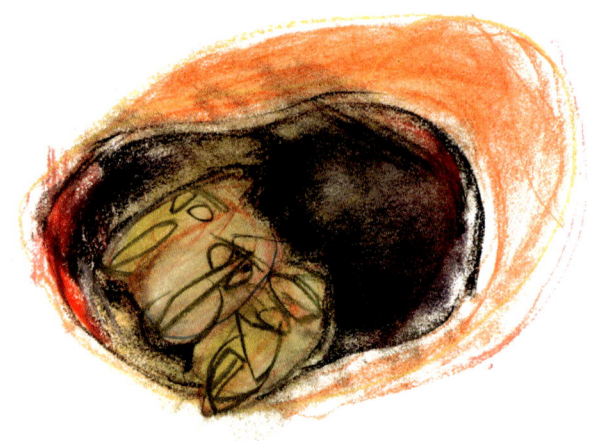

**골뱅이 껍질 속의 우리 가족-KHJ(5세), 2002**

"골뱅이 껍질 속에 엄마, 아빠, 효준이가 살고 있는데 가제가 나타나서 얼른 숨었어요." 놀란 가족들의 표정이 굉장히 생동감 있다. 아이들의 상상은 한 편의 그림동화 같다.

헤실헤실 웃으며 그림 그리는 것을 거의 두려워하던 5살 HJ가 그린 작품이다. 못 그린다고 해서 개인적으로 옆에 붙어 앉아 생각을 열어 주던 기억이 난다. 정말 원초적이고 본능적인 원시인의 그림을 보는 듯하다. 전혀 그림에 대해 배움이 없던 아이다. 그림을 설명해 달라고 해서 글로 남겨 놓았다. 어떻게 이런 표현을 그려 낼 수 있었는지 신기하기만 하다.

이 그림은 마치 부자유한 신체와 경제적인 빈곤함 때문에 골방에서 TV를 보며 독학으로 그림 그리는 법을 배웠다던 만화가 '지현곤' 씨의 만화 한 컷을 보는 것 같다. 아이들이 이 단순하고 명쾌한 기치의 표현력을 잃지 않고 자유로운 발상과 미적인 세련됨을 배울 수 있다면 감히 꼬마 예술가라고 부를 수 있지 않을까? HJ는 마치 동화 속 얘기처럼 자기 가족을 생물에 비유하며 상황설정을 했다. 침입자가 나타나 겁에 질린 얼굴 표정이 역력하다. 가족에게 생겨날 수 있는 나쁜 상황이나 경험을 드러냄으로써 가족의 소중함과 친근함을 표현했는지 모른다.

■ 지도 방법

 – '가족'이라는 주제로 인물화를 설정한다.
 – 드로잉 도구를 자유롭게 선택한다.
 – 아이들이 알고 있는 자기 가족을 그리되 건드리지 않는다.
 – 그리는 동안 호의를 보이며 자연스럽게 그릴 수 있도록 북돋워 준다.

– 파스텔로 살짝 윤곽선을 따라 그리고 손가락이나 천으로 문질러 자연스럽게
색을 번지게 한다.

– 주제를 살리기 위해서 배경을 어떻게 처리해야 되는지 연구한다.

– 빈 여백에 글로 설명하거나 글을 쓸 줄 모르는 아이에게는 제목과 그림의
내용을 물어 보아서 글로 남겨 둔다.


■ 표현 재료

– 8절 도화지, 선그림 도구, 파스텔

## 2. 미적 인식 훈련에 대한 실제적 접근 방법

공간 지각 및 개념 형성은 지속적인 학습에 의해서 획득된다는 인지발달적 입장을 견지하는 피아제의 견해, 아이들의 지적인 성장이 창의성 발달과 관련이 있고 창의성 교육에 대하여 미술교사는 아이들의 예술적 잠재능력을 일깨울 수 있도록 도와주어야 한다는 로웬펠드의 다소 소극적인 견해와 미술적 능력은 자연적으로 성숙되는 결과가 아니라 학습된 능력에 의해서 좌우된다는 아이스너의 입장 등은 아이들의 예술적 잠재 능력이 교육적 의도와 학습훈련에 의해서 계발됨을 의미한다.

오늘날 미적 교육과 창의성 교육을 지향하는 현대미술 교육의 입장은 결국 이러한 의도적 교육과 학습훈련을 지향한다. 그러므로 교사는 자신의 미적주관에 의해서 구체적이고 체계적인 미적 교육 프로그램을 개발할 수 있고 학습활동을 통해서 아동들의 예술적 잠재능력과 창의성을 개발시킬 수 있다. 과거와 현대에 이르기까지의 다양한 표현 방법의 예술과 미술역사에 대한 일반적인 이해와 고찰을 접근시키면서 아이들 나름대로의 미적 인식과

제대로 보고 느끼고 생각하며 아이들의 아름다운 눈을 높여라

미적 판단, 가치를 느끼게 하며, 나아가 창의적 사고와 표현으로 창출시키도록 안내해야 한다.

# 1) 지도관점

- 예술은 표현 그 자체로서 주변의 모든 상황과 배경은 예술적 표현이 될 수 있으며, 그러함은 인체의 감각인 오감과 육감을 통해서 인식된다는 것을 기초로 한다.
- 창의적 표현은 예술 원리와 미적 원리, 조형원리 및 조형요소에 의해서 신장되어야 한다. 사실적이든 추상표현이든 간에 비례, 명암, 경계, 여백, 관계 등 조형원리의 기본적인 요소를 감각적으로 가르치는 것은 미적으로 시지각화하는 데 알아야 할 기본요소이다.
- 그러나 무엇보다 자기 존재의 가치를 중요시하며, 무의식적이고, 직관적이며, 우발적인 것 또는 예술적 표현의 의도 등을 모두 포함한 자기존재로부터 나오는 예술의 창의적 자기표현이 바탕이 되어야 한다.
- 모든 교육 내용의 원천으로서 시지각적 사고와 미술표현의 중요성을 강조한다. 실제 표현에 잎서 현내미술의 새로운 관점에 대한 이해와 예술 참고작품을 통해 그들의 미적 인식을 넓혀 주고, 아이들과 공감대 형성이 가능한 긍정적이고 새로운 비전을 볼 수 있는 창의적 자기표현으로 이끌어 내어 모름지기 꼬마 예술가로서의 자부심을 갖게 한다.
- 인식적 훈련은 동기 부여를 하는 발상 단계에서만이 아니라, 가능한 한 표현에 직접적으로 손을 대지 않는 것을 원칙으로 하되 언어로써 미술 수업 전반에 걸쳐서 그들의 미적 인식과 창조적 사고를 일깨워 준다.

   그러나 교사의 시범과 협조가 필요할 경우, 예를 들어, 전혀 언어지시로 는 이해력이 부족하거나 또는 마무리 작업에 힘들어하며 반복적인 시행착오를 거칠 때 조심스럽게 가벼운 손길로 도움을 주도록 한다.

– 인식적 훈련은 시지각적 훈련을 필요로 한다. 본 것과 아는 것을 사실적인 구상그림을 그리거나 비틀거나 단순화하여 비구상화하거나, 이미지화하여 상징적, 추상적인 표현 등 다양한 표현방법으로 안내한다.

– 사고활동의 자기표현에 있어서 아이들은 대개 말로써 노출시키는 것을 꺼리므로 그림을 그리는 내적 세계의 인식과정을 글로써 구체화하게 하되, 진솔한 자기고백의 문학적 표현, 철학적 인식이 드러나는 글을 쓰게 한다.

– 누구나 예술의 창조적 자기표현이 가능함을 알고, 자기표현의 몰입과정에 빠져들 수 있도록 인식적 측면에서 강조하며 자발적으로 참여할 수 있는 학습 분위기를 조성한다.

– 교사의 미적 주관과 다양한 내적 커리큘럼에 의해 여러 교과의 주제와 기타의 예술과목과 연계함으로써 통합적 예술교육 프로그램을 개발하여 지도할 수 있으며 이를 위해 교사는 미학과 예술철학에 관심을 갖고 적용한 수업이 있어야 하며, 끊임없이 다양한 예술적 체험의 기회를 가져야 한다.

## 2) 실제적 접근 방법

### (1) 가르치는 입장

- 가르칠 내용의 이해와 아이들의 기상천외한 사고와 표현을 수용하고 창의적 예술의 자기표현으로 끌어내기 위해서 아이들의 마음을 사로잡을 수 있는 수업으로 이끌어 가야 한다.
- 아이들의 상상력을 자극하고 그들에게 충분한 지적인 활동을 할 수 있는 동기와 기회를 주어야 한다.
- 다양한 교과의 커리큘럼상의 주제들을 통합할 방법을 모색하여 통합적 예술교육을 추구한다.
- 창의적 사고 활동의 분위기 조성에 힘써야 하며, 미적 인식을 위해 집중력을 강화시켜 좌뇌와 우뇌의 쉼 없는 활동에 의해 사고의 유추를 돕는다.
- 교사는 아이들의 입장에서 아동들과 동화되어야 하며, 교사 스스로 수업을 진행함에 항상 새로운 연출을 필요로 한다.
- 언어표현과 그림의 표현이 일치되도록 하되, 자기 내면의 진솔하고 담백한 표현이 되도록 문법이나 철자법이 틀리더라도 낙서가 아닌 한, 자유롭게 자기의 생각을 나타내게 한다.
- 아이들의 사고를 시각화함에 있어서 직관과 사유에 의한 통찰로 본질을 단순명료화 하고, 시각적 언어로 그 본질의 의미를 유추하게 한다.
- 교육 계획은 교사의 내적 커리큘럼에 의할 수 있으되, 의미 있는 학습이 되도록 계획되고, 아동들에게 확실하게 내면화시킨다.
- 인식적 훈련을 위한 학습의 방법 및 참고작품 제시는 긍정적인 비전과 상상력을 보여 주는 것이라야 한다. 극단적이고 퇴폐적이며 공허한 작품으로 아이들의 눈을 굳이 자극할 필요가 없다.

– 어떤 작품이든 자기표현의 성취에 대해 만족할 수 있도록 자신감을 주어야
  한다.

## (2) 아동의 입장

– 인식적 훈련은 교육적 의도에 의한 일종의 철학교육 내지 사고학습으로서
  이에 대해 학습자 주체인 아이들은 개방적 마음가짐과 자발성의 원리에
  입각하여 참여해야 한다.
– 교사의 안내에 따라 깊이 사고하고 통찰하는 훈련에 집중력과 인내심을
  가져야 한다.
– 자기 존재에 대한 인식과 예술의 창조적 표현에 대한 자신감과 흥미를
  갖고, 새로운 것을 발견하고 표현해 내려는 탐구심을 가져야 한다.
– 학습에 능동적으로 참여하며, 타인의 작품 및 예술작품을 감상하고 주변의
  새로운 변화에 민감하게 반응하고 받아들임으로써 새로운 자기표현을
  창출해 갈 수 있도록 자기 인식의 세계를 넓혀 나가야 한다.
– 주위의 모든 것으로부터 미적 인식과 철학적 의문을 통해 사고의 경험을
  넓혀야 한다.
– 사물의 현상에 대해 늘 의문시하고 마음의 눈으로 사물을 관찰하며
  육하원칙에 의해 사고하고 파악하며 정리하는 습관을 가져야 한다.
– 자기 성취에 대한 만족은 더 높은 사고와 지식을 수반하는 개인적인
  훈련에 의해서 성취된다는 것을 알아야 한다.

# 3) 미적 인식 훈련의 의의

- 자신만의 자유로운 사고 과정을 통한 내적 세계를 그림과 글을 통해 창의적으로 표현할 수 있는 통로를 마련하여 준다.
- 밖에서 일어나는 일을 주의 깊게 보고 느끼고 생각하며 지성적, 감성적으로 내면화하는 경험을 제공한다.
- 자유를 만끽하며 마음을 비우고 자기몰입(자기성찰)의 기회를 가져 창의적 표현을 끌어낼 수 있고 미적 인식 훈련에 의해서 창의적 자기표현을 높여 산다.
- 예술의 여러 영역과 다른 기타 과목과의 연계를 통하여 미적 인식 능력을 높이며, 통합적 예술교육 프로그램으로 개발시켜 나갈 수 있다.
- 미적인 느낌과 생각을 끌어내는 지적인 훈련으로 아이들의 의도적인 미적 감수성 개발과 창의적 표현을 향상시킨다.
- 시지각화 과정을 통해 미적인 앎과 가치를 높이고 아이들이 살아가면서 선택해야 하는 자기의 모든 분야로부터 미적 인식 훈련을 적용시킬 수 있으며 창의화할 수 있게 된다.
- 미적 인식 훈련을 통해 자연스럽게 조형원리를 이해할 수 있으며, 창의적으로 시지각화하는 능력이 향상된다.
- 사고력을 수반한 철학과 몰입과 명상에 의한 통찰력이 향상되어 지성과 감성이 잘 조화된 인격을 지향하게 된다.
- 멋과 예술을 아는 지성인으로 비전을 꿈꾸는 아이로 성장한다.
- 자기절제와 인내력을 배우며 자기 주도적이고 자존감을 가진 주체성 있는 아이로 성장한다.

# 3. 시지각적 사고에 대한 이해

## 1) 보는 것은 곧 아는 것이다. 그리고 알고자 하면 더 잘 보인다

비트켄슈타인(L. Wittgenstein)은 '내적 관찰'을 통해 심리적 개념인 사고, 지각, 기억 등을 얻는다고 말한다. '내적'이라 함은 우리 자신의 내부에서 이루어지는 마음의 활동이다. 즉 무엇인가를 배운다는 것은 우리의 심리활동에서 이루어지는 우리들 자신을 관찰하는 것이며, 그러한 관찰 속에서 스스로 깨달음을 얻고 우리들 자신의 마음의 움직임을 통해서 새로운 관념을 얻는다.

제대로 보고 느끼고 생각하며 아이들의 아름다운 눈을 높여라

관찰이란 주시하는 것, 본다는 것을 의미하며, 내적 관찰이란 자기의 내부에서 이루어지는 사고 과정을 들여다보는 것을 뜻한다. 이러한 의미에서 '본다'는 것은 곧 '안다'는 것을 의미한다. 이러한 내적 관찰, 즉 사고 과정을 통해 개념은 형성되고, 이 개념으로부터 또 다른 개념이 확산되어 간다.

많은 책을 읽고 많은 것을 보고 듣고 체험한 아이들은 새로운 앎이나 지식을 접할 때, 쉽게 이해하고 수용한다. 책이나 주변의 현상들을 관찰하는 동안 많은 개념과 지식이 쌓여서 머리와 가슴속에 깊이 내재되어 있기 때문이다. 또 아는 만큼 사고력이 다각적으로 확산되어서 그만큼 더 많은 지식이나 앎을 얻는다. 학업성적이 높고 표현력이 좋은 아이들에겐 그만큼의 사고와 개념, 지식이 많이 내재되어 있기 때문이다.

눈으로 보는 일이란 주변의 사물과 현상을 보는 것 말고도 문자로 이루어진 책을 읽는 과정을 통해 간접적인 경험을 머릿속에 떠올리거나 이미지를 연상하거나 형상화한다. 이렇게 보고 느끼고 생각하는 과정이 쉼 없이 계속된다. 꼬리에 꼬리를 물듯이 볼수록 많이 알게 되고, 많이 알수록 더 잘 보이게 되어 느끼고 생각하는 폭과 깊이, 양, 질은 높아져 좌·우뇌의 사고력은 자연스럽게 높아진다.

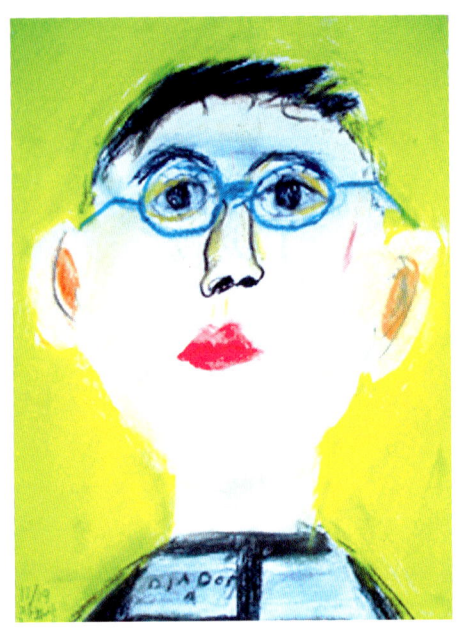

**거울 보며 그린 자화상(보이는 대로 그리기)
-KMK(2학년), 2002**

정말 MK를 닮았으며 표정이 살아 있다. 자신의 눈
동자를 유심히 들여다보았을 거라는 느낌이 든다.
남자 아이인데도 붉은색을 선택해 과감하게 자신의
입술을 표현했다.

### 보이는 대로 그린 그림

이 그림은 거울을 보면서 자신을 보고 그린 작품이다. 약간 올려다본 위치라 얼굴의 하단 부분이 넓고 길다. 안경이 옆얼굴 선을 따라 꺾여 있다. 검은 눈동자가 하얀 동공 위에 떠 있게 그렸다. MK와 너무 닮게 그려서 깜짝 놀랐다. 얼굴은 사실적으로 보이는 대로 그리기에 온 힘을 기울였으나 입과 코의 위치 관계를 놓치기도 했다. 어깨 하단은 평소 아는 대로 그리듯 제대로 들여다보지 않는 것처럼 보인다. 어쩌면 어깨 하단부분을 중요시하지 않았거나 거울을 들고 있는 위치 때문에 어깨는 처져 보일 수 있으며 오히려 단순하게 처리함으로 인해서 얼굴을 더 올려다 보고 있는 것처럼 보인다.

저학년다운 노랑색 바탕처리가 MK의 얼굴을 더 생동감있게 돋보이게 한다.

■ 지도 방법

- 준비한 손거울을 들여다보며 가만히 3분 정도 응시하며 느낌과 생각을 찾는다.
- 표정과 눈, 코, 입의 위치관계를 살피며 얼굴 중심으로 보이는 대로 그린다.
- 마음이 가는 대로 간격, 구조, 형태, 위치 등을 분석하며 밑그림을 그린다.
- 특징이나 개성을 강조해도 좋고 자기만의 두드러진 표현을 해야 함을 강조한다.

제대로 보고 느끼고 생각하며 아이들의 아름다운 눈을 높여라

– 입체감을 살리기 위해 명암을 구분하며 색으로 칠하고, 느낌에 따라 배경을 칠한다.

– 시종일관 자신과의 무언의 대화 속에 빠져들어야 한다.

■ 표현 재료

– 손거울, 4절 도화지, 크레파스 또는 파스텔

**Tip**

예리하게 보는 관찰력은 보고 그리기와 앎과 지식을 얻는 데 필수적인 인간의 가장 기본적이고 본질적인 능력이다. 나이가 어린 아이일수록 그들의 예리한 관찰력은 사물을 의미화하는 데 있어 기상천외한 상상력과 비유력을 발휘한다. 아이들은 그렇게 본 관찰력을 통해서 무엇인가를 새롭게 의미화하고 상상하여 사고를 확산시켜 나간다.

### 기억하여 아는 대로 그린 그림

이 그림은 JY가 엄마의 이미지를 상기하며 그린 작품이다. 그런데 사실 엄마보다는 본인의 모습이 더 짙게 느껴진다. 이다음에 엄마가 될 JY의 미래 자화상이 아닐지. 모딜리아니의 그림을 닮았다. 흔히 인물표현은 그린 사람을 닮는다고 한다. 얼굴이 더 갸름하고 목이 길고 귀가 길쭉한 것도 무의식적으로 자신의

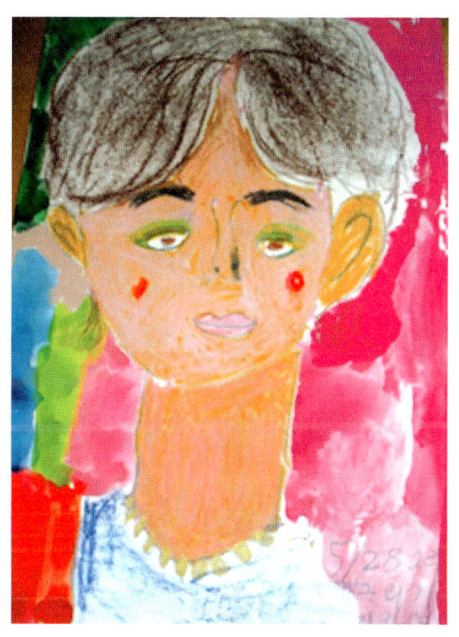

**화장한 우리 엄마**(아는 대로 그리기)
–KJY(7세), 2002

딸이 그린 나의 모습이다. 사진보다 더 귀하게 느껴진다. 얼굴색과 바탕색이 기분 좋게 예쁘다. 마치 모딜리아니의 그림 같다. 사실 내 모습보다는 JY의 모습이 더 짙게 느껴진다. 자신의 미래의 모습이 아닐지. 무섭지 않은 나를 그려 주어서 고마움을 느낀다. 이 수업에서 몇몇 아이들이 사나운 표정을 하고 있는 자신들의 엄마를 그리는 걸 보고 나도 흠칫했었다.

모습이 반영된 것이다. 불균형하고 완성된 그림은 아니다. 피부색을 만드는 데 투자한 시간이 길어 보인다. 크레용과 물감을 마음이 가는 대로 칠해 자유로움을 느끼게 한다. 왼쪽 어깨선이 올라가 있고 오른쪽 어깨선은 내려가 있어 기우뚱한 자세를 취하고 있는 것처럼 보인다. 그에 따라 목선도 자연스럽게 어깨선을 따르고 있는 것처럼 포즈를 취하고 있다. 목걸이를 그려 넣고 파란색으로 옷을 입히면서 긴 목을 커버했다. 아마 그렇게 처리하지 않았다면 JY의 눈에도 이상한 그림이 예상되었을 것이다.

얼굴색과 분홍색 바탕의 어울림이 산뜻한 분위기를 연출시킨다.

■ 지도 방법
- 눈을 감고 화장한 엄마의 얼굴을 떠올려 생김새와 분위기, 이미지, 느낌 등을 떠올린다.
- 나이가 어린 친구들인 경우 교사가 얼굴과 눈, 코, 입, 귀의 기본 위치와 윤곽선을 희미하게 선으로 그려 준다.
- 이목구비를 떠올리며 엄마의 특징을 살려 스케치한다.
- 엄마의 피부색을 먼저 채색한 다음, 마치 엄마가 파운데이션과 파우더를 바르듯 크레파스로 화장하는 것처럼 덧칠하며 채색한다.
- 눈화장, 립스틱 등 엄마의 화장 톤을 떠올려 채색한다.
- 이목구비의 입체감을 살리기 위해 명암으로 피부색을 조절하여 입체감을 살린다.
- 엄마의 헤어스타일과 액세서리, 의상도 분위기를 살려 엄마를 꾸며 본다.
- 바탕을 수채화로 채색하거나 기타 본인이 원하는 표현방법을 자유롭게 채색한다.

■ 표현 재료
- 8절 도화지, 연필, 크레파스, 수채물감 도구, 기타 채색도구

### 아는 대로 그린 그림

이 그림은 만다라의 문양을 따라 그리며 자신이 느끼고 생각하는 시각언어를 이미지화한 것이다.

제목에서 JY가 알고 있는 상식의 수준의 깊이를 가늠하게 한다. 지구가 네모였을 거라고 예측했던 사람들과 지구는 둥글다는 개념으로부터 파헤쳐 들어가는 지구의 지각 단편들을 보여주는 듯 하다. 둥근 지구 위에서 자라는 생물을 상징하는 나뭇잎을 사방에 세어 놓아 무엇인가를 암시하고 있는 것 같다.

그저 보면 예쁘게 바느질한 핑크빛 톤의 조각보로 만든 퀼트 쿠션 같다. 이런저런 선의

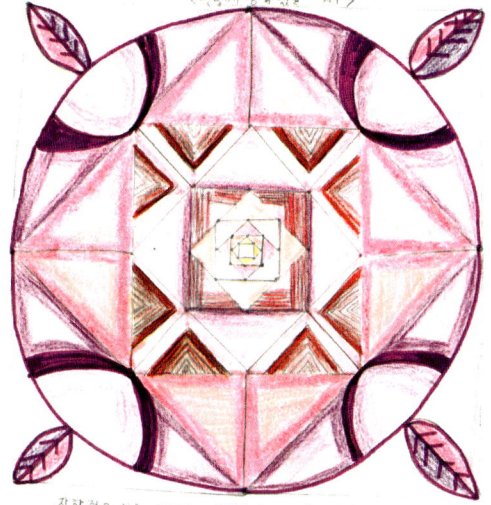

**만다라(옛날에 생각했을 지구)–KJY(3학년), 2005**

언뜻 보기에 예쁜 퀼트 쿠션 같지만, JY는 그림 속에 많은 상식과 생각을 담고 있다. 만다라의 원본 그림을 분석하면서 어떻게 봐야 하는지, 어떻게 그려야 할지를 들여다보고 의미와 연상을 찾아내며 자기 이미지를 탐색하면서 그린 이미지이다. 분홍색 계열로 색을 조화시켜 나가고 있다.

강약과 흐름을 조절하고 면을 분석, 처리하고 있다. 기학적인 수학의 공간 구성으로 논리적이고 분석적인 미를 재미있게 표현하고 있다.

■ 지도 방법
- 만다라를 보는 방법, 느끼는 방법, 생각하는 방법을 제공하고 만다라의 학습지를 나누어 주고 문제를 해결한다.
- 보는 대로, 느끼는 대로, 생각하면서 면을 재구성한다.

– 전체의 이미지를 생각하여 3~4가지의 색연필로 자연스럽게 채색한다.

– 애초에 생각한 이미지에 부합되는지 살피고 주제에 맞게 미적인 조화를 고려하며 마무리한다.

– 주제를 정하고 그림을 완성하기까지의 내면에 흐르는 느낌과 생각을 글로 내면화한다.

■ 표현 재료

– 만다라 학습지, 색연필

따라서 아이들로 하여금 자기 인식을 돕는 사고력 훈련이 계속되어야 한다. 유아기 때부터 자유방임적으로 지나치게 방관하거나 무조건적으로 지시하거나 일방적으로 알려 주는 게 아니라, 본질적인 물음과 호기심을 자극하는 인식적 훈련을 제공해야 한다. 어떤 가능성과 의문점을 제기하고 시지각적 사고의 내적 경험을 통해서 느끼고 생각하면서 문제해결에 대한 실마리를 찾는 교육으로 안내해야 한다.

질문을 하면 아이들은 알고 있는 것이나 본 것을 경험 속에서 찾아내며 자신의 상상력을 동원하여 머릿속으로 새로운 이미지를 찾아낸다. 그리고 이 이미지들을 주제에 맞게 조합하여 자기 생각을 버무려 말로 표현한다. 이때 말로써 표현된 얘기들을 그림으로 그려 보게 하고, 그림을 간단한 문장으로 기술해 주거나 기술하게 한다면, 글과 그림의 내적인 자기 표현력이 자연스럽게 향상된다.

# 2) 시지각적 사고훈련을 통한 예술의 창의적 표현

## (1) 아름답게 보고 느끼고 생각하는 능력을 가진 눈은 예술의 잠재적인 능력을 일깨운다

예술에서의 미적 인식은 특별히 아름답게 보는 창의성의 특성을 갖고 있고, 예술의 창의적 표현의 본질은 아름답게 보는 눈의 미적 인식의 의미가 드러나야 한다. 다시 말하면, 예술은 아름답게 보고 미적으로 느끼고 생각하는 미적 인식의 과정을 통해서 창의적인 아름다움을 향한 사고와 표현으로 특별한 의미와 가치로 새롭게 창조되는 것이다. 예술은 내면의 감성으로부터 찾아낸 인식과 사고 과정을 거친 철학이며 지적 표현이다. 인식이라는 의미에는 느낌과 생각이라는 인간이 사유할 수 있는 감정과 이성을 다 내포한다.

인식적 훈련이란 무심코 잠시 느끼고 스치기 쉬운 우리의 일상 속에서의 생각만이 아니라, 자신의 의지로 좀 더 의도적으로 의식을 붙잡아 집중함으로써 자신을 놓치지 않고 자신 내면의 흐름을 깊게 들여다보고자 함이다. 즉 스쳐 지나가기 쉬운 감성을 좀 더 의식적인 지성으로 붙잡아 몰입함으로써 감성과 지성적 사고의 활동으로 얻어낸 새로운 지각을 통해 창의적인 사고와 표현으로 창출해 내는 것이다.

예술교육은 미적 인식을 추구하는 교육이다. 보는 것으로부터 아름다움을 느끼고 생각하면서 알아가는 것이다. 아름다움이 무엇인지, 어떤 것이 아름다운지, 어떻게 아름다움을 찾아내야 하는지, 왜 아름다운지에 대한 물음으로 시작하는 시지각적인 미적 인식은 미적인 앎 그리고 미적인 가치와 판단력을 향상시킨다. 그저 무의미하게 바라보며 느끼고 생각하는 게 아니라, 아름답게 보는 눈과 마음, 표현력을 키워 가는 것이다.

아이들에게 이러한 미적 인식을 시키지 않기 때문에 아이들은 자신의 느낌과 생각을 묻어 버리고 사물과 현상을 의식 없이 바라보는 습관이 생긴다. 그래서 지나가면서 무엇을 보았는지에 대한 기억도 없을 뿐만 아니라, 어떤 것에 대한 자기표현을 해 보라 하면 대부분 그저 '좋다. 싫다, 예쁘다, 안 예쁘다' 등의 지극히 무미건조하고 단순한 표현만 일삼는다. 아름답게 보는 특별한 자기만의 미적인 눈이 없는데, 어떻게 아름다움을 표현하며 특별한 창의적 표현이 가능하단 말인가.

아름답게 보고 느끼고 생각하는 훈련이 절실하게 필요하다. 그래야만 창의적인 예술표현이 가능하다. 유아교육에서 천천히 느끼며 받아 온 감성교육조차 초등교육에 들어오면 어느 한순간 다 무너져 버리고 만다. 그 감성교육에 힘입어 보태져야 할 조금은 더 지성적인 감성교육 과정이 한꺼번에 주입식 교육에 쫓기듯 방대하게 파고드는 지적 교육의 강화 때문에 아이들의 사고는 아름답게 보고 느끼고 생각할 여유 없이 무뎌져 가고 황폐화되어 가는 것이다. 주어진 과제 앞에 망설임과 두려움으로 무미건조하고 틀에 박힌 아동 수준의 그림을 뛰어넘지 못한다.

맥머레이(J. Macmurray)는 "미술교육이란 아동이 자신의 감각을 통하여 충분히 세상을 깨닫고, 그렇게 하기 위한 즐거움 때문에 순수한 자발적 행동으로 미술을 표현함으로써 결과적으로 예술가의 능력을 최대로 발휘해 볼 수 있도록 개념과 표현을 훈련시키는 것이다"라고 말한다. 여기서 말하는 예술가의 능력이란 예술가와 같은 눈, 즉 미의 형식을 지각하는 눈인 미적 인식과 미적 감각을 의미한다. 아름답게 보고 느끼고 생각하는 눈은 아이들의 예술적인 잠재능력을 일깨운다.

예술성을 논한다는 것은 곧 그 작품 내용에 특별한 미적 특성이 존재 하느냐의 여부이다. 미적 성격에 대한 논의는 초등미술교육에 있어서도 필수불가결한 요소가 된다. 그냥 자유분방하게 마음이 내키는 대로 표현함을 아이들의 순수한 표현이라는 미명 아래 내버려 두는 게 아니라, 아름다움과 멋을 느끼고 논하며 의도적인 사고를 끄집어내도록 이끌어 주고 안내해야 함을 의미한다. 무엇을 그려야 하는지, 왜 그 그림을 그리고자 하는지, 어떤 의도로 그 그림을 그려야 하는지, 어떻게 표현하여야 내 작품이 더 근사해 보일지, 그 그림을 통해서 무엇을 얻게 되었는지 등에 대해서 스스로에게 자문하고 답할 수 있는 내적 사고를 길러 주고 아이들이 자신의 작품을 통해서 아름다움의 가치를 찾아가도록 기회를 열어 주는 것이다.

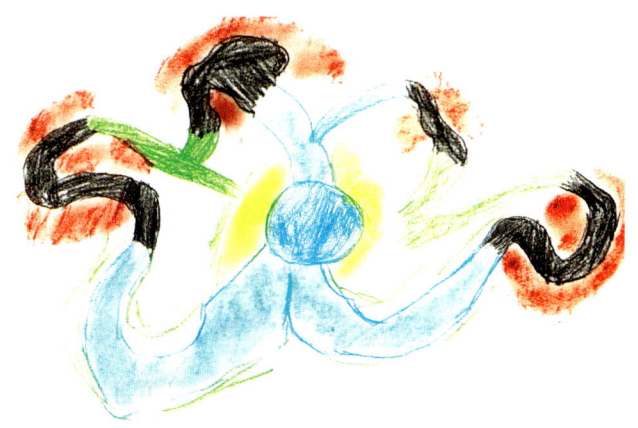

'모두가 자신의 소중한 모든 것을 버리고 떠나지만 또 되찾기를 바란다'

**명상음악 듣고 주제 찾기(아침 안개)–개운친구(6학년), 2005**

아이의 마음의 글 표현처럼 음악의 주제인 '아침안개'와 같은 희끄무레하고 불확실한 현실 앞에서도 소망을 잃지 않으려는 마음을 담고 있다. 알쏭달쏭 한 이미지라서 세련되어 보이고 무엇을 표현한 것인지 궁금해진다.

위 그림은 '아침안개'라는 명상음악을 제목을 알려 주지 않고 들려주어 알쏭달쏭한 추상적 이미지로 그려 보도록 한 것이다. 6학년 아이가 그린 것으로 아이만의 알 듯 말 듯한 심연의 세계를 들여다보게 한다. 아이의 그림을 뭐라 구체적으로 설명하기 어렵지만, 무언가 특별한 상징적 의미와 이미지를 담고 있는 것 같다. 무언가 꿈틀거리는 자아의 세계를 탐색하고 있는 것처럼 움직임이 있다.

구체적인 것보다 알 듯 말 듯한 묘한 표현에서 아이들은 특별함을 찾는다. 그것을 예술적이라 한다. 아이는 이 명상의 시간에 예술적인 자아를 찾고 있는지 모른다. 예고 없이 한순간에 얻어진 훈련되지 않은 원초적인 선과 색채이지만, 시적이고 명상적인 분위기를 갖게 한다.

이 친구가 표현한 마음의 글에서처럼 훌훌 털고 어딘가를 향해 힘차게 새 출발하려는 사람의 동작 같기도 하다. 가운데 파란 원은 심장을 상징하고 심장 주변의 노란색 바탕은 희망을 상징하는 것처럼 보인다. '아침 안개'와 같은 이미지와 비슷한 하늘색을 선택한 것도 주제 이미지를 나름 포착한 것인지도 모른다.

■ 지도 방법
- 커튼을 치는 등 명상적인 분위기를 조성한다.
- 눈을 감고 숨을 들이 내쉬며 마음을 가다듬는다.
- '아침안개'라는 주제음악을 얘기해 주지 않고 조용히 귀 기울이며 5분 정도 들려준다.
- 음악 속으로 빠져들도록 몰입 분위기를 조성한다.
- 어떤 분위기인지 파악하며 듣는다.
- A4용지를 나누어 주고 다시 한 번 음악을 들으면서 머릿속에 스쳐간 이미지와 느낌, 생각 등을 알쏭달쏭한 이미지로 자유롭게 그린다.
- 만족할 만하면 어느 때든지 그림도구를 내려놓고 마음의 글을 빈 여백에 시적으로 남긴다.
- 주제를 정하고 그림을 다시 한 번 들여다보며 미적으로 강조하기 위해 수정하거나 보충한다.

■ 표현 재료
- 명상음악 CD 〈물〉, A4용지, 선그림 도구

## (2) 시각적 인식은 곧 미적 인식과 미적 감각을 지향한다

미술은 먼저 '무엇을 어떻게 보느냐'가 중요하며, 이러한 보는 법을 배우면 누구든지 쉽게 보고 느끼고 생각한 것을 표현할 수 있게 된다. 보는 법을 통해 얻게 된 관념이나 지식 등은 미술의 조형요소로 분석하며 나름대로 특별한 자기만의 시각적인 아름다운 기준을 갖게 되고 나아가 자기만의 표현이 가능해진다.

시각적 인식이란 곧 시지각을 의미한다. 무엇인가를 제대로 본다는 것은 의식을 집중해서 본 것에 대한 어떤 의미나 이미지를 얻게 되고 그를 통해 새로운 깨달음이나 앎을 얻는다.

우리가 아는 일반적인 사고는 우선적으로 대부분 시각적 인식 과정에 의해 얻어진 사고이다. 또한 그 보는 것을 통해 얻어진 시지각적 사고의 활동은 또 다른 사물과 현상, 관념을 대하며 시지각적 활동을 하게 되고 이로써 또 다른 시각적 이미지를 만들어내거나 추출하여 시지각화한다.

그림을 배우지 않아도 묘사력이 뛰어난 아이들은 대체로 미술에 재능이 있다고 얘기한다. 그것은 곧 사물을 파악하는 직관력과 통찰력, 즉 사물의 위치와 공간과의 관계, 형태감을 파악하는 능력, 명암 등 조형요소를 판단하는 시각적 인식능력이 보통의 아이들보다 앞섰다고 할 수 있다.

흔히 그림을 그리는 사람들은 수채화 물감이나 유화 물감을 혼합할 때 물감과 물, 또는 기름의 정도를 머릿속으로 순간적인 계산을 한다. 또한 색을 겹칠할 때 어떤 색이 나올지를 예상하면서 채색한다. 감각적인 계산이지만, 어쨌든 물감을 혼색할 때 의식적으로 좌뇌가 개입하고 있다. 물과 물감의 양을 감각적으로 예측하면서도 의도적인 효과를 얻기 위해 좌뇌적으로 분석하며 붓잡은 손을 움직이며 색채의 효과를 얻는다. 감각이 떨어지거나 분석적 조절 능력이 떨어진 아이들은 무턱대고 색을 혼합하여 혼탁한 색을 만드느라 시간을 허비하기 일쑤이며 색깔놀이로 끝내는 경우가 많다. 가끔 우연의 효과를 얻기도

하지만 사실은 우연의 효과조차도 조금은 감각적이면서 좌뇌적인 성향이 강한 아이들이 좀 더 세련된 결과를 보여 주는 경향이 많다. 분석적으로 생각하면서 혼색하기 때문이다.

이런 것들은 미술활동에서 이루어지는 인식 능력이다. 우뇌의 창의성이 결코 무의식적으로 이루어지는 게 아니다. 우뇌의 창의적 사고와 표현은 본질적인 것을 놓치지 않고 무엇인가를 분석하고 새롭게 계산해 가는 과정에서 이루어진다. 미술활동에서 아이들의 창의성 수준의 판가름은 우뇌적인 본질적 사고와 감각의 바탕하에 누가 더 얼마만큼 어떻게 어떤 의미로 더 좌뇌적 사고로 활동하고 완성했느냐이다.

아동화는 개념적 활동에 의해 영향을 받지만, 그 개념은 시지각적 사고활동에 의해서 이루어진다. 아이들이 아는 것만을 그린다고 하지만, 사실은 이미 눈으로 본 것, 눈으로 지각한 수준이나 정도를 기억했다가 상기해서 그려 내는 것이다. 누가 더 얼마나 정확하게, 많이, 자세히, 특별하게 보고 기억했느냐에 따라 창의적 수준이 가늠되기도 한다. 따라서 아이들의 시지각적 사고훈련은 아동미술에 결정적인 영향을 준다고 볼 수 있다.

무엇을 어떻게 보고 어떻게 머릿속에 저장해 두었느냐에 따라 그 내용이 달라지기 때문이다. 사물과 현상을 있는 그대로 보는 법, 잘 보는 법, 아름답게 보는 법, 의미 있게 보는 법, 또 다른 이미지를 찾아내는 법, 다르게 생각하는 법 등을 가르치는 것은 시지각적 사고를 통한 미적 인식 훈련이고, 이러한 미적 인식 훈련을 통해 아이들의 미적 감각은 자연스럽게 발전한다.

## (3) 시지각적 사고를 창의적으로 끄집어내는 법

시지각적 사고훈련은 창의적인 자기표현을 향상시킨다. 어떤 대상이나 현상에 대해서 자기만의 독특한 시각을 갖는 것은 그 자체로 남과 다른 독특한 자기 내면의 세계를 반영하는 것이고 그것은 곧 특별한 자기만의 표현이 가능함을 시사한다.

보는 것, 즉 관찰에 대한 예술가의 시각적 인식은 자신의 취향이나 관심, 추구하는 바에 따라 선택된다고 볼 수 있다. 사물을 사실적으로 있는 그대로 보는 방법을 택하거나 그것을 의도적으로 변형하거나 단순화하여 재창조하는 법, 또는 그 사물 자체에서 또 다른 이미지를 찾아내거나 우연적인 결과를 얻어내면서 창의적인 작업을 선택하기도 한다.

흔히 머리가 좋거나 똑똑하며 표현력, 창의성이 뛰어난 아이들은 무엇보다 사물을 정확하게 보고 더 많이 기억하여 표현하며 상징과 비유에 대한 표현력이 뛰어난 특징을 갖고 있다. 모든 사고와 표현은 제대로 보는 것으로부터 시작되기 때문이다. 언어적 사고력이 높다면 대개 시각적으로 표현하는 능력도 높다. 다만 표현에 대한 외적인 억압이나 표현의 기대치에 대한 두려움이 존재하기 때문에 자신있게 자기표현을 다 하지 못하는 경우가 많다. 언어적인 사고와 표현력은 높지만, 시각적으로 표현하는 능력이 부족하다면 더 나은 그들의 창의적 사고와 표현을 더욱더 향상시킬 수 있노록 이 시지각적 사고와 표현 훈련으로 마음을 열어 줄 필요가 있다.

특히 좌뇌적 사고 유형의 아이들에게 더 유리한 언어적 · 논리적 · 분석적 · 추상적 사고를 시각적인 미술표현으로 끌어낼 수 있는 능력을 제공하고 키워 준다면, 그들이 생각해 낸 창의적 사고의 산물들을 보다 더 정확하고 세련된 미적 표현으로 근접하게 표출할 수 있도록 유도해야 한다.

특별히 미래의 유용한 학문의 영역에서 창의성을 발휘해야 하는 과학자나 시대를 이끌어 가야 하는 영재성을 가진 아이들은 특히 시지각적  사고훈련에

익숙해야 한다. 사물을 자세히 보고 잘 그릴 수 있어야 하며 단순한 상상력뿐만
아니라, 상징적이거나 추상적인 이미지표현, 3차원적인 시각적인 창의적 사고와
생산물을 만들어 내는 데 정확성과 섬세함을 필요로 하는 등 시공간을 뛰어넘는
자유자재의 표현력을 요구하기 때문이다.

미술교육에 있어서 시각적 인식의 교육방법은 아이들의 주변 세계로부터의
경험, 자연과 현상, 예술세계로부터 얻어 낸 내용으로 미적 체험에 바탕을 두고
아동들의 시지각 사고와 표현능력을 향상시키기 위해서이다. 아이들의 시지각적
사고를 창출하도록 돕는 방법은 다음과 같다.

- 아이들이 주어진 자연적, 인위적 환경하에서 눈으로 보고 체험하는 가운데
  주제와 배경, 배치, 조화 등 조형요소와 함께 시각적 관계를 이해하면서
  미적 인식을 배운다.
- 아이들 자신의 개념, 관념, 생각, 태도, 느낌, 가치, 그리고 상상력 등 내적
  세계에서 이루어지는 마음과 정신적 가치를 미적으로 인식하며 배운다.
- 아이들이 개인적이나 사회생활에서 얻어지는 지적 판단 및 분별을 미적
  인식으로 수용함으로써 새로운 지적 가치를 미적 감각과 표현으로
  표출하며 사회의 한 구성원으로서 자기존재의 소중함과 타인과의 조화
  등을 인식한다.
- 아이들이 인류의 시각예술 유산을 미적으로 이해하고, 역사와 문화
  속에서 예술가 및 디자이너의 역할과 중요성을 인식하고 배운다. 인류의
  예술문화, 예술가의 작품이나 역사를 통해서 자기작품에 응용해 보고
  자기만의 새로운 창의적 예술표현의 세계를 표현한다.
- 보고 배우는 동안 삐딱하게 틀어 보는 사고, 비틀어 보거나 거꾸로,
  옆으로 보는 법 등 변화를 찾고 시도하면서 남과 다르게 보고 표현하는
  방법을 배운다.

## (4) 시지각적 사고훈련에서 미학의 접근

　　미술교육에서 미학은 초등학교에서 교과 과정의 한 요소의 내용으로서 포함되는 것이 거부되어 왔을 뿐만 아니라, 실제 미술시간에 가르치는 것은 불가능하다고 생각해 왔다. 그러나 아이들도 미술 작품 속에서 생각을 불러일으키는 수수께끼나 문제, 게임 등의 미적 질문 형식을 통해서 미적 인식을 익힐 수 있으며, 미술수업이 행해지는 가운데 자연스러운 미학의 접근은 학생들에게 고정된 시각과 표현을 새롭게 인식시켜 보다 나은 창의적인 작품으로 끌어낼 수 있다.

　　굳이 미학이라는 어려운 말을 쓰지 않고 자연스럽게 아름다움에 대한 눈과 가치, 인식, 태도를 논하는 것이라면 쉽게 받아들여질 수 있다.

　　예를 들면, 아이들이 꽃을 그저 예쁘다고 바라보는 것을 가만히 내적인 눈으로 응시하며 바라본 다음에 어떻게 느끼고 생각하였는지 논한다면 아이들마다 특별한 자기 이미지를 찾거나 상상력을 발휘할 수도 있고 과학적인 시각이나 문학적인 시상 등을 떠올리며 자신의 내적 경험이 바탕이 된 아름다움을 표현해 낼 것이다. 따라서 제대로 볼 수 있는 시간적 여유를 주어야 한다.

　　월트 디즈니의 애니메이션 중 '이상한 나라의 앨리스'에서 앨리스가 소인이 되어 꽃들과 대화 나누는 장면이 있다. 여러 가지 종류의 꽃들이 등장하는데 의인화한 그 꽃들의 이미지는 더 이상 다른 어떤 이미지로 대신할 수 없을 만큼 느껴져서 크게 공감하지 않을 수 없다. 애니메이션 작가는 그 꽃으로부터 유추해 낸 본질적인 자신만의 시각적인 언어인 상상적 이미지로 시각화한 것이다. 모든 사람에게 '아!' 하고 탄성과 공감을 불러일으킨다면 만인이 생각할 수 있는 본질적 표현에 접근한 것이다.

　　시지각적 사고훈련에서 미학의 접근방법은 어떻게 보고 느끼며 생각해야 하는지에 대한 시각적인 물음을 제공하고 미적으로 인식하는 것이다. 다음과 같이 바라보고 느끼고 생각해 보자.

장미 한 송이가 꽃봉오리를 맺고 생명을 다해 꽃잎을 땅에 떨어뜨릴 때까지 그 변화 과정을 들여다보면서

- 꽃잎이 어떻게 구성되어 있는지,
- 꽃잎이 어떻게 벌어지는지,
- 앞뒤, 좌우, 위아래의 위치에서 꽃송이를 살피며 자신의 눈에 어느 위치에서 어느 정도의 꽃 틔우기가 가장 아름답게 보이는지,
- 한 송이 피었을 때와 여러 송이가 어울려 피어 있을 때 어떻게 보이는지,
- 장미 나무에서 본 장미꽃과 꽃가게에 놓여 있는 장미들을 비교해 보고
- 색깔의 변화, 선의 흐름, 명암 등 미술의 조형적 요소로 분석하며,
- 카메라에 아름다운 장미꽃의 자태를 담아 보거나 그림을 그리면서

보는 대상을 통해 무엇이 연상되는지 어떤 생각이 스쳐 지나가는지 자신의 의식을 놓치지 않고 아름다운 이미지를 연상하며 있는 그대로 분석하고 특별하게 보는 훈련이 바로 미적 인식교육이다.

어떻게 아름답게 보고 느끼고 생각하느냐는 보는 사람의 의식과 주관에 달려 있다. 교사는 교사만의 독특한 미적 인식으로 아이들의 시각적 사고를 열어 줄 수 있고, 자신의 주관적 표현방법을 안내하고 시도하면서 아이들에게 미적 인식과 표현의 세계를 자연스럽게 가르쳐야 한다. 마찬가지로 아이들도 교사의 안내에 따라 자기만의 주관과 의식으로 독특한 미적 인식과 표현을 추구해 나갈 수 있어야 한다.

검은 색연필 한 자루로 점, 선, 면에 대한 확실한 이해와 함께 자 유자재로 명암과 색채표현을 하며 선과 악의 이미지를 표현하고 있다. 다른 아이들에 비해 더 많은 시간을 내 수업에 참여해 온 JY는 미적 인식과 표현이 유연하고 세련되었다. 색의 변화, 명암, 여백의 미, 강조 등을 주 관적으로 조절하고 있다. '선과 악'에 대한 주제에 대해 자신만의 사색적인 글로 의미화하고 있다.

죽은 자들의 세계, 알수록 신기한 어둠의 세계, 지옥에 빨려 들어가면 절대 나올 수 없다. 이 아름다운 세상과 영원히 이별해야 하는 곳이다. 하얀색 부분은 아직 마음이 순수하고 착한 이들이 메우지 않아서이다. 하얀 지옥을 만들기 위해 나 스스로 순수하고 착해져야겠다.

한가지 색으로 채색하며 배우는 만다라
(선과 악)-KJY(4학년), 2006

검은 색연필 하나만으로 손목과 손가락의 힘의 조절 로 색의 진하기를 조절할 수 있으며 밋밋하지 않게 점, 선, 면의 터치를 이용해서 면을 구분하고 명암을 조절하며 채색하는 법을 배울 수 있다. 장미꽃 만다라를 검은 색연필로 선택하여 선과 악의 주제로 이미지화하고 있다.

■ 지도 방법

  – 명상적인 분위기를 조성한다.
  – 생각의 실마리를 열어 주기 위하여
    보는 법에 대한 지시문과 만다라
    문양의 복사본을 나누어 준다.
  – 준비한 4B연필이나 검은 색연필로
    흑백의 미를 살리기 위해 연필심의
  굵기와 힘 조절 등으로 선의 강약과 명암을 살리며 점, 선, 면으로 채색한다.
  – 마음이 가는 대로 손을 움직인다. 화면을 다 재우거나 완벽하게 색칠할
    필요는 없다.
  – 만족하면 연필을 내려놓고 들여다보며 마무리하며 의미를 찾는다.
  – 주제를 정하고 그림을 그리며 스쳐가던 마음의 느낌과 생각, 이미지들을
    붙잡아 글로 자연스럽게 내면화한다.

■ 표현 재료

  – 만다라 학습지, 선그림 도구(검은 색연필, 4B 연필 등)

아이들이 나름대로 미적으로 느끼고 판단할 수 있고 비평할 수 있다면, 이젠 주관적인 미적 감각과 판단으로 자기 작품에 응용하는 법을 가르쳐야 한다. 예를 들어 피카소의 작품을 보고 베껴 보는 수준에서 벗어나 피카소의 작품을 분석해 보고 자기만의 눈으로 자기 작품을 만들어 보게끔 해야 한다. 아이들로 하여금 배운 지식과 사고를 응용하고 확산시키는 기회를 열어 주어야 한다.

우리의 미술교육은 대개 어느 특정 작가의 작품을 따라 그려 보자고 제공만 하지 그것을 미적으로 분석하고 가치를 판단한 다음 아이들 나름의 눈과 마음으로 표현해 보도록 안내하지 않는다.

아이들은 보고 베끼는 것보다 자기 방식의 표현을 찾는 걸 더 좋아한다. 개인적으로 나는 보고 베끼는 훈련은 하지 않는다. 아이들에게 보고 베끼며 흉내 내는 일은 무언가 할 수 있는 가능성을 닫게 하고 모방에 익숙하게 하기 때문이다. 급하게 배우고 익혀야 하는 상황이 아니라면, 아이들에게 계속적인 열린 눈과 사고를 유지시켜 주어야 한다. 보고 베끼는 일은 사고의 문이 꽉 닫힌 성인에게나 유용한 일이다.

미학이 관여하는 내용은 철학의 범주에 속하는 내용으로서 그 내용 속에는 미적 경험, 미적 태도, 미술과 같은 개념들이 있으며, 형식주의, 표현주의, 상징주의, 주관론, 객관론과 같은 이론이 있지만, 아이들을 가르칠 때 개념을 애써 설명할 필요 없이 단순하고 평이한 시각으로 이야기하고 대화를 나누듯 자연스럽게 인식시키면 된다. 초등학교 교육에선 어려운 미술용어나 예술용어, 미학적 용어를 이해하고 느낄 수 있는 정도로 제공하면 된다. 사실 새로운 용어 하나만 알 수 있는 기회가 주어져도 아이들은 눈빛이 달라진다. 뭔가 특별한 것을 배우고 있다는 자부심을 느낀다.

아이들에겐 무엇보다 관심을 불러일으킬 수 있는 질문법, 사고법이 중요하다고 볼 수 있다. 무조건적이고 일방적인 감상법이나, 지시적인 설명만으로 가르치면 아이들은 지루해한다. 아이들의 참고작품이나 미술작품들을 직접 보여 주고 같이 느끼고 생각할 기회를 주면서 탐색하면 아이들은 공감하고 마음을 연다.

긴 설명보다 작가와 작품에 대한 간단한 이해를 시키면서 무엇인가를 찾아내게끔 훈련시켜야 한다.

특히 아이들은 자신들의 작품을 앞 칠판에 펼쳐 놓고 평가받는 걸 더 좋아한다. 그러나 만약 잘된 작품을 추려 내기 위해서이거나 잘잘못만 지적하는 평가라면 아이들은 결코 자기 자신을 내놓길 꺼릴 것이다. 잘했든 못했든 아이들은 다른 친구들의 작품과 비교해 보길 원하며, 인정받고 싶어 하고, 교사로부터 한마디의 충고나 지적이라도 받고 싶어 한다. 아이들의 배움에 대한 열린 마음과 바람직한 긍정적인 사세이다. 그러나 충고나 조언의 가르침이 아닌 무시나 지적은 아이들의 마음을 닫게 한다.

아이들은 고차원적인 질문이나 가르침을 받으면 스스로를 높인다. 자존감이 생기고 자긍심을 높여 간다. 자신이 뭔가 특별한 경험을 했다고 믿으며 뿌듯해한다. 학년이 높아 갈수록 스스로를 높여 주는 어떤 경험의 기회들을 아이들은 목말라한다. 그만큼 아이들은 배움에 대한 눈높이가 높아져 있다.

따라서 당연히 미술교육 역시 아이들의 눈높이에 맞추며 따라가야 한다. 물론 아이들의 개별적인 눈높이 수준도 고려해야 할 일이다. 미술교사는 특별히 미술가일 필요도 없고 전문가일 필요도 없다. 미술가라고 해서 아이들로 하여금 미적인 눈높이를 높일 수 있는 게 아니다. 미술에 대한 안목과 미술교육에 대한 관심, 아이들과 눈높이를 맞추며 교감할 수 있으면 초등학교 아이들을 가르치기에 그다지 문제가 되지 않는다. 문제는 아이들에 대한 교육의 고정적인 시각과 아동화에 대한 고정관념으로 가르치는 게 문제이다.

많은 교과를 가르쳐야 하고 지적이고 정서적인 교육에 초석을 다져 주어야 하는 초등학교 교사에겐 이러한 시지각적 사고와 미적인식을 바탕으로한 본질적인 미술교육에 대한 안목은 중요하다. 나아가 학년이 높아질수록 점차 지적인 교육에 더 치중할 수밖에 없는 현실을 고려한다면 초등학교에서 미술을 통한 창의성 교육과 아이들의 정서 함양에 대한 밑바탕 교육은 더 중요하지 않을 수 없다.

미술이나 예술이나 미학이니 하는 그 모든 용어와 이해는 아이들에게 세상을 아름답게 보고 느끼고 생각하는 긍정적인 심성과 사고를 길러 주는 교육으로 안내되어야 한다. 길가에 핀 하찮은 풀 한 포기도 그냥 지나치지 않고 아름답게 바라보고 느낄 수 있는 눈과 무언가 의미심장한 자기만의 의미를 부여할 수 있는 상징과 본질적인 추상성을 찾아내는 눈을 갖도록 가르치기 위함이다. 교육에선 그것이 우선이다. 창의성 이전에 먼저 느끼고 배워야 할 기본교육이다. 그런 다음에 자연스럽게 다른 영역의 창의적인 사고와 표현으로 진보한다. 사물과 현상에 대한 본질과 근원에 대한 물음과 답은 그림이 되고 시가 되고 철학이 된다.

예쁘게 잘 그린 것보단 아름답고 멋있고 세련되고 기품 있으며 특별한 무엇인가를 찾아낼 수 있는 마음의 눈과 표현 능력을 스스로 찾아내는 것이 미적 인식 교육이고 초등학교에서 미학을 가르치는 의미라고 얘기하고 싶다.

① 시지각적 사고를 돕는 철학적 훈련

미술을 통해 철학을 배우는 미학은 아이들에게 미술을 통해서 존재와 현상에 대한 본질과 의문을 갖게 하고 외적인 아름다움과 내적인 아름다움을 향한 근원적인 물음을 제공한다.

이러한 미적인 사고와 인식, 가치, 태도에 대한 철학적 질문과 답에 대해 교사와 아이들은 다음과 같은 사고방식과 표현 방법에 훈련되어 있어야 한다.

- 육하원칙(누가, 언제, 어디서, 무엇을, 어떻게, 왜)의 사고법과 질문에 대한 답을 의식적으로 고려해야 한다. 특히 '무엇을, 어떻게, 왜'라고 하는 질문과 답에 대해 확산적으로 사고하는 법에 익숙해야 하며
- 사물과 현상에 대해 있는 그대로 볼 수 있어야 하며
- 진실과 진리에 대한 의미로 바라볼 수 있어야 하며

- 꾸미지 않은 단순명쾌한 질문과 답을 하며
- 불확실한 생각이라도 의미를 부여할 수 있어야 하며
- 어떠한 가능성이라도 놓치지 않아야 하며
- 의문들을 중시하며 반드시 알아내는 습관을 가져야 하며
- 무언가 알아내고자 하는 호기심을 가져야 하며
- 자신의 말을 의식하며 합리적으로 얘기해야 하며
- 대충 넘기지 않고 항상 새로운 것에 대한 경이감을 가져야 하며
- 자기만의 특별한 생각을 찾아내고
- 치우치지 않는 관조를 중히 여기며
- 자신의 생각에 대한 가정과 예상을 고려하며
- 이유나 근거를 들어 자신의 생각을 밝힌다.

② 시지각적 사고를 통한 미적 인식 훈련을 돕는 철학적 훈련

또한 철학적 질문과 답을 하기 위해 학생들은 다음과 같은 몇 가지 철학적 기능들을 익혀야 한다.

- 깊이 사색하는 습관을 갖고 신중하게 말하며
- 적절한 언어를 사용해야 하고
- 추상적 사고는 적절한 비유를 들어 쉽게 풀이하며
- 합리적으로 토론하는 법을 익혀야 한다.
- 의견과 논쟁을 구별하며 상대방의 생각을 존중한다.
- 가능성과 예측에 대한 상상을 시각적으로 이미지화하고
- 언어에 담긴 함축된 의미를 잘 파악해야 하며
- 정의 내에서 필요조건과 충분조건을 분석하며
- 논리적인 사고로 분명하고 명쾌하게 표현해야 한다.

③ 시지각적 사고를 통한 미적 인식 훈련을 위한 유의사항

이러한 기능과 목표들은 일반적인 철학의 관점과 다르지 않다.

미술교육에서 이러한 미적 인식을 돕는 훈련에 적용하기 위해서는 다음과 같은 철학적 사고를 위한 경험 방법의 본질적인 5가지 요소가 필요하다.

- 활동에 적극적으로 참여할 수 있는 실제적인 경험 상황과 분위기가 제공되어야 한다.
- 실제적인 경험 상황하에서 어떤 구체적인 문제가 전개될 수 있도록 사고를 자극하고 동기를 유발시켜야 한다.
- 아이들이 그 문제를 다루는 데 필요한 정보와 지식을 동원하여 더 깊고 넓은 사고를 할 수 있도록 한다.
- 자기의 머리에 떠오른 해결의 실마리를 학생이 정연하게 체계적으로 전개하고 정리하는 책임을 지도록 한다.
- 학생은 자기의 관념(해결법)을 적용하여 응용하거나 적용해 볼 기회를 갖게 한다.

# 4. 그림과 언어의 상관에 의한 내적 표현

언어기술과 시지각기술의 결합은 인간의 창조적 사고와 표현에 반드시 필요한 토대가 된다. 이러한 이중기능이 서로 대등한 체계로서 동시에 훈련된다면, 한 가지 사고방식은 또 다른 방식을 향상시키며, 한 차원 더 높은 창의적 사고와 표현을 향상시킨다.

미술표현은 아이들의 내면의 눈과 마음으로부터 그들의 의식과 무의식, 잠재의식 속에서 이뤄지는 지적, 정서적 활동과 경험, 특성, 환경, 사회, 문화 등을 반영하며 과거와 현실, 미래 사이의 꿈과 이상을 표현하는 내적 표현이다.

대개 아동미술을 유희적, 놀이적 표현으로 보거나 지적, 정서적 발달단계를 진단하고 측정하는 도구, 근래에는 심리를 진단하거나 치료를 위한 목적으로 치료교사의 상담에 의해 아이들의 정신적 억압과 해방을 돕는 정도의 내적 표현으로 머무는 경우가 많다. 그리고 그 진단과 평가는 아동들 개인마다의 내적 세계를 읽어 주고 조정하기보다는 미술교육 연구자나 심리학자들의 통계에 따른 평가에 의존해 진단하고 평가하는 경우가 많다.

아이들은 성인과 마찬가지로 저마다의 개성과 잠재능력, 특별한 지적, 정서적 활동과 경험을 내면에 저장해 두고 있으며, 필요할 때 각자 나름의 시각과 철학으로 자기만의 이미지를 끄집어내어 조합시키며 표현한다. 인간은 누구나 자기만의 세계를 설정하고 그릴 수 있으며 그것을 가장 잘 이해하는 사람은 본인 자신이다. 어느 누구도 본인만큼 자기 자신을 잘 알지 못한다. 눈으로 보이는 시각적 언어인 그림도 그려낸 본인만이 가장 잘 이해할 수 있다.

그림은 자기만의 느낌과 생각, 의미를 드러낸 내적표현이며 이 내면의 스치는 시각 이미지들을 아울러 글로써 내면화하는 일은 자신의 본질적인 내면을 외적으로 적나라하게 드러내 줄 수 있는 중요한 의미의 내적 표현활동이다. 예술로서 가치화하고 승화시키는 작업에 있어 제목이나 의미를 굳이 언어로 나타내느냐 마느냐의 의미는 본인이 결정할 일이다.

아이들이 그림을 그리는 동안, 내면에서 일어나는 시각화 작업을 그림으로 그리고 글로써 그대로 드러내는 내적 표현 활동은 또한 다른 사람과 공감대를 형성할수 있는 방법이 되기도 한다. 또한 그린 작품에 대해 동감하거나 전혀 다른 눈으로 보는 방법은 또한 보는 사람의 자유에 의해서 판단되어진다. 그렇게 비교하면서 또 다른 미적인 이해와 재미를 얻기도 한다.

내적 사고는 시각적 언어로서 이미지이고 영상이며 그림이다. 그리고 그것은 동시에 언어로도 표현되기도 한다. 그림과 언어는 내적 사고에 대한 같은 개념과 이미지이며 상징이다. 그러나 내적 사고가 독창적일 때, 언어적인 표현보다 시각언어인 그림표현이 보다 더 독특한 내적 사고를 상징적 표현으로 그려 낼 수 있으며, 이 독창적인 사고를 창의화할 때는 스스로 더 내적인 자유로움과 역동성을 필요로 한다.

그림 그리기는 시각적 사고의 마음을 열어 놓고 자신의 영혼과 특별히 느끼는 지각을 융합시키며 상상력을 불러일으킨다. 그림 그리기는 그리는 사람의 존재와 마음을 중재하는 행위이다. 시각적 사고를 통해 자의식의 영감과 미술적 이해가 어우러져 표현되는 것이다.

그러나 오늘날 예술은 미적 지각 대상으로서뿐만 아니라, 사고와 언어적 감수성의 범주적 이해의 유형으로 확대되어서 예술에 대한 철학적 의미와 가치를 보여 주기를 원한다. 그러므로 예술에서의 언어적 기능 또한 필수적이다. 왜냐하면 모든 지식이나 학문은 인간의 이성과 사고에 의해 결국 언어로써 표현되기 때문이다. 더구나 추상적 개념이나 표현은 구체적인 언어로 표현되어야만 속 시원한 이해를 할 수 있다. 언어는 본래의 예술작품을 더 잘 묘사할 수 있을 뿐만 아니라, 구체적인 이해를 돕기 위해 부연적인 설명을 필요로 한다. 작품에 대하여 더 보완적인 요소가 될 수 있고 비평의 의미를 지니게도 한다.

그러나 본래의 표현에 대한 느낌과 의도를 정도 이상으로 언어적 표현을 하다 보면 과시나 포장을 하게 됨으로써 본래의 의미를 상실할 수도 있다. 언어예술(문학작품) 아닌 예술작품에 지나친 언어적 개입과 표현은 본질을 흐리게 할 수 있을 뿐만 아니라, 감상자에게 예술가의 주관을 지나치게 주입하게 되는 경우가 생길 수 있다.

아이들에게 있어 그림이란 가장 자유롭고도 창조적인 언어이다. 어린 아이들은 아직 충분한 어휘력을 가지고 있지 않기 때문에 자신들의 감정과 생각을 그림으로 자연스럽고 쉽게 표현한다. 또한 발달단계의 수준을 고려하여 언어표현의 수준도 그다지 기대하지 않기 때문에 몇 마디의 단순한 언어표현으로도 충분한 매력을 끌어당긴다. 그러나 지적 수준이 높아질수록 어른들은 아이들의 그림과 언어적 표현에 대하여 더 높은 수준을 기대하게 되고 아이들은 이에 대한 강박 관념이 생겨 그림과 언어의 자기 표현에 대한 부담감을 느끼기 시작한다. 그래서 많은 아이들은 그림과 글을 쓰는 일을 귀찮아하거나 대충 형식적인 자기표현으로 끝내고 만다.

시각적 이미지를 잘 찾아내고 유추해 내는 아이들이 좋은 그림을 그리고 좋은 글을 쓴다. 또한 이러한 시각적 이미지를 유추하는 능력이 높은 아이들은 다른 학과 성적도 높다. 왜냐하면 시각적 이미지를 유추해 내는 능력은 고도의 순간적인 집중력과 통찰력을 필요로 하기 때문이다. 마찬가지로 유추해 낸 비유나 상징은 높은 사고력과 지적 수준을 보여 준다.

이렇게 시각적 이미지를 유추하여 상징과 추상적 표현에 익숙한 아이들은 논리적으로나 시적으로든 어느 분야에서든 표현에 구애를 받지 않는다. 시각적 유추는 일종의 분석과정으로써 그 이미지를 알쏭달쏭하게 그림으로 그려 내는 과정은 우뇌적 사고에 의한 표현이고, 글로 표현하는 과정은 좌뇌적 사고에 의한 표현이기 때문이다. 이미지를 유추하여 상징적, 추상적 표현으로 표현하는 과정에서 논리적으로 사고하기도 하고 감각적으로도 사고하는 과정을 배우기 때문이다.

아이들로 하여금 어떤 개념이나 주제에 대해 그림과 글로 표현하라고 했을 때, 먼저 그림보다 언어적 표현이 앞서면 그림이 자연스럽지 못한 경우가 많다. 생각을 여는 방법을 터치하지 않으면 글을 써내려가는 과정 중에 좌뇌적 사고가 형식적 문장과 구조와 틀을 설정하기 때문이다. 영상적인 감성적 이미지가 좌뇌적 사고에 지배당하기 때문이다. 따라서 글을 쓴 다음에 그린 그림은 왠지 모르게 형식화되고 틀에 갇힌 그림처럼 보이는 경우가 많다.

언어는 창의적 사고와 표현의 이해를 돕는 필수적 표현도구이다. 말로보다 먼저 글로 쓰게 함은 더 본질적이며 상징적, 추상적, 철학적 이미지를 찾는 데 더 쉽고 빠른 방법이다. 이는 사색과 명상의 훈련이며 이런 훈련 후에 말과 문장으로 하는 언어표현은 함축된 그림의 생각들을 풀어내기도하고 요약하면서 주제의 초점을 찾아가게 된다.

그리기와 글쓰기 교육은 내적 표현 교육의 기본이다. 동행하면 더 유리하다. 일반적으로 시각적 이미지를 언어화하는 것은 시, 수필 같은 문학작품이과 일기 등이며, 언어를 시각화하는 표현은 독후 감상화, 시화, 만화, 삽화, 광고 같은 표현방법이 있다. 이렇게 시각적으로 이미지화된 시각언어를 다양한 글쓰기 방법으로 언어화하거나 언어를 시각적인 표현방법으로 시각화하는 방법을 통해서 통합적인 내적표현의 예술교육을 실천해 나갈 수 있다.

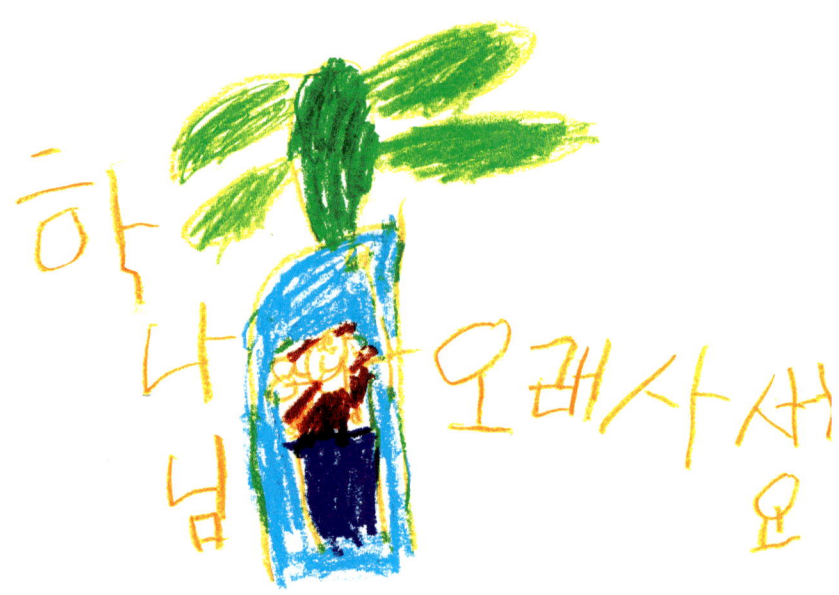

**생각대로 그린 그림-KTG(6세), 2003**

성경에서 얘기하는 영원한 존재의 신, 하나님에 대해 6살된 아이의 마음의 눈은 "하나님, 오래 사세요."라고 소망한다. 풍차 속의 하나님이 풍선을 터뜨려야 풍차가 돌아갈 수 있다고 상상한다.


6살 무렵의 TG가 교회에 다녀와서 혼자서 자발적으로 그린 그림이다. 이 시기까지 단 한번도 자발적으로 그림을 그려본 적이 없는 아이가 처음으로 보여준 그림이다. 그림 속엔 아이의 생각이 들어 있고 반드시 아이의 생각을 읽어 주어야 한다.

이 시기에 몇 장의 자발적인 그림을 그리곤 했다. 이사온 후, 새로운 교회에 대한 느낌이 좋아서인지 종종 교회에 대한 그림을 그리곤 했다. 아직 글을 혼자서 쓸 줄 몰라서 그린 그림의 내용을 묻고 난 후, 아이의 요청에 따라 "하나님, 오래 사세요." 라는 글을 써주었고 TG는 그림 여백에 노란색 크레용으로 글씨를 따라 크게 그려 넣었다.

파란색과 녹색을 선호하는 TG는 이 그림에도 자신의 색깔을 선택했다. 건드리는 걸 싫어하는 TG는 외적인 교육의 효과를 보지 못하는 편이다. 스스로 내켜야 하는 성격이라서 배움의 과정이 더딘 편이다. 이 꼬맹이 같은 하나님의 인물표현은 14살인 이 즈음에도 심심찮게 등장한다. 생각이 자라지 않은 것처럼 유치해 보이기도 하지만, 때묻지 않은 자기표현의 그림을 그릴 수 있으며, 미국학교 미술 수업을 통해서 뒤늦게나마 조금씩 미적인 눈을 열어가고 있는 중이다. 미적인식훈련이 안된 TG는 종종 주어지는 프로젝트 과제에서 미적표현의 한계를 느꼈는지 어느날, 왜 자신에게는 누나처럼 미술교육을 시키지 않았냐고 내게 하소연했다. 자신의 고집을 탓하지 않고 강제로라도 자신을 위해 미술을 가르쳐야 했었다고 주장했다.

아직 어린 나이엔 무엇을 그렸는지 왜 그렸는지 조심스럽게 생각을 끄집어내어 교사나 엄마가 빈 여백이나 뒷면에 글로 남겨 두면 우리가 읽지 못한 아이의 내면을 읽을 수 있다. 영원한 하나님에 대한 존재를 나름대로 생각했을 수도 있으며, 모든 일을 주관하신다는 하나님의 존재에 대해 교회에서 들은 얘기를 떠올려 풍차와 관련시켜 상상했을 수도 있다. 풍차가 움직이기 위해서 어떤 동력이 필요한데 그 힘을 풍선의 공기압력에 의해서라고 상상하고 있다. 또 풍선을 터뜨리는 주자는 '하나님'이라고 설정하고 있다. 우뇌적인 사고에 치우친 성향이지만, 나름 논리적이고 과학적인 사고를 하고 있다. 어눌한 인물표현이지만, 하나님이 풍선을 터뜨리기 위해 살짝 튼 동작이 그럴듯하지 않은가.

# 아이들과 같이 배우는 미적 인식 훈련

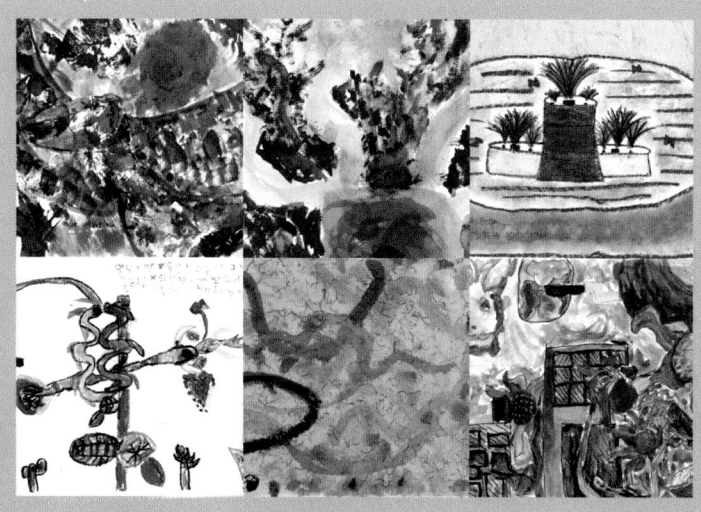

# 1. 점을 인식하며

점, 선, 면의 의미와 상관관계를 가르치는 것은 미술교육에서 가장 우선적이고 본질적인 이해교육이다. 아이들이 세상을 보고 인식하는 눈이 되고, 아이들의 사고와 표현을 위한 기본적 이해이다. 제대로 보고 느끼고 생각하고 표현하는 능력과 함께 본질적 이미지를 추출하고 형상화하는 능력의 바탕이 된다. 학년 단계에 따라서 점이 모여서 선이 되고 선이 연결되어 면이 된다는 기본원리로부터 점, 선, 면의 인식에 대한 고찰을 높여 갈 필요가 있다. 미적 인식 훈련에 있어서 점, 선, 면에 대한 조형인식 훈련은 미술수업 표현수업 이전에 가르쳐야 할 가장 필수적인 미적 훈련이다.

〈참고이론서: 칸딘스키 『점, 선, 면』〉

# 1) 점에 대한 미적 인식

## (1) 이론 이해

세상은 점으로 이루어져 있음을 인식시킨다. 지구, 별, 태양조차도 우주의 한 점임을 인식시킬 수 있고 교사 나름의 지식과 경험을 토대로 아이들의 호기심을 자극시킬 수 있다. 수학적 의미로부터 점과 점이 만나 선이 되고, 그 선 속에 수많은 점이 빼곡히 가득 차 있음을 인식시킨다. 점만으로도 그림을 그릴 수 있고 채색표현을 할 수 있다.

## (2) 실마리

눈을 감고 조용히 자신의 기억 속을 더듬어 본다.

– 자연과 일상 주변에서 수많은 **점들**을 볼 수 있다.
– 주변을 돌아보거나 기억을 떠올려 보자.
– 남들이 떠올리지 못할 나만의 독특한 아름다운 눈으로 점의 세계를 찾아보자.
– 언제 어디서 무엇을 보았는가?
– 어떻게 보였는지 왜 아름답게 느껴졌는가?

동그란 점만이 점이 아님을 인식시키라!

## (3) 아이들의 시각언어와 표현

떠올린 점으로 인식한 시각적 대상과 현상의 이미지를
5개 선택해 그림과 글로 내면화한다.

- 5칸으로 나눈 A4 용지를 준비한다.
- 간단한 선 그림 도구를 선택하여 5개의 이미지를 각각 칸에 그려 넣는다.
- 각각의 이미지를 그림으로 그리면서 떠올린 느낌과 생각 등을 자연스럽게 글로 내면화한다.
- 육하원칙에 의한 미적 인식의 물음으로 자연스럽게 글을 쓰면서 내면화한다. 무엇으로 보였는지. 왜 그렇게 느끼고 생각하는지에 대한 물음에 강조점을 두고 자기 인식에 몰입하도록 한다.
- 다 그린 다음에 시적인 주제를 정하여 본다.

개방적 사고를 위하여 5칸으로 나누지 않고 종이를 임의대로 공간을 활용해서 미적으로 구성해 본다.

자유표현을 위하여 글과 그림의 영역을 구분하지 않도록 한다.

5개의 주제를 함께 연상하여 재미있는 상상으로 공간을 구상하여 본다.

## (4) 시각적 이미지들의 예

- 해바라기 꽃 속에 박힌 씨앗
- 별무리
- 아빠의 깎은 수염
- 약병 속에 들어 있는 알약
- 잘 익은 탐스러운 포도송이와 다 먹고 난 후의 뼈다귀 포도송이에 남은 흔적

## (5) 유의할 점

- 옆 친구를 돌아보거나 질문으로 인해 몰입 분위기가 흐려지지 않도록 유의한다.
- 교사는 작고 부드러운 소리로 아이들 사이를 오가면서 두 번쯤 반복해 방법을 지시한다.
- 틈틈이 아이들의 그림을 들여다보며 특별하게 보았던 그 순간을 떠올려 보게 한다.
- 주변의 작은 점 하나도 아름다운 미적 인식과 표현의 대상과 방법이 될 수 있게 한다.

제대로 보고 느끼고 생각하며 아이들의 아름다운 눈을 높여라

# 2) 마음을 여는 미적 인식 훈련

■ 표현 재료

A4용지, 2B, 4B연필, 크레파스, 사인펜 등 선 그림 도구

–밀가루, 소금, 설탕, 모래, 자갈과 같은 알갱이 소재

–실로폰 등 소리의 강약을 조절할 수 있는 악기, 음악 CD

## (1) 실물대상을 표현하여 보자

- 5칸으로 나눈 A4용지를 나누어 주고 밀가루, 소금, 설탕, 모래, 자갈과 같은 점의 소재로 시각적 경험에 대한 인식을 표현한다. 또는 임의적으로 공간을 활용하도록 한다.
- 알갱이의 한 점만 생각하지 않고 쌓여 있을 때나 뿌려질 때의 현상, 종류 등을 기억하여 자기만의 다양한 점으로 표현한다.
- 각각의 소재에 대한 분석과 점 표현을 그리는 동안 스쳐갔던 생각들을 붙잡아 글로 내면화한다. 과학적 분석과 함께 자기만의 미적 인식을 놓치지 않도록 한다.
- 실물을 보여 주고 만져 보거나 맛을 느끼는 등 다양한 경험을 하게 하면 아이들에게 더 분명한 인식의 경험을 제공할 수 있다.

교사 나름의 흥미 있는 소재나 아이들이 떠올린 독특한 소재를 제시하여 점의 크기와 느낌 등을 떠올려 새롭게 인식하고 표현할 수 있다.

## (2) 점점 큰 점으로 그려 보자

– 실로폰 등 소리의 강약을 조절할 수 있는 악기나 음악 CD를 들려주고 소리의 세기를 점으로 인식시킨다.
– 아주 작은 점에서 출발하여 점점 커져 가는 10개 정도의 점을 그려 본다.
– 아이들이 알고 있는 동그라미나 원도 하나의 점으로 인식시킨다.
– 조금 퍼지거나 삐죽한 형태의 점도 있음을 상기시켜 준다.
– 고정관념의 수평적인 구도뿐만 아니라 수직적 구도, 대각선 구도 등 각자의 선택에 의해서 직선적인 방향을 설정하고 미적으로 의미화한다(좌뇌적 구도와 표현).
– 무엇인가를 연상하면서 이미지를 찾아내며 표현하고 글로 내면화한다.

확산적 사고를 위하여: 단일화된 구도나 색채 선택에서 나아가 겹치기 점의 효과를 내보거나 다양한 색을 선택하여 색채인식의 효과를 낼 수도 있다.
다양한 재료를 통해 점에 대한 미적 인식과 표현을 넓힐 수 있다.

**Tip**

흔히들 점이라 하면 아이들은 아주 작은 이러한 …… 와 같은 수평적인 점만 떠올린다. 수직으로 세워놓는 점, 대각선, 소용돌이 방향, 자유자재의 방향을 선택할 수 있음을 인식시킨다. 수학에서 동그라미나 원의 개념을 배우면서 생긴 고정관념이다. 점을 동글동글한 원으로만 인식하고 있는 아이들의 고정관념을 조금 다른 형태의 점을 보여 줌으로써 닫힌 사고를 열어 주고 사물을 보는 미적인 눈을 높일 수 있다. 이를 통해 공간지각과 대상의 움직임과 변화, 균형 등의 미적 요소를 인식하게 된다. 우리가 배운 의식 속엔 크기의 변화를 인식함에 있어 꼭 직선적이거나 수평적인 시각의 방향으로 보는 사고가 고정화되어 있다.

## (3) 점점 작은 점으로 그려보자

– 위의 '점점 큰 점으로 그려 보자'와 같은 방법으로 표현한다.
– 단순한 놀이나 재미로 인식하는 게 아니라 자기내면의 깊은 세계로 몰입하는 가운데 얻어지는 표현이어야 한다.
– 생각과 표현이 자유로워지도록 리드미컬하게 마음과 손이 가는 대로 방향을 움직여 나간다(우뇌적 구도와 표현).
– 음악을 들려주거나 악기소리를 들려주고 표정과 신체표현으로 음악적 감각에 반응해 본다.
– 점 표현을 하는 동안 스쳐 지나간 느낌과 생각들을 잡아 시적으로 써 보고 제목을 정한다.

**Tip**

왼쪽에서 오른쪽으로 점점 크게 표현하는 방법은 거의 모든 사람들이 무의식적으로 선택하는 표현방법이다. 결과는 같을지라도 늘 왼쪽에서 시작하는 방법에 익숙해 있다면 의도적으로 반대 방향에서 거꾸로 그려 보자. 고정관념에서 벗어나는 방법이다. 반대로, 거꾸로 생각하는 방법은 닫힌 사고를 열어 주고 창의적 사고와 표현으로 자연스럽게 이끌어 간다.

제대로 보고 느끼고 생각하며 아이들의 아름다운 눈을 높여라

## (4) 간단한 형상을 점으로 스케치하고 점으로 채색해 보자

- 특별해 보이는 주변의 간단한 사물이나 마음 속 이미지를 확실한 윤곽선 대신 점으로 스케치한다.
- 그 형상에 선택한 드로잉 재료로 점을 채워 본다. 찍기 도구나 손가락으로 찍는 방법도 재미있다. 항상 옆 사람과 다른 자기만의 방법을 선택하도록 강조한다.
- 점을 통해서 명암인식을 할 수도 있고 색의 대비 등의 미술의 조형이론을 인식하여 미적으로 표현하도록 한다.
- 단순한 표현일지라도 항상 특별한 자기만의 의식과 의도 등이 개입된 글로 표현한다.

**Tip**

연필심을 조절하거나 물감의 농도를 조절하면서 명암의 효과를 낼 수도 있다. 페인트칠을 하듯 단순하고 평범한 색칠하기가 아니라 독창적인 미적 효과를 나타낼 수 있도록 유도한다.

## (5) 스케치 없이 간단한 형상을 점으로 표현해 보자

– 주변의 간단한 사물이나 생각을 스케치 없이 점으로 채워 나가며 형상화한다.

– 안에서 바깥으로 점을 채우며 형상화하자.

– 형상을 만들어 가면서 점으로 표현하기 때문에 신중을 기해야 한다.

– 독특한 자기표현 방법을 찾게 한다.

– 옆 사람을 돌아볼 시간적인 여유가 없도록 긴장을 늦추지 않는다.

– 왜 이런 형상을 떠올렸는지 의미를 찾고 스케치 없이 형상화해 나가는 표현에 대한 생각을 글로 써 본다.

**Tip**

그림을 스케치하고 채색하는 방법은 아이들을 틀에 가두게 한다. 크레파스로 그림을 그릴 때조차 아이들은 연필로 반드시 스케치해야 한다는 고정관념을 가지고 있다. 스케치 없이 바로 그림을 그리면 잘 그려야 하는 부담감에서 벗어나서 의외로 자연스럽고 편한 그림을 그린다. 특히 물감이나 먹물로 바로 점을 채워 넣으며 형상화하는 작업은 쉽고 빨리 끝낼 수 있는 재미있는 방법이다.

## (6) 원하는 그림을 점묘법으로 그려 보자-응용, 마무리, 확인

지금까지 배운 점에 대한 인식을 응용해 마무리 확인하는 과정이다. 아이들이 그리고 싶은 주제를 자유롭게 선택해 점묘법으로 유감없이 표현하게 한다. 그림을 그리는 과정에서 계획과 의도, 느낌, 감정을 글로 남겨 글과 그림의 자기표현으로 작품화한다.

**Tip**

– 굳이 가득차게 그려야 함을 강요하지 않아야 한다.
– 점이 크기, 형태, 색깔로 형상화, 이미지화함에 자유로워야 한다.
– 재미와 함께 의미가 담겨있는 점묘화여야 한다.

# 3) 아이들의 표현 작품

## (1) 교육적 효과

아이들 미술표현에 있어서 가장 기본적인 출발점인 점을 더 이상 가볍게 여기지 않는다. 아이들은 이제 작은 것도 소홀히 넘기지 않고 사물을 있는 제대로 바라보는 눈을 갖게 된다. 보이는 현상이나 실물, 자연, 예술의 모든 표현이 작은 점 하나로부터 시작하는 것을 인식하게 된다. 작은 점 하나로부터 대상이나 현상들을 아름답게 보는 눈을 갖는다.

## (2) 보여 주는 방법

- 참고작품으로 예시해야 할 경우, 아주 간단한 설명과 함께 잠깐 보여 주어야 한다.
- 아이들마다 다른 생각과 표현의 다양성을 보여 주는 정도여야 한다.
- 주어진 소재표현에서 동질감을 느낄 수 있다.
- 보는 법, 느끼는 법, 생각하는 법을 배운다.
- 생각과 표현의 자유로움을 배운다.
- 수업 정리 시간에 아이들 그림을 칠판에 제시하여 각자의 다양한 생각과 표현력을 들여다 본다.

제대로 보고 느끼고 생각하며 아이들의 아름다운 눈을 높여라

## (3) 아이들 작품 모음

### 작품 |

이 작품은 5살 여아 SA가 그린 것이다. 큰 아이들과 다름없이 점, 선, 면에 대한 미적 인식교육을 시켰는데 자기 나름의 시지각적 사고를 보여 주고 있다. 사물인식에 대한 점의 크기와 표현방법이 각각 다르게 표현되었다.

SA는 이미 이 시기에 글을 읽고 쓸 수 있었다. 가늘고 굵은 선, 연필심을 뉘어 미적인 선을 시도하고 있다. 용기 안에 담긴 물질들을 기억하며 그리고 있다.

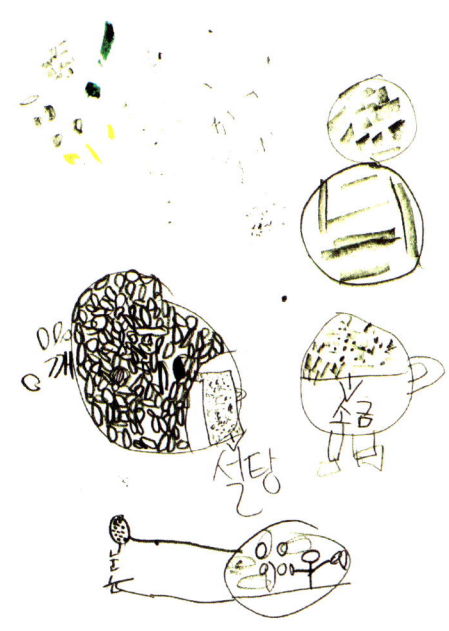

사물인식(점으로 표현하기)-CSA(5세), 2002

5살도 생각하고 느끼는 것을 다 끌어내어 표현할 수 있다. 내면의 내재된 경험을 끌어내 주어야 한다. 그래야 생각이 넓어진다.

■ 지도 방법

- 점에 대한 이론을 간단히 설명한다.
- A4용지를 나누어 주고 본인이 알고 있는 설탕, 소금, 밀가루, 곡식 등이 알갱이를 점으로 인식한다.
- 알갱이의 크기와 모양을 떠올려서 나름의 점 표현을 하도록 안내한다.
- 틀(컵, 접시, 병)에 넣은 알갱이를 그리든 물질들만 그리든 자유의지에 따른다.
- 종이에 칸을 나누어 줄 수도 있고 공간을 자유롭게 활용하는 방법도 있다.
- 동시에 점의 다양성과 표현력, 색채인식을 의식하며 독특성을 찾게 한다.
- 글을 쓸 수 있다면 구체적인 의미를 글로 남기게 한다.

학년의 수준에 따라서, 수업목표에 따라서 실물을 직접 보고 점을 인식하거나 기억 속에서 끄집어내어 점의 이미지를 표현할 수 있다.


■ 표현 재료

 – A4용지, 선그림 도구


작품 II

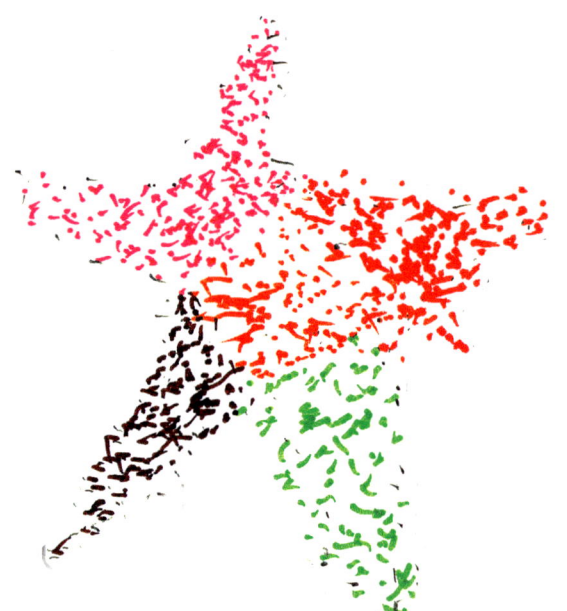

사물인식(점으로 그리고 점으로 면 채우기)
-KJY(7세), 2002

알록달록 점을 채우고는 무지개별이라 한다.

이 별은 7살 JY가 점으로 그린 무지개별이다. 스케치를 하지 않고 점으로만 인식하며 형태를 그리고 면을 채우도록 해 보았는데 알록달록한 사인펜으로 콕콕 찍어 자기 생각을 펼쳤다. 불완전하지만 별 하나를 다양한 색으로 인식할 수 있음은 미적 이해에 대해 마음을 열고 있음이다. 스케치를 하지 않고 별 들의 점을 채워 그리다 보니 별모양이 틀어졌다.

■ 지도 방법

‑ 윤곽선을 그리지 않고 자신이 그리고 싶은 형태를 점으로 채워 나가며 형태화한다.

‑ 다양한 색깔로 점을 채우며 점을 인식한다.

‑ 점의 크기, 색깔 등에 구애받지 않고 자유의지에 따르게 한다.

‑ 주제를 정하고 글로써 의미화한다.

‑ 재료에 구애를 받지 않게 한다. 시행착오를 통해 표현기법을 익혀 나간다.

**Tip**

반듯하고 정형화된 별을 그리지 않았다고 지적하지 마라. 누가 진짜 별을 보았는가? 우리가 늘 습관적으로 그리는 별은 누가 만든 것인가? 과학적인 사실로 별의 형태나 빛의 다양함을 인식시키고 상상력으로 확산시켜라.

■ 표현 재료

‑ A4용지, 선그림 도구

## 작품 Ⅲ

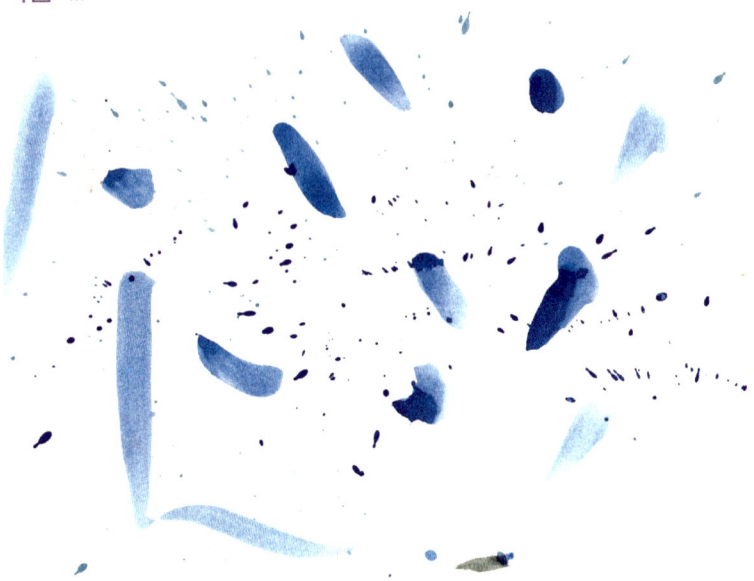

**'여름'에 대한 색채 이미지 표현—KJH(2학년), 2002**

여름에 대한 이미지에 대해 비가 많이 오는 날을 떠올렸다. 빗방울은 실제 파란색이
아니지만 여름날에 내리는 빗방울은 특히 시원한 느낌을 갖게 하므로 아이는 파란색을
택했을지 모르겠다.

수채표현으로 비 오는 날의 이미지를 표현했다. 굉장히 간단하게 찍어 놓은 점
같지만, 가만히 들여다보면 빗방울이 위에서 아래로 떨어지는 모습을 높은 건물
위에서 내려다보는 듯하다. 물에 대한 관념으로 파란색을 선택한 듯하다. 약간의
긴 선도 보이지만, 빗줄기와 빗방울에 대한 자기 나름의 인식을 그대로 표현했다.
화면을 가득 채우려고 애쓰지도 않았다. 굵고 긴 점 터치는 바로 눈앞에서 떨어지는
큰 빗방울이고 작은 점 터치는 땅으로 떨어져 멀어져 가는 원근감과 후두둑
떨어지는 속도감을 느끼게 한다.

제대로 보고 느끼고 생각하며 아이들의 아름다운 눈을 높여라

■ 지도 방법

- '여름'에 대한 색채인식과 계절의 이미지를 떠올려 본다.
- 점, 선, 면 터치의 방법을 떠올려 수채물감으로 이미지화한다.
- 화면을 다 채우거나 비우는 일 등은 개인의 미적 인식과 미적 효과를 고려해서 선택한다.
- 이미지의 표현에 만족하면 과감하게 붓을 놓는다.
- 빈 여백에 스쳐 지나간 머릿속의 느낌과 생각, 이미지들을 글로 내면화한다.

■ 표현 재료

- 8절 도화지, 수채화 도구

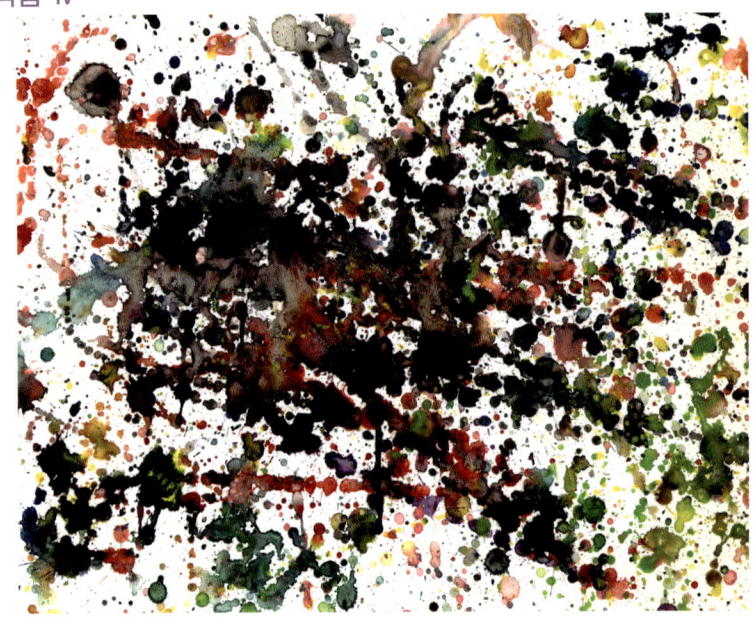

**잭슨 폴락처럼 물감 뿌리기—YJH(6세), 2001**

실제 그림은 분홍과 연두빛 그림 때문에 흐드러지게 핀 복숭아 꽃밭 같다. 연두
색이 곁들여져 상큼하다. 붓을 어떻게 뿌리느냐에 따라 물방울의 흐름이 점으
로 찍히며 화면을 구성한다.

6세 JH가 물감을 뿌리며 방울방울 튀는 점표현의 효과를 미적으로 인식하고
있다. 물감이 마르지 않은 상태에서는 물감이 서로 만나 다른 색으로 변하며 번지는
효과를 체험하면서 색깔의 조화를 의식하며 물감을 뿌렸다. 의도적인 미적 인식
없이 경험과 놀이식으로 물감을 뿌리면 색깔은 뒤엉키고 어수선한 표현으로 끝나고
만다. 분홍과 연둣빛 계열 때문에 복숭아꽃이 만발한 상큼한 봄을 연상케 한다.
표현주의 작가 '잭슨 폴락'은 미적인 의도, 계획, 예측을 고려하며 물감을 뿌려서
반우연적인 작품을 완성했다. 우연의 효과를 의도한 작가의 미적 인식이 개입된
것이다.

■ 지도 방법

- 잭슨 폴락의 작품을 보여 준다.

- 조그만 수업 공간에서 8절 도화지에 수채물감을 뿌리므로 옆 친구에게 튀지 않도록 주의한다.

- 놀이가 아닌 작품을 위한 의도적인 우연의 효과를 얻는 활동임을 강조한다.

- 물의 농도와 붓을 잡고 뿌리는 손목의 힘을 조절해서 뿌리기의 강약 효과를 볼 수 있도록 한다.

- 작가의 작업장과 달리 주어진 수업공간에서 8절 도화지에 뿌리므로 주의를 요한다.

- 장난이 아닌 작품을 위한 의도성에 의한 우연의 효과를 얻는 활동임을 강조한다.

- 물의 농도와 뿌리는 힘을 조절해서 점의 효과를 볼 수 있게 뿌린다.

- 마를 정도의 시간도 고려하면서 여유 있게 뿌린다.

- 뭔가 그럴싸함이 느껴지는 미적 효과가 느껴질 때 붓을 내려놓는다.

- 화면을 사방전후좌우로 돌려 보아 느낌을 달리하며 재미있는 이미지를 찾는다.

- 뒷면에 마음의 글을 남기다.


■ 표현 재료

- 잭슨 폴락의 작품, 수채도구와 종이

작품 V

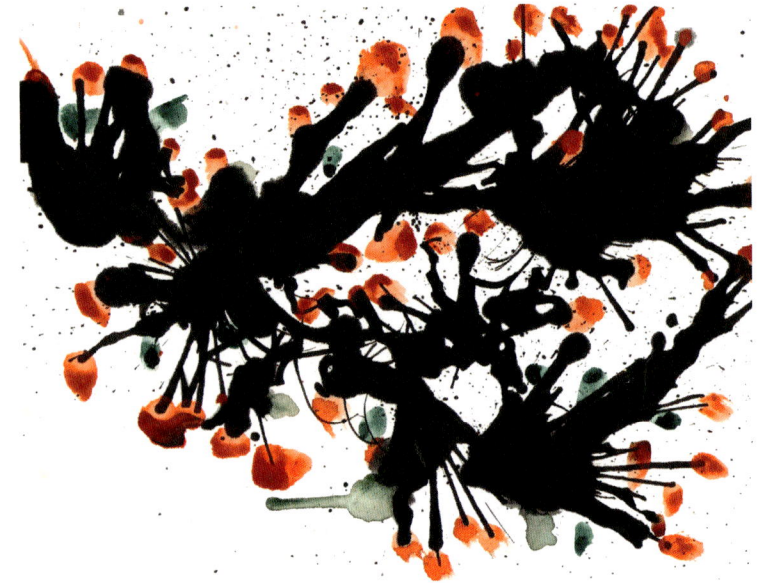

먹물효과를 이용한 매화표현—KJY(6세), 2001

굵은 고목 나뭇가지와 잔가지에 풍성하게 피어 있는 매화를 표현했다. 초록색을 적
당히 가미시켜 새 잎이 돋고 있음을 표현했다. 먹물을 부는 방향으로 잔가지가 뻗혀
나가는 우연적인 효과의 재미를 느끼며 자연스러운 나뭇가지의 선 흐름과 크고 작
은 꽃망울을 즐겁게 표현할 수 있다.

위의 작품은 6세인 JY가 도화지에 먹물을 몇 방울 떨어뜨린 다음, 마음이
움직이는 방향으로 호흡을 조절하면서 먹물을 불어 나뭇가지를 표현하고 빨간
수채물감과 초록색 물감을 붓에 묻혀 찍어 매화꽃과 이파리를 표현했다. 굵직하고
시원하다. 굵은 가지와 잔가지가 잔뜩 매달려 있는 풍성하게 피어 있는 매화를 보는
듯하다. 적당한 초록색으로 가미시켜 6세 아이가 의도된 우연의 효과로 만들어낸
귀여운 동양화로 봐주면 어떨까? 흔히 유치원이나 초등 저학년에서 우연적인
미적 효과를 얻는 기법이다. 그러나 놀이 같은 활동이라도 의식적인 아름다움을
표현하고자 하는 진지함은 의도보다 더 완성도가 높은 작품을 만들어 내기도 한다.

■ 지도 방법

- 매화꽃을 그린 동양화를 보여 준다.

- 붓에 먹물을 묻혀 원하는 지점에 몇 방울을 떨어뜨린다.

- 빨대로 고인 먹물을 호흡을 조절하여 나뭇가지처럼 뻗치게 한다.

- 마른 다음, 가늘고 긴 가지 끝에 수채화 붓으로 빨간 물감을 찍어 점으로 매화꽃을 표현한다.

- 크고 작은 점의 크기와 변화를 주어야 생동감 있는 표현임을 일러 준다.

- 붓을 놓고 지그시 바라본 다음, 미적 효과를 높일 곳은 없는지 살펴보고 마무리한다.


■ 표현 재료

- 8절 도화지, 먹물, 수채물감, 빨대, 휴지

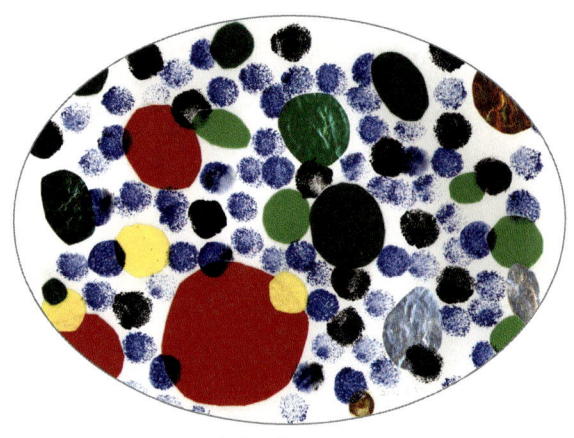

**점과 원의 표현–PYA(1학년), 2002**

빈틈이 없는 차분한 성격의 아이의 그림답다는 생각이 든다. 여유가 없고 초기의 작품이라 아직 미적인 세련미가 없다.

## 작품 Ⅵ

이 작품은 색종이와 물감으로 점에 대한 미적 인식 훈련을 위해 응용되었다. 먼저 원하는 색종이를 선택해 자유 크기로 오려 배치시키고, 빈 여백을 스펀지로 파란 점과 까만 점을 찍어 바탕을 채웠다.

빈틈이 없고 차분한 모범생인 YA는 화면을 가득 채우거나 선과 구도가 너무 반듯하고 꽉 찬 경직된 그림을 그렸던 아이다. 점으로 인식할 수도 있고, 면으로 인식할 수도 있는 원으로 고정화되어 있는 미술표현을 열어 주기 위해 응용된 수업이다. 색종이와 물감의 효과로 색의 조화를 찾기 위함이다. 아이는 원과 원을 겹치는 표현에 소심하며 안정감은 있으나 변화의 멋은 아직 알지 못한다.

■ 지도 방법

- 원하는 색종이의 뒷면에 원을 그리고 윤곽선을 따라 정성들여 오린다.
- 오린 원들을 도화지에 색깔과 크기를 고려하여 겹치거나 늘어 놓는 등 공간에 배치하면서 미적 인식놀이를 해 본다.
- 오린 색종이 뒷면에 풀을 묻혀 색종이가 뜨지 않도록 말끔하게 붙인다.
- 빈 여백의 미를 살리며 오려붙인 색종이 원과 조화를 고려하면서 스펀지에 원하는 수채물감을 묻혀 점을 찍어 배경으로 처리한다.
- 작품을 들여다보며 미적 효과를 살릴 곳과 버릴 곳을 살피며 마무리한다.

■ 표현 재료

- 8절 도화지, 색종이, 가위, 풀, 수채물감, 스펀지

## 작품 Ⅶ

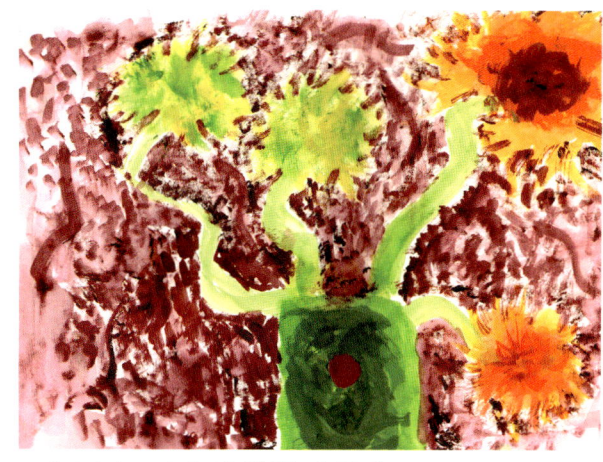

꽃병에 꽂혀 있는 조화로 만든 해바라기를 스케치없이 느낌대로 표현했다. 주제보다 바탕의 표현이 더 꿈틀거리는 듯한 생명감을 더해 주고 있다. 마치 고흐의 해바라기 그림을 보는 듯하다. 점 터치로 해바라기의 꽃잎들을 표현하고 싶어 하지만, 쉽지 않았던 듯 싶다.

그럼에도 불구하고 느낌이

**스케치없이 그리기-인덕원친구(2학년), 2001**

고흐의 해바라기 그림을 보는 듯하다. 주제보다 바탕의 터치가 더 강조되어 있다.

좋다. 긴 유리병을 생략하고 4개의 해바라기꽃에 초점을 맞추었다. 실물이 아니지만 해바라기 꽃대의 리드미컬한 선의 변화가 눈길을 끈다. 유리병 표현이 쉽지 않아서인지 줄기와 같은 초록색으로 뭉뚱그려 하나로 처리했다. 무슨 이유인지 가운데 점 하나를 크게 찍어 놓았다. 이름이 생략되어 있어 몇 학년 것인지 모르겠으나 2학년 아이일 듯싶다. 밋밋하게 붓에 물감을 묻혀 물 칠을 하듯 겹쳐 바르기보다는 점 터치로 채색을 살리면 더 생동감이 묻어난다. 바탕의 점묘법에 더 재미를 느끼고 몰두한 것 같다.

■ 지도내용

  – 수어진 정물을 수의 깊게 선의 흐름과 느낌, 이미지를 파악하며 바라본다.
  – 전체이든 부분적이든 마음이 가는 대로 구도를 설정한다.
  – 간단한 선으로 구도만 설정하고 느낌을 찾아 채색한다.
  – 살아 있는 느낌이 무엇인지 생각하며 붓 터치를 살려 미적 효과를 높인다.
  – 주제와 배경의 미적 효과를 위해 어떻게 처리할 것인지 연구한다.

■ 표현 재료

  – 8절 도화지, 수채도구

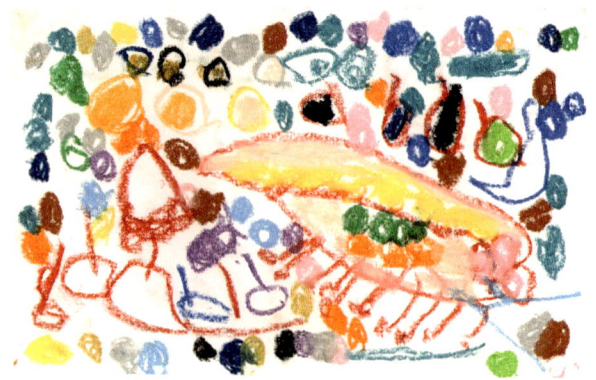

무제-KJY(4세), 2000

화면에 가득 찬 동그라미는 아마 구슬 아이스크림 이미지가 아닐까
싶다. 이 그림 다음에 그린 그림이 구슬 아이스크림을 먹고 있는 자
신을 그렸던 것으로 보아 미루어 짐작해 본다. 이 나이의 아이답게
색채가 화려하다.

## 작품 Ⅷ

4살 때 JY가 혼자서 그린
그린 작품이다. 여러 색의 크레
파스에 대한 호기심과 알록달
록하고 맛있는 구슬 아이스크
림에서 다양한 색깔과 동그라
미 또는 점에 대한 미적 인식으
로 자신의 내적 세계를 표현한
게 아닌가 싶다. 갖고 싶은 욕
구가 채워졌을 때 그 충만한
기분을 표현하지 않았을까.

예전에 백화점 셔틀버스를 타고 내리면 아이들의 욕구를 당기는 코너가 있기
마련이다. 당시에 한창 아이들을 유혹하던 구슬 아이스크림을 사주면 행복한
표정으로 군소리없이 종종 따라다니곤 했다. 벌레 다리처럼 생긴 건 버스라 했다.
버스 속에 사람들이 가득 차 있고 왼쪽에 커다랗게 자신의 모습이 그려져 있다.
버스의 바퀴가 마치 벌레의 다리처럼 표현되어 있다. 아는 대로 거의 모든 것이 점과
원으로 채워져 있다. 아이의 자발적인 순수한 감성이 그대로 드러나 있다.

## 작품 IX

교실에 있는 화분 하나를 선택해 눈에 보이는 대로, 느낌대로 도화지에 가볍게 윤곽을 스케치한 후, 색종이를 뜯어 붙여 이미지화한 작품이다. 파란 화분에 주황색의 몇 개의 과감한 점 선택이 미적 감각을 더해 준다. 파랑과 주황, 초록과 빨강의 보색대비가 눈에 띈다. 실제 화분은 황토색이지만, 아이는 파란색을 선택했고 몇개의 주황색 종이를 뜯어 꽉 찬 파란색에 변화를 주고 있다.

실물 정물화를 그리라고 하면 아이들은 잘 그리고자하는 부담감 때문에 표현의 어려움을 겪는다. 사실적 표현보다 이미지적 표현을 안내하면 아이들은 더 자유로운 표현을 시도한다. 색종이를 손으로 뜯어 붙이는 작업은 내적인 점 표현으로 인식하기에 좋은 방법이다. 특히 단순표현의 색종이

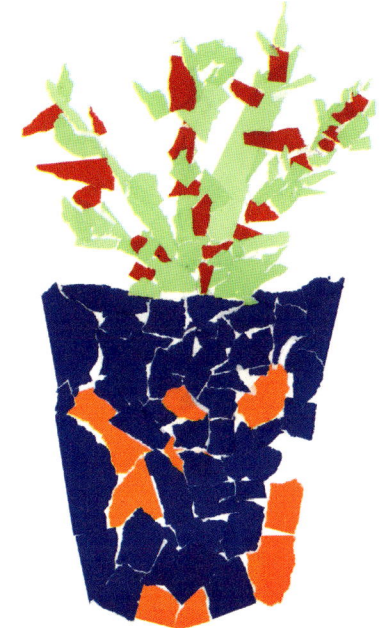

**색종이 이미지표현**
**-KJY(3학년), 2005**

화분을 보고 색종이를 뜯어 이미지를 표현하였다. 파란 화분 안에 종종 주황색 색종이가 섞여 있고 식물표현에 과감한 자주색이 등장되어 있는 것은 새롭게 보는 자기 나름의 미적인 눈을 가지고 있음을 보여준다.

뜯어 느낌을 표현하는 방법은 아이들의 마음을 열어 자유롭게 해 준다.


■ 지도 방법

- 3분 정도 주어진 화분을 느낌과 이미지를 찾으며 특징을 찾는다.
- 간단한 윤곽선으로 위치를 설정하여 밑그림을 그린다.
- 손으로 색종이를 뜯으며 식물과 화분을 표현한다(뒷면에서 찢으면 흰 여백이 색종이의 색깔에 자연스럽게 연결되어 세련됨을 준다).
- 미적 효과를 높이기 위해 자기 나름의 독특한 색깔과 표현방법을 찾는다.
- 깔끔하게 색종이를 붙여 작품화하도록 유의시킨다.
- 이미지의 주제를 정해 보고 빈 여백에 스쳐간 느낌과 생각들을 끄집어내어 글로 내면화한다.

■ 표현 재료

– 8절 도화지, 색종이, 풀

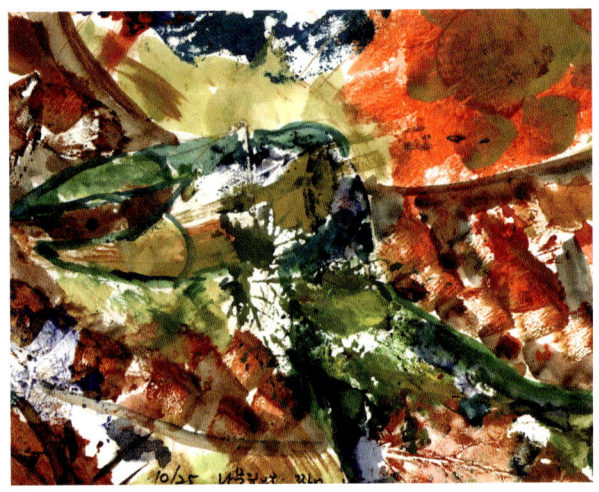

나뭇잎으로 찍어 이미지 표현-인덕원 친구(2학년), 2002

반추상적인 화가의 작품 같다. 어른은 화가이고 아이는 화가일 수 없는가? 가을에 어울리지 않는 과감한 파란색 효과가 마음의 여유를 갖게 한다. 다양한 표현방법을 시도하고 있다.

### 작품 X

가을 나뭇잎을 가지고 다양한 방법으로 미술수업을 하면서 얻어진 작품이다. 나뭇잎을 물감에 찍어 알쏭달쏭 이미지 표현을 하자고 했을 때, 이 아이는 생각 깊은 작품으로 만들었다. 커다란 나뭇잎으로 큰 형상을 찍고 그 안에 작은 나뭇잎으로 물감을 찍어 점 같은 터치로 작품을 살렸다. 자신의 의도를 살리기 위해 아웃라인으로 살짝 윤곽선을 살리기도 했다. 반추상적인 화가의 작품 같다. 어른은 화가이고 아이는 화가일 수 없는가? 우연으로 이 작품이 만들어졌을까? 왼쪽을 향하고 있는 새 한 마리가 부각되어져 있고 어른들의 작품에서나 볼 듯한 시적인 감성이나 철학적 의미를 담고 있는 것 같지 않은가? 가끔씩 내다보이는 파란색의 터치 또한 미적인 도전과 여유를 느끼게 한다. 자칫 어두워 보이는 주제 분위기에 오른쪽 상단에 밝은 가을빛 주황색으로 붓칠하여 분위기를 살렸다. 너무 밝은 것도 문제가 되었다 싶었는지 갈색톤으로 밝음을 살짝 눌러준 것 같다.

■ 지도 방법

　– 주워온 나뭇잎을 살피며 주제 이미지를 설정한다.

　– 간단한 밑그림을 그린다.

　– 수채화 물감에 나뭇잎을 찍어 채색한다.

　– 나뭇잎 잎맥을 살피고 다양한 터치를 연구하며 재미있게 표현한다.

　– 주제를 살리기 위해 배경을 어떻게 처리할 것인지 연구한다.

　– 자기만의 독특한 방법으로 미적 효과를 높인다.

　– 주제를 강조하기 위해 윤곽선을 보태거나 명암을 고려한다.

　– 꽉 채우는 그림보다는 어느 한 구석은 여운이 있는 작품이 되도록 유도한다.

　– 뒷면에 제목을 정하고 그림에 대한 설명을 글로 남기도록 한다.

■ 표현 재료

　– 8절 도화지, 나뭇잎, 수채도구

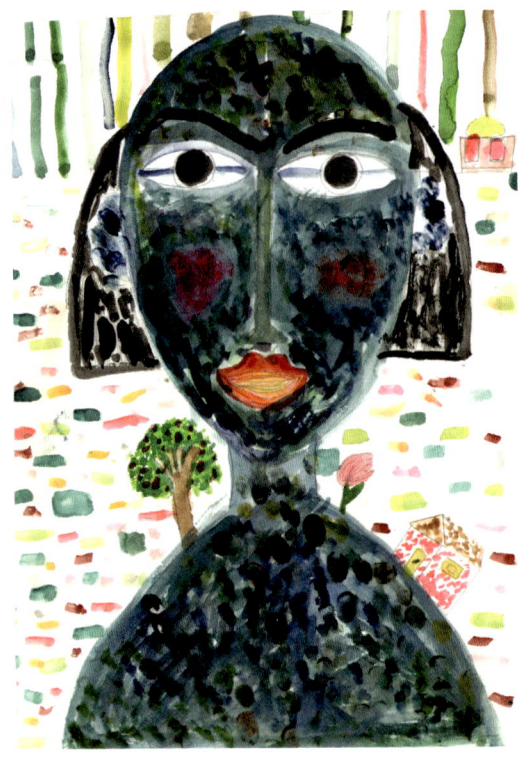

**클레의 그림처럼-KJY(3학년), 2006**

다르게 보는 방법을 인식시키기 위해 화가의 작품을 분석하고 자기 방법의 그림을 그리게 했다. 눈의 표현과 어깨 위에 나무와 집 꽃의 표현이 재밌다. 인물의 어둠이 싫은지 바탕을 비우고 핑크와 연두계열로 밝게 처리했다. 그래도 주인공은 미소 짓고 있다.

## 작품 XI

클레의 작품 : 〈Soon an Old Man, 1922〉.

JY는 이 작품에서 거의 모든 표현을 점으로 표현했다. 주제 인물은 진하고 어둡게 겹칠했으나, 바탕은 밝은 톤으로 환하게 단순 점으로 여백을 살려 주었다. 나름대로 미적 주관이 형성되었다고 볼 수 있다.

클레의 작품 인물의 눈을 특히 강하게 기억하고 있다. 손가락과 붓을 이용한 점 터치로 자기표현을 선택했다. 눈썹과 머리카락 윤곽을 강조해 마치 이집트 미술의 인물 처럼 보인다.

밝은 바탕이 주제 인물보다 적은 점 터치로 남겨 놓아서인지 먼 거리 배경으로 사진을 찍은 듯한 느낌이다.

어깨를 뭉뚱그려 언덕처럼 둥근 선으로만 단순화시키고 집과 나무와 꽃을 그려 넣었다. 자연과 사람을 동화시키고자 하는 생각이 들어 있었던 건 아닐까? 아이의 잠재적인 사고가 무심코 드러날 수도 있다. 글로 남겨져 있지 않아 아이의 명확한 생각과 의도를 알 수 없어 아쉽다. 보통 아이들의 그림은 주제를 밝게 살려서 두드러지게 하고 바탕은 희미하거나 어둡게 처리하는 것이 일반적이다. 전혀 다른 방법으로 아이들의 미적인식을 열어 줄 필요가 있다.

■ 지도 방법

 – 클레의 작품을 보여 주고 아이들과 함께 분석한다.

 – 눈을 감고 자신만의 주제를 찾는다.

 – 거친 표면의 두꺼운 종이에 스케치를 하고 채색한다.

 – 납작한 나이프나 손가락 등으로 터치를 남기며 표현한다.

 – 주제를 살리는 방법을 생각한다. 배경과의 관계를 고려한다.

 – 강조하고 싶은 곳은 약간의 윤곽선으로 마무리한다.

 – 그림에 대한 설명을 글로 남긴다.


■ 표현재료

 – 클레 작품집, 8절 거친 표면의 도화지, 수채도구, 기타 점 터치를 남기는
   도구


### Tip

아이들의 참고작품은 방법적인 면에서 잠깐 제시하는 정도로 보여 준다. 자신만의 경험이나

기억을 되살리고 자기 나름의 방법을 찾는 기회로 제공한다. 자칫 모방을 하기 쉽기

때문이다.

# 2. 선으로 그리며

## 1) 선에 대한 미적 인식

### (1) 이론 이해

선은 미술표현에서 필수불가결한 가장 중요한 조형요소이다. 자기표현의 자연스러움과 예술적 표현은 선을 자유자재로 다룰 수 있을 때 가능하다. 아이들의 선 그림이 로봇선처럼 경직되고 고정적으로 느껴지는 것은 초등학교 입학 후 반듯한 글씨체를 배우기 위해서 모두 똑같이 배워야 했던 연필을 쥐는 습관 때문이다. 미술표현에서의 선은 감정이입이 가능한 자유로운 표현의 선이어야 한다. 필요에 따라서 연필을 쥐는 방법이 다르고 손목 힘의 조절에 따라 선의 강약도 다르게 나온다.

제대로 보고 느끼고 생각하며 아이들의 아름다운 눈을 높여라

점이 모이면 선이 이루어지고 반듯한 직선과 부드러운 곡선이 미술적 표현에서 주된 선임을 인식시킨다. 직선은 분명하고 이성적인 좌뇌적 선이고 수학과 과학에서 응용되는 기하학적 선으로 인위적이고 현대적인 감각을 표현할 때 사용된다. 곡선은 자유로움과 감성적인 우뇌적 선으로 주로 자연과 내면을 자유롭게 표현할 때 사용된다.

　　직선을 그려야 할 때는 분명하게 연필을 꼭 쥐고 흐트러짐 없이 그릴 수 있어야 하고, 곡선은 연필을 쥐는 정도에 따라 선의 느낌이 다양하게 연출될 수 있음을 인식시키고 연습시켜 주제 이미지에 따라 선을 자유자재로 사용할 수 있도록 한다. 학년별 수준에 따라 다양한 선들을 미학적 이론에 따라 안내할 수 있다.

## (2) 실마리

눈을 감고 조용히 자신의 기억 속을 더듬어 본다.

– 온 세상이 선으로 둘러싸여 있다.

– 주변을 돌아보고 아름다운 선에 대한 기억을 떠올려 보자.

– 눈에 보이는 선이 어떻게 움직이고 있는지 손가락을 들어 따라 그려 보라.

– 그 선들의 느낌은 어떤가?

– 기억 속에서 특별히 아름다운 선이나 독특한 선이 있는가를 떠올려 보라.

– 왜 특별해 보였는가? 연상된 이미지는 무엇이었나?

**Tip**

선은 열려야 하고 닫힌 선은 면임을 인식시킨다.

## (3) 시각적 이미지의 예

- 직선이던 실이 풀어져 늘어져 있을 때는 곡선이다.
- 다양한 헤어스타일에서 직선과 곡선, 긴 선과 짧은 선 등의 느낌을 찾는다.
- 도시의 빌딩과 전통가옥의 선에서 기하학적인 선과 리드미컬한 선을 구분한다.
- 교실풍경의 선과 바깥 정원의 풍경 선에서 통제된 선과 여유의 선을 구분한다.
- 경직되어 보이는 직선과 여유 있는 직선을 구분한다.
- 곡선처럼 보이나 경직되어 보이는 곡선도 있고 여유 있는 곡선도 있다.

**Tip**

주변 인식과 경험, 지식 등을 통해서 축적된 다양하고 독특한 시각적 인식을 떠올리게 한다. 미술표현의 가장 중요한 포인트는 참신한 발상이다. 남들이 생각지 못하는 기발한 발상을 떠올리기 위해서는 대상이나 어떤 현상 속에서 사물의 본질과 이미지를 뽑아내는 미적 인식 훈련이 필요하다. 따라서 자신의 내면을 깊이 더듬어 보아야 한다.

제대로 보고 느끼고 생각하며 아이들의 아름다운 눈을 높여라

## (4) 아이들의 시각언어와 표현

눈에 보이는 선과 현상에 대한 이미지의 선 연습을 하고
알게 된 사실을 글로 내면화한다.

– A4 용지 2장을 준비한다.

– 간단한 선 그림 도구를 선택하여 눈에 보이는 선과 이미지에 대한 직선과
곡선을 그린다.

– 그리는 과정을 통해서 알게 된 사실과 내적 인식의 과정에서 느낀 감정과
이미지 등을 자연스럽게 글로 내면화한다.

– 육하원칙에 의한 미적 인식의 물음으로 자연스럽게 글을 쓰면서 내면화한다.
무엇으로 보였는지, 왜 그렇게 느끼고 생각하는지에 대한 물음에 강조점을
두고 자기 인식에 몰입하도록 한다.

– 다 그린 다음에 그림과 글에 적절한 제목을 정하여 본다.

눈에 보이는 곧은 직선/눈에 보이는 여유 있는 직선

눈에 보이는 곧은 곡선/눈에 보이는 여유 있는 곡선

**Tip**

직선은 직선답게, 곡선은 곡선답게 확실한 인식을 필요로 한다. 연필을 쥐는 손힘의 강도,

팔목의 힘 조절, 연필심의 종류에 따라 느낌을 조절할 수 있도록 한다.

기억과 현상 속에서 표현되는 직선과 곡선
(예: 비, 바람, 물 흐름 등의 자연현상, 감정의 선)

제대로 보고 느끼고 생각하며 아이들의 아름다운 눈을 높여라

# 2) 마음을 여는 미적 인식 훈련

■ 표현 재료

선 그림 도구 및 기타 도구, A4용지

-2B, 4B연필, 사인펜, 색연필, 크레파스, 수채물감, 먹물, 붓

## (1) 직선 인식

다음과 방법을 용지에 주제 제시를 프린트하여 나누어 주거나, 칸 나눈 빈 종이를 먼저 나누어 주고 주제별로 시간제한을 두며 표현연습을 한다. 시간의 제한을 두어야만 아이들은 긴장하며 몰입한다. 몰입해야 곧은 선이 나온다. 직선은 직선다워야 한다.

① ●과 ● 사이에 점으로 채워 직선을 그려 보자.

② 직선 위에 점으로 채워 보자.

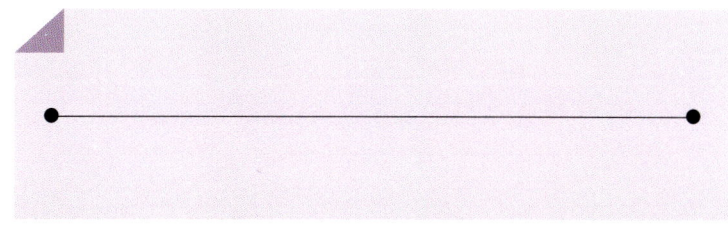

③ 자를 대고 그린 직선과 손으로 그린 직선을 비교해 보자.

어느 선이 더 자연스러운 직선인가? 미적인 의미를 부여한다면 두 선을 어떻게 볼 것인가?

④ 곧은 선을 연습하여 보자.

· 오른손으로
　－ 왼쪽에서 오른쪽으로




　－ 오른쪽에서 왼쪽으로




　－위에서 아래로




　－ 아래에서 위로

· 왼손으로
  – 오른쪽에서 왼쪽으로




  – 왼쪽에서 오른쪽으로




  –위에서 아래로




  – 아래에서 위로

각자의 손으로 한 방향으로 그리거나 서로의 방향을 왔다 갔다 반복하면서 선 연습을 할 수 있다. 상반된 느낌을 인식할 수 있다. 또한 연필심의 진하기 정도, 펜의 종류, 물감과 같은 다른 도구의 표현에 따라서 같은 직선이라도 그 느낌이 다른 것을 인식한다.

⑤ 직선으로 그릴 수 있는 선은 무엇인지 아는 대로 그려 본다.

단순한 생각만을 떠올린 아이들의 대부분은 사각형 틀 안의 그림을 그릴 것이다. 사각형 아닌 특별한 것을 떠올리도록 기억을 상기시킨다. 분명한 직선으로 신중하게 그리도록 한다.

⑥ 주변의 사물 속에서 직선을 찾아내고 년이 아닌 선을 그려 본다.

몇 개의 선이 만나도 열려 있어야 한다.

아직 면을 이루지 않았음을 의미한다.

⑦ 직선으로만 그린 그림을 그려 보자.

- 눈을 감고 잠시 세상의 곧은 선들을 떠올려 보자.
- 어느 때 직선들이 아름답다고 느껴졌는가?
- 어떤 이미지와 형상이 떠올려지는가?
- 왜 아름답다고 느껴졌는가? 머릿속에 그림을 그려 보자.
- 마음이 가는 대로 직선을 그려 보자.
- 다 채우려 하지 말고 그만두고 싶을 때 멈추어라.
- 스케치 그 자체로 아름다우면 그대로, 채색을 원하면 색 입히기를, 마음에 안 들면 다른 방법으로 변화를 시도해라.
- 지우거나 찢지 마라.
- 바탕을 칠해도 좋고 안 칠해도 좋다.
- 자신의 아름다운 눈으로 그려라.
- 마음속에 스쳐 지나간 느낌의 생각, 의도 등을 글로 이미지화 하라.
- 이왕이면 시인의 마음으로 글을 써보자.
- 직선적인 분위기의 음악을 보태라.

**Tip**

교사는 아이들이 그림을 그리는 동안 그림을 살피면서 마음을 읽어 준다.

부드러운 소리로 칭찬하거나 왜 이렇게 그렸는지 이렇게 하면 어떨지 교사의 의향 등을 보태기도 하고 어려움을 호소하는 아이들에겐 작품에 살짝 손을 대거나 누구나 예술가가 될 수 있다고 격려하면 아이들은 자신들의 그림에 마음을 내려놓는다.

## ■ 아이들의 표현 작품

### ● 교육적 효과

- 아이들은 직선에 대한 시지각적 사고와 미적 인식 훈련을 통해서 사물을
제대로 보고 분명하게 인식하는 습관을 갖게 된다.
- 자를 대고 긋는 직선과 손으로 그리는 직선으로부터 선의 미묘한 느낌과
변화를 인식하면서 작은 것도 쉽게 지나치지 않는 예리한 관찰력을 갖게
된다.
- 분석력과 논리적인 사고로 판단한다.
- 작은 선 하나로부터도 미적 인식을 배운다.
- 깊이 들여다보는 훈련을 통해 통찰력을 키운다.
- 집중력이 향상된다.

### ● 보여 주는 방법

- 특별히 직선으로만 그린 아이들의 시각화를 30초 정도만 보여 주고 내용
면에서 생각을 더 확산시킬 수 있도록 안내한다. 모방하지 않도록 하며
생각을 넓혀 가야 하기 때문이다.

작품 Ⅰ

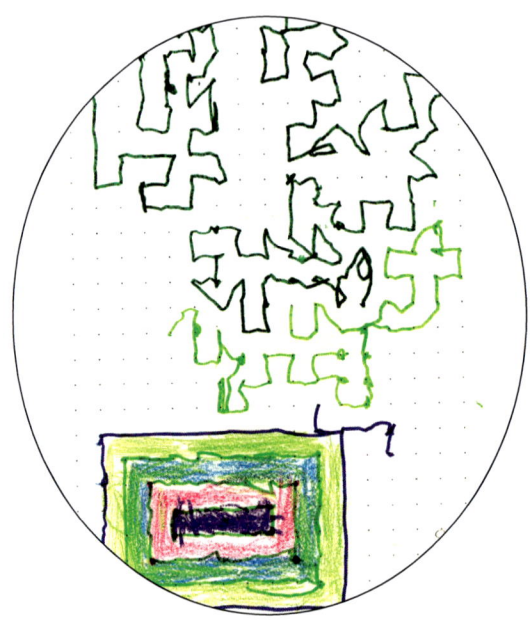

점, 선, 면-KHJ(5세), 2002

아직 짧은 선도 분명하게 잇지 못한다. 손가락에 힘이
없고 경험 부족이라 생각된다.

   규칙적인 점이 찍힌 여백지를 활용해 점을 이어 직선으로 마음대로 그려
나가도록 하였다. HJ는 아직 직선을 이어 가는 데도 자신감이 부족하다. 처음엔
가로, 세로형으로만 점을 잇다가 살짝 사선으로 빠져나가 보기도 한다. 자유자재로
선을 그어 나가다 보면 선에 힘이 들어가기도 하고 희미한 선을 익히면서 자유로운
직선을 그릴 수 있다. 한 점에서뿐만 아니라, 몇 개의 점을 동시에 재빠르게 이어
나가는 연습을 하면 자신감이 생겨 분명한 직선을 그릴 수 있다. 놀이에서 나아가
자신의 의도로 직선을 연결해 어떤 형상을 만들어 내도록 한다.

■ 지도 방법

- 파일에 끼어 있는 규칙적인 점이 찍혀 있는 여백지 등을 이용한다.
- 분명한 직선연습을 위해 작은 선 잇기를 연습한다.
- 마음의 손길이 가는 대로 점과 점을 이어 선을 잇는다.
- 일정한 방향을 정하지 말고 좌우사방으로 움직이며 선을 이으며 자유로움을 익힌다.
- 의도적인 형상이거나 우연적인 형상이든 마음이 가는 대로 선을 잇는다.
- 자신감이 생기면 한 번에 더 길게 이어 가며 확고한 직선연습을 한다.
- 무의미한 연습일지라도 다시 들여다보며 특별한 이미지를 찾아본다.

**Tip**

확실하게 곧은 직선을 연습시킨다.

■ 표현 재료

- 점 모눈종이, 선그림도구

작품 Ⅱ

| DATE: 94. 3. 28 | THEME: 대각선을 위한 연습 | |
|---|---|---|
| NAME: HMY | NAME: JHK | |

MATERIAL: 싸인펜, 색연필 크레파스

**OBSERVATIONS AND ANALYSIS**

- 교사가 제시한 대각선을 흉내내 보고 그대로 했으나 한번에 X를 하는 게 아니라 중심에서 바깥으로 한 방향씩 마주보게 선으로써 역시 중앙 집합적인 특징을 나타내고 있다.
- 자기가 그린 것을 꽤 같다고 좋아했다.
- 직선이 아직 부드러운 곡선이다.
- 몇번의 시도끝에 보라색의 표현의 발전을 보여주고 있다.

- 교사의 예시를 오랫동안 보고 나름껏 크게 시도해 본다.
- 안에서 바깥 방향으로 그리고 있으나 빈죽처럼 중앙집합이 분명하지 않고 흐트러져 있다.
- 한쪽이 길면 반대쪽은 짧게 시도하고, 아예 연결짓지 열려져 그린 것도 있다.
- 분산적이다.

**COMPREHENSIVE EVALUATION**

- 교사의 예시나 아동들은 나름껏 자기의 생각과 의도대로 시도한다.
- 각자의 특성이 있다.
- 아직도 직선은 곡선에 가깝다.
- 직선은 곡선을 시도해 내봤다. ( 관심과 흥미의 발전도를 의미한다. )

대각선을 위한 연습-HMY & JHK(5세), 1994

MY는 가운데 중심점에 초점을 맞추며 중심에서 바깥으로 한 방향씩 따로 그리는 반면, HK는 가운데 중심점에 초점을 맞추지 못해 분산적이며 파생적이다. 둘 다 아직 바깥에서 안의 중심점을 향하여 긋는 일이 자신이 없었던 탓인지 자기 나름껏 요령을 부려 표현했다.

5살의 MY와 HK의 여아에게 대각선을 한 번 그려 주고 가운데 점을 통과하는 대각선을 그리는 연습을 하였다. 아직은 흔들흔들 곡선에 가까운 직선이다. MY는 항상 가운데로 모이는 그림을 그리고 HK는 바깥으로 흩어지는 파생적인 그림의 형태가 그려지곤 했다. 아직 긴 선을 한꺼번에 대담하게 그리지 못해 중심점에서 대각선을 맞추려 하고 있다. 너무 어리거나 표현에 자신이 없는 아이들이라면 같이 연필을 잡고 자신 있게 죽 그려 보는 것도 직선을 긋는 데 자신감을 향상시킬 수 있다.

아이들의 성장 발달 단계나 수준에 따라 선을 긋는 방향, 형태 등을 반대로 시작해 보거나 바꾸어 보게 하면서 색의 조화를 고려하여 의도적인 색인식 등 다양한 관점으로 생각을 넓혀 표현을 시도해 보게 한다.


■ 지도 방법
　－ A4용지를 나누어 주고 대각선을 그리는 법을 가르쳐 준다.
　　 어린아이라면 희미하게 대각선을 한번 살짝 그려준다.
　－ 가운데 중심을 지나도록 직선을 그려 본다.
　－ 출발선이 좌우방향에서 각각 시도하여 본다.
　－ 직선이 불확실하면 반복적으로 겹쳐 그리며 확실하게 그어 본다.
　－ 비록 선 연습이라도 전체적으로 멋스러운 느낌이 나면 연필을 내려놓는다.


■ 표현 재료
　－ 8절 도화지, 선 그림 도구

작품 Ⅲ

| DATE: 94. 4. 4. | THEME: ㄷ을 위한 연습 | |
| --- | --- | --- |
| NAME: HMY | | NAME: JHK |

MATERIAL: 싸인펜 크레파스 색연필 연필 등

**OBSERVATIONS AND ANALYSIS**

- ㄷ 쓰는 순서가 자유분방하다.
- 크고 대범하여 자신이 넘친다.
- 큰것, 작은 것을 크게 대조시키며 즐기게 한다.
- 보라가 주종을 이룬다.
- ㄷ을 메꾸어 □을 만들려는 경향도 보인다.

- 바람에 흩날려가는 느낌이 든다.
- 왼쪽은 차분하여 안정감이 있는 반면에 점이 상단 쪽에 그려 있고 한 방향으로 그려져 있다.
- 반복하고, 덧칠하고 큰 ㄷ에 작은 ㄷ을 여러번 시도하고 활동이 큰 특징이다.
- 다양한 ㄷ을 시도하고 있다 (위 or 아래가 짧은 선, 부드러운 선, 한번의 획긋음으로 )

**COMPREHENSIVE EVALUATION**

- 두 아동이 크게 대조를 보이고 있다.
- MY 와 HK 의 두드러진 개성을 계속 유지하고 있다.
- 각자의 생각과 의도대로 시도해 간다.

**글자 익히며 선과 색채인식—HMY & JHK(5세), 1994**

MY는 ㄷ 글자를 크고 대담하게 비슷한 톤의 색으로 모으고, HK는 작은 여러 개의 다채로운 색으로 흩어지는 글자를 그리고 있다. MY는 이지적인 성향이 강한 아이고 HK는 밝고 명랑한 감성적인 성향이 강한 아이다. 글씨에 대한 선그림조차 아이들의 성격이 드러나 보이고 대학생이 된 아이들의 모습이 그림의 성향과 비슷하게 성장한 듯하다.

한글의 자음을 인식시키며 'ㄷ'을 직선으로 그리면서 미적으로 구성하게 하였다. 아무렇게나 끄적거리는 게 아니라 색 사인펜을 선택하여 선 연습을 하게 하면 아이들은 자못 진지하다.

두 아이가 대조적으로 선 연습을 하고 있다. MY는 세로 구도로 크고 대담하게 집합적으로 그리며 한 가지 톤의 지적인 색을 택하고 있고, HK는 가로 구도로 작은 글씨를 흐트러뜨리며 움직이는 듯한 선과 다채로운 색의 정서적인 글씨로 꾸미고 있다. 이 작은 아이들에게도 더 이상 그리고 싶지 않거나 자신이 만족하면 그만둘 수 있도록 했다.

당시에 HK는 활달한 아이였고, MY는 꽤 까다로운 아이여서 다루기 힘든 아이였다. MY는 현재 미국에 있는 아이비리그대학 중 하나인 B대학에서 인지심리학을 공부하고 있다. HK는 독서광이나 학습력과는 연관되지 못한 것 같다. 부모는 HK가 행복할 수 있도록 독서와 관련된 직종을 찾게 해 주고 싶다고 말한다. 그림들 속에 보였던 반대의 성향이 두드러져 아이들의 현재의 모습이 궁금했던 터. 최근에 연락이 닿게 되어 그 궁금증이 해소되었다. 비록 짧은 시간 동안 두 아이들을 지도했으나, 이 그림들이 결국 아이들의 성장발달의 지적 수준과 성향들을 가늠하게 한다.

MY 엄마의 견해에 의하면 아이는 주관이 강한 독립적 성격의 아이로 창의적 사고력이 높다고 했다. 미술과 음악교육외 꾸준한 병행이 이이의 시고력을 높이는 데 한몫을 했으며 플루트(flute)에도 재능이 있다고 말한다.

반면에 우뇌적 성향이 높은 HK를 좀 더 좌뇌적 사고로 안내할 수 있었다면 좀 더 학습적으로도 관심을 높일 수 있었지 않을까 생각해 본다. 그러나 무엇이 아이에게 우선적인 행복의 조건인지 그것은 오로지 아이들 마음과 성향에 달려 있는 게 아니겠는가.

■ 지도 방법

  – 칠판에 한글 'ㄷ'을 그려 주고 그리는 순서와 음을 가르쳐 'ㄷ' 자음을
    인식시킨다.

  – 'ㄷ'의 다양한 크기와 모양을 화면에 배치시키며 선 연습을 한다.

  – 화면을 돌려 가며 그려도 되고 다양한 선 그림 도구를 사용하며 자유자재로
    그린다.

  – 의도적인 미적 인식으로 전체 분위기를 고려하며 'ㄷ'의 색깔과 크기, 형태를
    미적으로 배치하며 선 연습을 한다.

  – 친구들을 의식하지 않고 자신의 마음이 움직이는 대로 그리도록 한다.

  – 각자의 개성을 고려하여 칭찬하며 고무시켜야 한다.


■ 표현 재료

  – 8절 도화지, 선 그림 도구

## 작품 Ⅳ

인체인식을 위해 만든 뽀글이 인형을 가지고 놀며 동작을 만들고 인형의 동작을 보면서 골절은 점으로 뼈대는 직선으로 그리는 연습을 했다. 연습 하나하나에도 의도적인 계획과 구상으로 미적 인식 훈련을 하도록 한다. 다양한 동작으로 화면을 꽉 채우고 있어 재미있다.

아이들은 인물동작 표현에서 주로 그리기 쉬운 서 있는 동작만 그리는 경향이 있다. 움직임에 대한 이해와 인식이 부족하기 때문이다. 앉거나 주저앉는 등의 다양한 동작은 쉽게 표현하지 못한다. 뽀글이 인형을 보면서 관절을 의식하고 동작표현 연습을 하고 나면 아이들의 경험화 속에서 인물동작의 표현이 훨씬 다양해진다. 뽀글이 인형에서 볼 수 없는 손가락과 발가락의 관절까지 그려 넣었다.

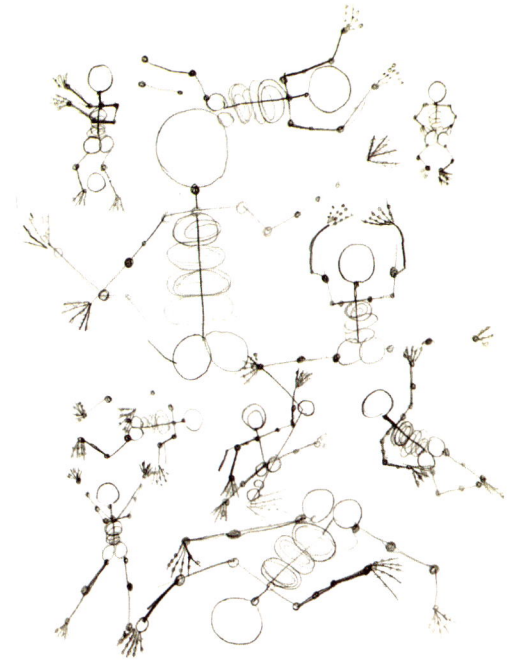

인체표현(뽀글이 인형을 가지고 놀다)
- KJY(2학년), 2004

크고 작은 인체를 그리면서 재미있게 그리고 있다. 골절부위를 강조하니 왠지 과학적으로 더 분석하는 눈이 높아질 것 같다.

■ 지도 방법

- 뽀글이 인형을 만들어 동작을 움직이며 재미있게 놀아 본다.
- B4용지에 뽀글이의 골절을 점으로 인식하며 직선으로 연결하여 인체동작을 연습한다.
- 여러 가지 다양한 동작을 화면에 미적으로 배치하며 동작표현을 선으로 그려 넣는다.
- 만족할 만한 수준이라 판단되면 펜을 놓는다.

■ 표현 재료

– 뽀글이 인형, B4용지, 연필, 지우개

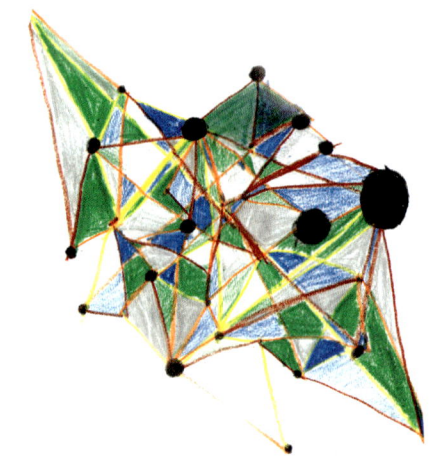

**점, 선, 면(다양한 점, 3가지 색)**
**–개운초등학교친구(1학년), 2005**

'나는 새'라고 표현했다. 행글라이더 처럼 보이기도 한다. 큰 점, 작은 점으로 분명하게 그려서 더 흥미롭다.

## 작품 V

큰 점과 작은 점으로 몇 개를 그려 넣으며 점에 대한 크기 인식에 대 해 마음을 연다. 직선으로 연결하여 이미지화하게 한 다음, 3가지 색만 선택하여 면을 채우도록 하였다. 점, 선, 면을 인식하면서 색채인식도 동시에 가르친다. 3가지 색에 제한을 두는 것은 아이들이 미적으로 절제하는 능력을 갖게 하고 미적 질서를 배우게 함이다. 크고 작은 점이 시각적으로 변화를 주고 시선을 집중시켜 선들이 만들어낸 면과 면 사이를 들여다보게 한다. 마치 투명 건물 구조의 내부가 다 들여다보이는 것 같다. 그러나 아이는 제목을 '나는 새'라고 표현했다. 행글라이더처럼 보이기도 한다.

■ 지도 방법

– 20개 정도의 다양한 크기의 점을 마음이 가는 대로 찍는다.

– 점과 점 사이를 직선으로 잇는다.

– 3가지 색을 골라 면과 면이 겹치지 않게 채색한다.

－ 깔끔하게 마무리하고 자신의 그림 속에서 특별한 이미지를 찾고 제목을
정한다.

■ 표현 재료

－ 선 그림을 위한 학습지, 선 그림도구

## 작품 Ⅵ

세르게이 라흐마니노프(Sergei
Vasil'evich Rakhmaninov) 곡에서
아이는 직선적인 인상을 많이 받았나
보다. 간결하면서도 절제된 직선이
화면을 이루고 있다. 지적 사고력과 미
적 감각도 골고루 갖추고 있던 HN은
다재다능한 아이였다. 단순해 보이기
쉬운 그림에 노란 선과 핑크빛 선으로
자신의 느낌을 강조했다. 기존의 미
술학원식 표현방법에 익숙해 있던
HN은 처음에 나의 이런 표현 훈련에
혼란스러워했으나 워낙 이해력이 빨라
쉽게 이미지 표현을 익혀 나갔다.

미국의 동부지역 UVA에서 컴퓨터를
전공하고 현재 미국의 한 항공사에서
일하고 있다. 이 절제된 미적인 직선
표현과 컴퓨터 전공자로서의 관계가
왠지 당연할 듯한 연관성을 갖게 한다.

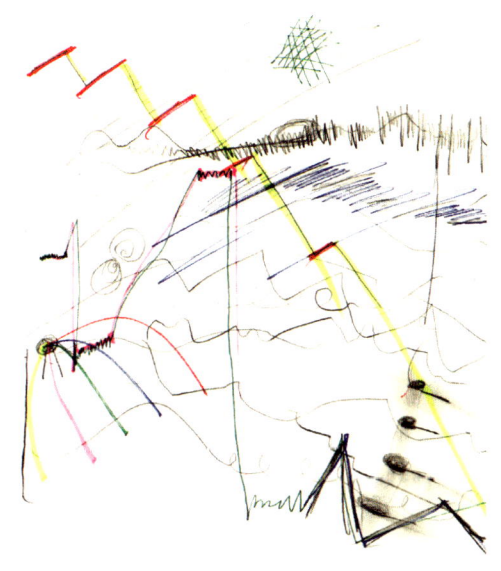

**클래식. 그림.시(라흐마니노프 곡)－KHN(4학년),
1991**

미적인식과 감각에 익숙한 아이다. 지적 사고력도 높은 아
이고, 이해력이 빨라 쉽게 배운다. 단순하면서도 공간을
조절하며 선과 색으로 자신의 느낌과 생각을 조절한다.

- 음악을 조용히 감상할 수 있는 분위기를 조성한다.

- 음악 감상을 하고 난 후, 구체적인 형상의 그림이 아닌 알쏭달쏭한 상징적,
  추상적 이미지의 그림을 그려야 함을 안내한다.

- 음악의 주제를 알려 주지 않고 10분 정도의 곡을 들려준다.

- 아이들은 조용히 눈을 감고 음악의 선율에 빠져들며 동화한다.

- 느낌과, 이미지, 상상, 생각들을 머릿속에 그린다.

- A4용지를 나누어 주고, 음악을 다시 들려주면서 앞서의 이미지들과 느낌,
  생각들을 정리하며 이미지화한다.

- 본질적인 이미지를 추출하는 데 목적이 있음을 강조한다.

- 시적이거나 서사적이거나 간에 단순한 표현의 그럴듯한 아름다운 선 그림을
  그린다.

- 이미지 표현의 강조점을 위해 기타의 선 그림 도구나 기타의 표현방법 등을
  시도하게 한다.

- 더 이상의 표현이 나올 수 없다고 생각될 때 펜을 놓는다.

- 뒷면에 제목을 정하고 음악에 대한 이미지 유추를 가능한 한 문학적인
  표현의 글로 내면화하게 한다.


■ 표현 재료

- 라흐마니노프 피아노 CD, A4용지, 선 그림 도구

## 작품 Ⅶ

원의 이미지를 기하학적인 직선으로 분할하고 채색하였으며, 분명하고 말끔하게 작품을 마무리하기 위해 YA는 하얀 직선으로 윤곽선을 덧그었다. 2학년 임에도 불구하고 다른 아이들에 비해 평소의 성격과 성향답게 차분하고 지성적으로 완성했다. 이런 기하학적인 도형의 표현이 뛰어난 아이들은 대개 수학적 사고력과 지적 사고력이 높다. YA는 카프라 쌓기를 한 후, 선으로 카프라 이미지를 가장 정확하고 쉽게 도형화했었다. 현재 여고생인 YA는 건축학과에 뜻을 두고 있다.

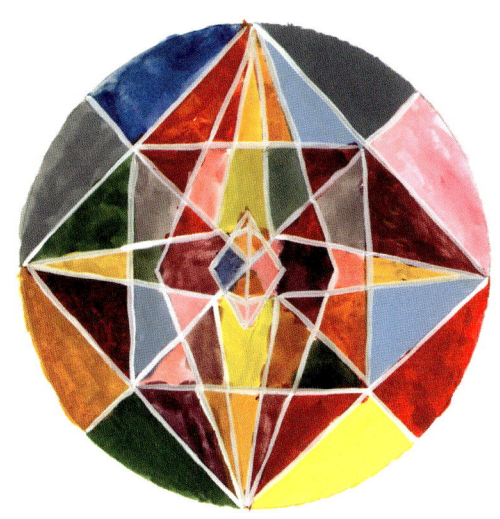

**원의 이미지-PYA(2학년), 2002**

2학년답지 않게 깔끔하고 세련된 색을 선택했다. 반듯한 성격이 그대로 드러나 있으며 이지적인 분위기를 연출하고 있다.

■ 지도 방법

- 컴퍼스를 이용하거나 모형을 이용하여 큰 원을 그린다.
- 원의 중심을 지나는 균등분할로 화면을 임의대로 나눈다.
  3~4가지의 색과 흰색으로 혼합히며 부드러운 파스텔 톤의 색깔로 깔끔히게 채색한다.
- 아이들의 선택에 따라 면을 구분 짓는 원 안의 선을 가는 붓으로 깔끔하고 품격 있게 그어 마무리한다.
- 원의 기하학적 면 분할과 채색 이미지로부터 합당한 이미지의 주제를 찾고 글로 내면화한다.

■ 표현 재료

- 8절 도화지, 컴퍼스, 포스터물감 또는 수채도구

## 작품 Ⅷ

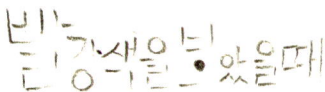

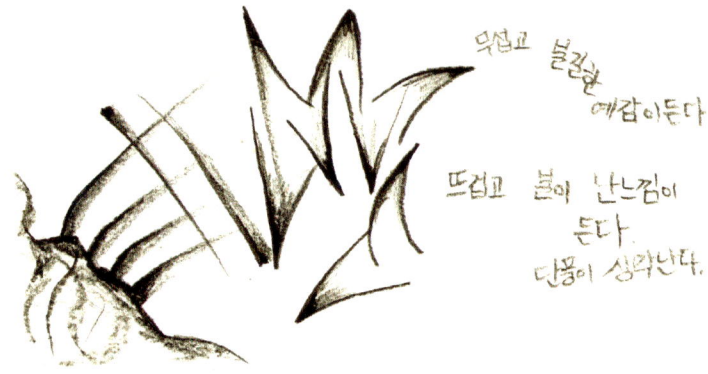

**색깔 인식에 대한 이미지 표현(빨강색) – LMK(5학년), 1992**

빨강의 강렬함을 드러내었다. 너절한 선연습이 아니라 자신의 개념인식에 예술적인 추
상성을 표현하고 있다. 이제는 내적인 글조차 미적인 표현을 더하기 시작했다. 언급하
지 않아도 자발적인 미적인 글과 그림이 가슴에서 우러나오는 것이다.


　　1992년 광양제철 남초등학교의 미술특별 활동 클래스에서 미적 인식훈련에
집중적으로 훈련받은 5학년 MK의 작품이다. 빨강색의 개념에 대해 MK는 무서운
느낌과 불, 단풍을 떠올리며 이미지화했다. 사실은 곡선으로 표현한 그림이지만,
언뜻 직선으로 표현한 것처럼 느껴진다. 이유가 무엇일까? 그것은 강한 명암표현과
예리한 각의 선 표현 때문이다. 왼쪽 아래 귀퉁이에서 뾰족한 선 4개가 오른쪽
중앙으로 시선을 옮아가게 처리하여 마치 불길의 방향을 암시하는 듯 하고 무서움을
더하게 한다. 어느 시점에서부터인가 MK는 자발적으로 주제와 내면의 글조차
창의적으로 디자인하며 구성하고 있다.
　　제목의 글씨와 간단한 내면의 글씨 흐름과 함께 공간을 유연하게 구성하고 있다.

■ 지도 방법

  - 명상적인 분위기를 조성한다.

  - 종이를 나누어 주고 조용히 눈을 감고 명상에 잠긴다.

  - 색에 대한 자기 경험과 개념을 떠올려 알쏭달쏭한 이미지로 시각화한다.

  - 낙서의 즐거움이 아니라 또 다른 선의 예술적 표현을 시도하고 있음을 상기시킨다.

  - 연필 한 자루로도 선율, 리듬, 변화, 명암, 색의 톤, 질감 등의 조형적 기법을 표현하며 상징화 · 추상화하도록 한다.

  - 공간을 자유자재로 다룰 수 있어야 한다.

  - 옆 친구를 돌아보지 않고 오로지 자기 자신에게만 몰입할 수 있어야 한다.

  - 한 개념당 10분 정도의 시간으로 통제하여야 긴장하고 몰입한다.

  - 이미지 표현에 대한 자기 내면의 글을 빈 여백에 시적으로 미화시킨다.

**Tip**

수업이 끝날 때까지 긴장의 순간을 놓지 말아야 한다. 몰입의 순간을 벗어나면 모든 생각이 느슨하게 풀리며 수업이 흐트러진다.

■ 표현 재료

  - A4용지, 4B연필, 지우개

## (2) 곡선 인식

■ 표현 재료

– 선 그림 도구 및 기타 도구, A4 용지

– 2B, 4B연필, 사인펜, 색연필, 크레파스, 수채물감, 먹물, 붓

다음과 방법을 용지에 주제 제시를 프린트하여 나누어 주거나, 칸 나눈 빈 종이를 먼저 나누어 주고 주제별로 시간제한을 두며 표현연습을 한다. 시간제한을 두어야만 아이들은 긴장하며 몰입한다. 몰입해야 다양하고 의미 있는 곡선이 나온다.

① ●과 ● 사이에 점으로 채워 곡선을 그려 보자.

② 곡선 위에 점으로 채워 보자.

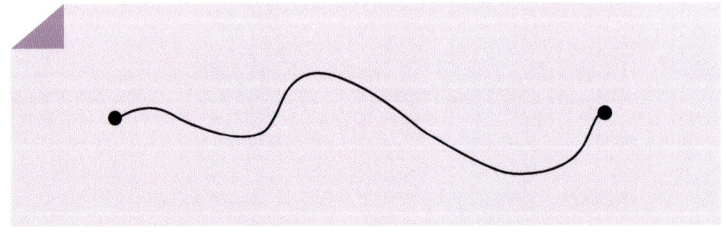

수평, 수직선, 사선, 대각선 등 다양한 방향을 의도적으로 제시하여도 된다. 또는 개인의 선택으로 자유표현을 시도해도 된다. 전혀 다른 생각과 표현은 어긋나거나 비틀거나 뒤집어 볼 때 쉽게 배운다.

③ 모형자를 대고 그린 곡선과 손으로 그린 곡선을 비교해 보자.

어느 선이 더 자연스러운 곡선인가? 미적인 의미를 부여한다면 두 선을 어떻게 볼 것인가?

· 모형자를 대고 그린 곡선

· 손으로 그린 곡선

④ 곡선을 연습하여 보자.

㉠ 반듯하고 질서정연한 선 연습(좌뇌적으로)

· 오른손으로
　－ 왼쪽에서 오른쪽으로

　－ 오른쪽에서 왼쪽으로

　－위에서 아래로

　－ 아래에서 위로

· 왼손으로
  – 오른쪽에서 왼쪽으로




  – 왼쪽에서 오른쪽으로




  –위에서 아래로




  – 아래에서 위로

Tip

각자의 손으로 한 방향으로 그리거나 서로의 방향을 왔다 갔다 반복하면서 선 연습을 할 수 있다. 상반된 느낌을 인식할 수 있다. 또한 연필심의 진하기 정도, 펜의 종류, 물감과 같은 다른 도구의 표현에 따라서 같은 직선이라도 그 느낌이 다른 것을 인식한다.

ⓒ 유연하고 리드미컬한 선 연습(우뇌적으로)

– 의미를 떠올리며 음악을 듣고 지휘자처럼 선으로 지휘하며 오른손으로 그린다.

– 의미를 떠올리며 음악을 듣고 발레리나처럼 선으로 춤추며 왼손으로 그린다.

Tip

음악의 선율에 대한 반응과 신체적 표현은 아이들의 예술적인 사고와 표현의 개방을 돕는다. 특히 클래식 음악 감상을 통해 지휘자, 발레리나, 시인, 화가, 철학가와 같은 사고와 표현의 체험은 통합적인 예술교육을 돕는 좋은 방법이다.

⑤ 곡선으로 그릴 수 있는 선은 무엇인지 아는 대로 그려 보자.

**Tip**

단순한 생각만을 떠올린 아이들의 대부분은 이런 정도의 이미지에서 벗어나지 못한다. 아주 특별한 단순미의 곡선을 찾거나 복잡 미묘한 곡선을 상상해도 된다.

⑥ 주변의 사물 속에서 곡선을 찾아내고 면이 아닌 선을 그려 보자.

**Tip**

닫힌 곡선은 동그라미나 원, 타원 등의 둥근 면을 이룬다.

⑦ 곡선으로만 그린 그림을 그려 보자.

– 눈을 감고 잠시 세상의 부드러운 곡선들을 떠올려 보자.

– 어느 때 곡선들이 아름답다고 느껴졌는가?

– 어떤 이미지와 형상이 떠올려지는가?

– 왜 아름답다고 느껴졌는가? 머릿속에 그림을 그려 보자.

– 마음이 가는 대로 곡선을 그려 보자.

–'다 채우려 하지 말고 그만두고 싶을 때 멈추어라.

– 스케치 그 자체로 아름다우면 그대로, 채색을 원하면 색 입히기를,
  마음에 안 들면 다른 방법으로 변화를 시도해라.

– 지우거나 찢지 마라.

– 바탕을 칠해도 좋고 안 칠해도 좋다.

– 자신의 아름다운 눈으로 그려라.

– 마음속에 스쳐 지나간 느낌과 생각, 의도 등을 글로 이미지화하라.

– 이왕이면 시인의 마음으로 글을 써 보자.

**Tip**

곡선적인 분위기의 음악을 보태라!

# ■ 아이들 표현 작품

## ● 교육적 성과

- 아이들은 곡선에 대한 시지각적 사고와 미적 인식 훈련을 통해서 사물을 제대로 보고 자신의 느낌으로 보는 습관을 갖게 된다.
- 연필에 힘을 주고 그리는 일정한 선의 곡선과 손가락 힘을 조절하면서 그리는 곡선의 미묘한 느낌과 변화를 인식하면서 표현의 리듬, 감정을 실을 수 있음을 안다.
- 직관적인 판단력과 여유를 배운다.
- 곡선의 표현을 통해 자연스럽고 살아 있는 생동감을 표현하는 선임을 안다.
- 내적인 마음의 세계를 알쏭달쏭 이미지 표현의 선으로 끌어내기 쉽다.
- 고정관념과 표현으로부터 탈피하기에 좋은 선 연습임을 안다.
- 예술 감각적인 선으로 여유와 편안함을 갖게 하는 선임을 안다.
- 나와 다른 사람의 마음을 깊이 들여다보고 표현할 수 있는 능력이 생긴다.

## ● 보여 주는 방법

특별히 곡선으로만 그린 아이들이 시가화 작품을 30초 정도만 보여 주고 마음을 열게 한다. 감상을 통해서 동질감과 동화를 느끼며, 생각과 표현의 자유를 얻게 한다. 참고하되 나만의 느낌과 생각, 의도로 찾아내고 표현할 수 있게 한다. 남을 의식하지 않는 자유로움을 배울 수 있게 한다.

작품 I

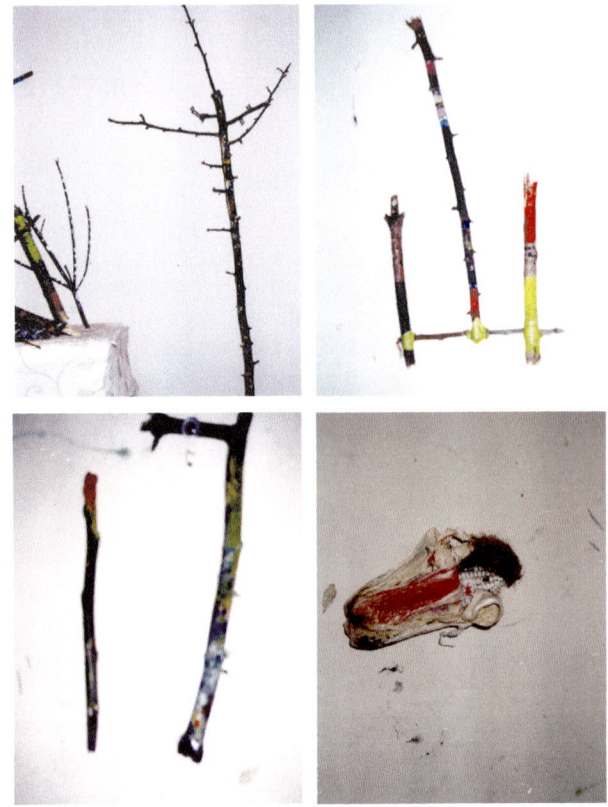

**이미지 형상화(나뭇가지와 옥수수)-인덕원 친구들(6~7세), 2001**

상단 오른쪽 아이는 색칠한 나뭇가지 4개를 모아 山으로 형상화했다. 나뭇가지에 그저 색칠해 보는 정도가 아니라 무언가의 의미를 찾아내는 작업이 창의적인 사고의 작업이다. 왼쪽 아래의 나뭇가지의 빨강색 윗부분은 꽃봉오리를 상징한다.

　　선을 인식시키면서 자신이 선택한 나뭇가지로부터 어떤 이미지를 연상시켜 나뭇가지에 채색하도록 하였다. 오른쪽 상단의 아이는 가느다란 나뭇가지로부터 산을 떠올리고 채색한 후, 끈으로 묶어 山을 형상화하였다. 한자에 관심을 갖기 시작한 시점이다. 나뭇가지의 선 그 자체는 본질적으로 자연의 곡선이다. 그러나 아이들은 가끔 딱딱한 선의 이미지 때문에 직선으로 오해하기도 한다. 아이들은 이렇게 자연적인 나뭇가지의 곡선을 보면서도 나무를 그릴 때 직선의 도식적인 그림을 그린다. 그러나 실제로 자연소재를 보면서 제대로 보는 시각적 인식훈련을 시키면 자연스럽게 사물을 있는 그대로 받아들이고 표현하는 능력이 생긴다.

■ 지도 방법
  – 선으로 인식할 수 있는 잔 나뭇가지들을 주워 모은다. 자연의 소재는 대부분 곡선임을 안다.
  – 나뭇가지들을 들여다보며 선 자체에서 특별한 이미지를 찾는다.
  – 나뭇가지 자체의 선에서 상징적 이미지를 쉽게 연상하지 못한 경우, 여러 개의 나뭇가지들을 조합하여 하나의 이미지를 구상한다.
  – 나뭇가지 자체의 선 이미지에 합당한 채색을 하거나 구조화된 작품에 독특한 방법으로 채색한다.
  – 제목을 정하고 나름의 의미를 부여하고 발표하거나 전시한다.

■ 표현 재료
  – 나뭇가지, 수채물감 또는 아크릴 물감

## 작품 Ⅱ

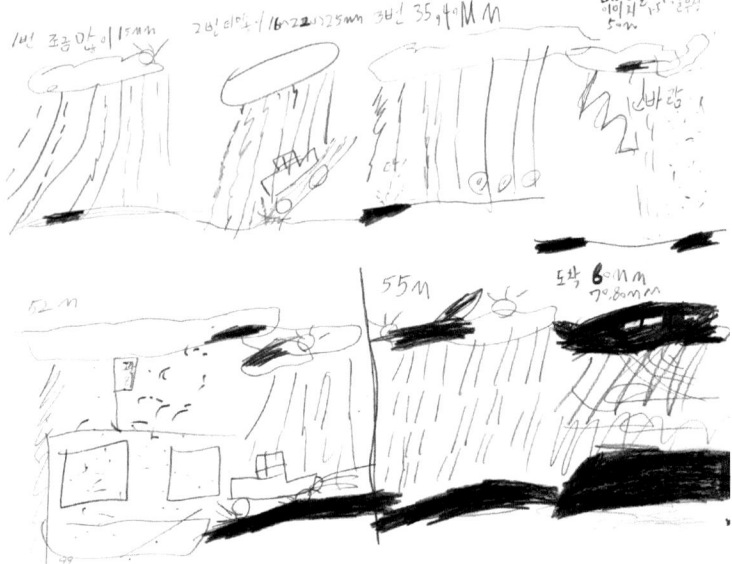

비오는 날의 이미지-KWS(1학년), 2004

WS는 내가 제시한 주제의 의미를 벗어나서 오로지 비 오는 정도를 표현하고 있다. 전혀 예측 밖의 표현이지만, 수학적인 계산과 과학적 관심을 '비오는 날'의 경험을 통해 그림으로 나타내고 있다.

'비 오는 날의 이미지'를 알쏭달쏭한 표현으로 그려 보라 했는데 이제 막 초등학교에 입학한 WS는 강우량을 표시하듯 땅에 흐르는 빗물의 양을 검은 연필의 농도로 표현하고 있다. 구름의 크기, 색깔도 비 오는 정도에 따라 다르게 표현하고 있으며 강우량을 수치로 적어 놓고 있다. WS는 많은 그림에서 자신이 알고 있는 상식과 지식을 많이 드러내곤 했다. WS 엄마에게 '수학적 사고가 높은 아이' 같다고 했더니, 수학영재라고 한다. 프로그램에 참여한지 얼마 되지 않아 다른 학교로 전학을 가서 계속 표집하고 비교할 수가 없어서 아쉬운 점으로 남는다.

■ 지도 방법

  – 8칸으로 나눈 B4용지를 나누어 주고, 5분 정도 눈을 감고 '비 오는 날'의 경험을 기억하며 이미지를 떠올린다.

  – 8칸의 용지에 자신이 보았던 비 오는 날의 풍경이나 이미지를 알쏭달쏭하게 선 그림으로 그린다.

  – 각 칸마다 그림에 대한 설명을 간단한 글로 남긴다.

  – 잘 그리기 위해 노력하기보다 느낌과 생각에 자유롭게 표현하도록 한다.

  – 남의 그림에 마음을 두지 않고 자신의 시각적 경험과 이미지 표현에 충실하도록 한다.

  – 제한 시간 20분으로 긴장감을 제공하여 최고도로 몰입하도록 한다.

  – 칠판에 아이들의 작품을 전시해 서로의 작품을 감상할 기회를 갖고 사고와 표현의 기회를 넓힌다.

**Tip**

비 오는 날의 느낌, 색깔, 비 내리는 모습, 비의 양, 풍경 등 다양한 시각적 경험을 상기시키며 특히 남이 보지 못하는 장면들을 찾을 수 있도록 강조한다.

■ 표현 재료

  – B4용지, 연필, 선그림 도구

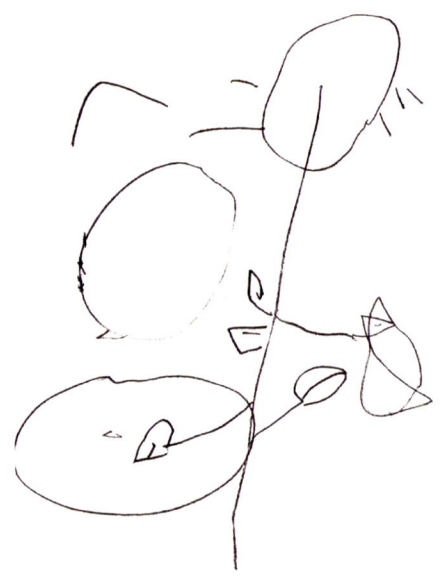

**식물 보고 그리기-HMY(5세), 1994**

큰 도형으로도 보고 작은 잎의 구조를 인식하기도
한다. 선의 형태를 읽어내고 있다. 5살 아이의 눈에
보이는 참 자연스럽고 예쁜 그림이다.

**작품 Ⅲ**

　5살 MY가 화분의 식물을 보고 그린
것이다. 작은 이파리, 약간 틀어 올라가 접힌
이파리, 위치 관계를 나름 분석하고 있다.
아주 간결한 선으로 식물의 형태와 흐름을
인식하여 표현하고 있다.

■ 지도 방법
　– 주변의 식물화분을 앞에 갖다 놓고
　　유심히 들여다본다.
　– 종이를 나누어 주고, 눈에 보이는
　　대로 선으로 그린다.
　– 줄기나 잎의 위치, 간격, 크기, 굵기
　　등의 연결 관계를 살피며 선의 흐름을
　　찾아 그린다.

– 식물 전체를 다 그릴 필요는 없다. 그리고 싶은 부분만 집중적으로 그려도 된다.
– 시간제한을 5분, 10분, 20분으로 몰입의 정도를 구분하고 긴장감을
　조성함으로써 선의 속도에 따라 표현이 다름을 느낀다.
– 그린 다음에는 각각의 종이에 그리는 순간의 감정과 생각들을 글로 내면화한다.

**Tip**

아이들이 식물의 줄기, 잎의 위치, 간격, 크기, 굵기 등을 분석하며 식물 전체에서 선의
흐름을 찾도록 속삭이듯 가볍게 인식시킨다.

■ 표현 재료
　– 식물 화분, B4용지, 선 그림도구

작품 Ⅳ

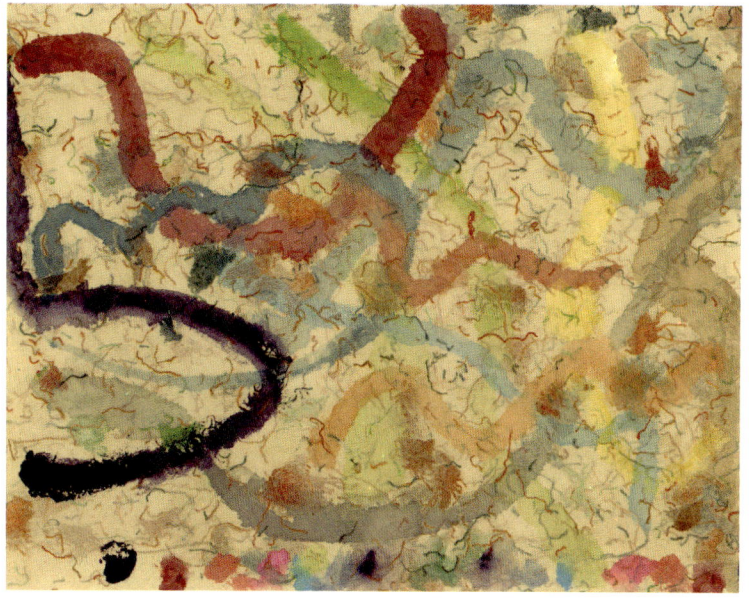

클레의 그림처럼-화선지에 추상화(1학년), 2005
브라운 화선지의 거친 실이 바탕이 되었다. 몇 개의 선만으로도 추상의 이미지를 표현
할 수 있는 장점이 있다.

　　바탕칠을 할 필요가 없는 작은 실 무늬와 함께 짜여 있는 옅은 브라운 톤의
두꺼운 화선지에 바탕색과 어울리는 선으로만 그려 보게 했다. 하얀 도화지만이
아닌 색지를 선택하여 마음을 그리는 미적 인식 훈련이다. 바탕을 칠해야 하는
부담감으로부터 벗어날 수 있으며 미적 인식을 달리해 볼 수 있는 방법이다. 반대로
하얀 도화지라면 바탕을 다 칠한 다음에 작은 실선을 그려 넣거나 실들을 붙이고
커다란 붓으로 선을 그림으로써 창의적으로 응용, 표현해 볼 수도 있다. 독특한
질감이 있는 종이에 미적 인식 훈련을 하는 방법이다. 우연의 효과이겠지만, 자세히
들여다보면 가운데 상단에 발레의 동작을 하는 듯 역동적인 인물의 옆모습이
재미있다. 크게 미적 의도와 감각이 반영된 작품은 아니다. 선의 자유로움을
인식시키기 위해 시행해 보았던 작품이고 무의미해 보이는 다른 아이들의 작품에

비해 좀 더 의식을 집중하려는 노력이 엿보인 작품이다.

■ 지도 방법

   – 클레의 작품을 보여 주고 분석하면서 음미한다.

   – 작은 곡선의 실들이 얼키설키 엉겨 있는 두꺼운 화선지를 나누어 주고, 종이의 질감을 느껴 본다.

   – 이미 작은 선들과 채색된 바탕지를 응용하여 선과 색채를 임의대로 자연스럽게 연결하며 채색한다.

   – 종이의 흡수력에 따라 물감과 물의 농도 조절에 요령이 필요함을 안다.

   – 몇 개의 선으로도 추상적인 표현을 할 수 있다.

   – 붓의 자유분방한 놀림으로 이미지화한다.

**Tip**

의식의 흐름을 조절한 다음, 어떤 동작이나 움직임, 감정 등을 떠올리며 선을 표현할 수 있게 해야 한다.

■ 표현 재료

   – 클레의 작품사진 〈Insula Dulcamara〉, 질감이 있는 두꺼운 화선지, 수채도구

제대로 보고 느끼고 생각하며 아이들의 아름다운 눈을 높여라

작품 V

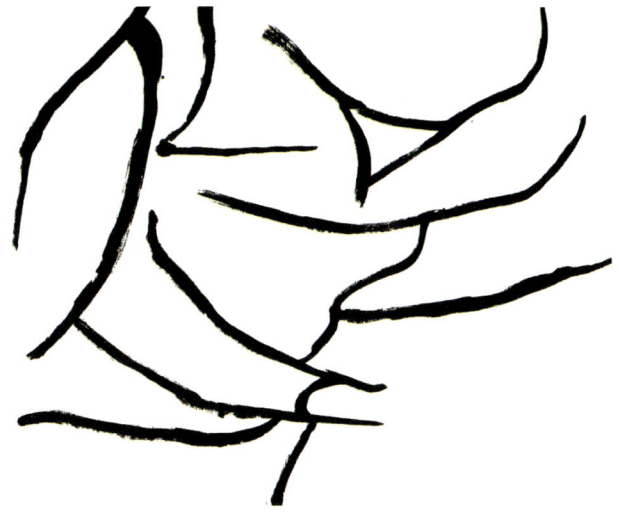

나만의 서체를 찾아라(뿌리체)-SMK(5학년), 2004

SMK라는 아이의 '뿌리체'라는 글씨체이다. 이름 하나하나를 방향을 틀며 글
씨를 조화시켰다. 특히 선의 표현이 예술적이다. 추상회화에 가까운 글씨예술
이 되었다.

추사 김정희전에서 추사의 다양한 서체를 보고 난 후, 예기치 않게 주어진 5학년
서예수업에서 추사의 마인드를 적용해 얻은 작품이다. 갑작스러운 나의 제안에
아이들은 처음에 매우 당황한 듯했지만, 나아 같이 동행한 한 시간의 연습 후부디
마음의 눈이 열리는가 싶더니 곧 다양한 표현의 선들이 등장했다. 교과서에 제시된
특정한 서체를 보고 연습하는 것만이 중요한 것 같지 않았다. 아이들의 미적인 눈을
열어 주는 일이 곧 내적 표현이고 창의적 사고를 열어 주는 길이었다. 나도 추사
김정희전을 다녀오지 않았다면 가르침에 대한 눈을 열지 못했을 것이다. 자연스러운
선 인식을 위해서 미술수업에서 서예붓의 활용은 매우 중요하다. 특히 붓글씨의
서체는 곡선 그 자체로 유연하고 마음을 열 수 있고 우뇌적인 창의적 표현하기에
좋은 방법이다. 새 학년 초마다 미술수업에서 서예붓으로 선 인식을 시킨다면
아이들의 시각을 열어 주는 중요한 계기가 된다. 연필의 경직된 선으로부터 마음을

열어 준다. 위의 서체는 SMG의 '뿌리체'라는 글씨체이다. 이름 하나하나를 방향을 틀며 글씨를 조화시켰다. 수업시간 초에 집중하지 않아 혼내주던 기억이 있다. 초서에 가까운 글씨예술이 되었다. 현재 고등학생인 MG는 자신에 대한 부모의 기대를 이겨 내고 시각디자이너의 꿈을 꾸고 있다.

■ 지도 방법
  – 추사 김정희의 다양한 서체를 보여 주고 글자 자체의 다양성과 예술성에 대해서 마음을 연다.
  – 평소에 사용하는 글씨체에 대한 모든 개념을 다 잊고 서예붓을 마음대로 갖고 놀듯이 화선지에 글씨체를 연습한다(교사는 칠판에 시범을 보여 주거나 아이들의 아이디어를 하나씩 보여 주면서 생각을 열고 넓혀 가도록 한다).
  – 다양한 글씨체를 떠올려 보고 자기만의 서체를 연구한다.
  – 자신만의 가장 예술적인 화면구성으로 화선지에 자신의 이름을 이미지화하여 완성한다.
  – 자기 서체의 이름을 정한다.

**Tip**

추사 김정희는 다양한 필체를 연구하기 위해 동네 아이들로 하여금 글을 써 보게 했다. 추사가 아이들의 필체에서 아름다움과 순수함을 찾고자 했다면, 교육자는 아이들 자신의 필체를 만들어 낼 수 있지 않겠는가. 자기 인식의 수업에서 자기 사인을 연습하는 것과 상통한다. 예술가들은 너희들을 흉내 내기를 원한다고 얘기해 보라. 너희도 예술가일 수 있다고 띄워 주면 아이들의 눈빛이 진지해진다.

■ 표현 재료
  – 추사 김정희 작품, 화선지, 서예도구

## 작품 Ⅵ

과학도서의 삽화에서 개구리가 파리를 잡아먹고 있는 장면을 그렸다. 전형적으로 글씨 쓰는 자세로 연필을 쥐고 그린 선이다. 지우개를 사용하지 않고 한눈에 삽화를 보고 안정감 있는 그림을 그려 내었다. YA는 사물에서 중요한 것과 중요하지 않은 것을 쉽게 가릴 줄 안다.

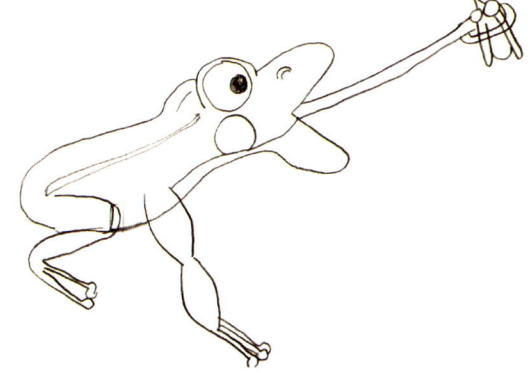

관찰표현-PYA(2학년), 2002

YA처럼 실물사진을 보고 단순하게 윤곽을 잡아내는 일은 그다지 쉽지 않다. 재빠르게 전체의 흐름을 파악하는 눈이 필요한데 사실적으로 다 그려 내려는 집착이 가로막기 때문이다.

실수라면 개구리의 몸통에서 먼저 중심을 잡다 보니 개구리 배 부분의 선이 앞다리를 통과했다는 점이다. 좌뇌적 사고가 높은 아이는 사물로부터 중요한 포인트와 간결함을 쉽게 찾아낸다.

■ 지도 방법

- 평범하지 않은 동물의 움직임을 포착한 과학사진을 준비한다.
- 간략한 형태의 그림을 그리기 위해 주의 깊게 보고 동물의 동작을 눈으로 그리거나 손가락으로 사진 위에 따라 그린다.
- 사진을 보며 연필로 윤곽선과 중요 부위를 빠르게 그린다.
- 10분의 소요시간을 정하여 몰입의 시간을 제공하며 긴장감을 유지한다.

### Tip

특정한 곳에서부터 시작하거나 위치를 정해 주지 않도록 한다. 반드시 자신의 눈으로 인식하여 자기표현 방법을 찾아가도록 한다. 가운데서 시선을 끄는 방법도 있고 귀퉁이에서 자기만의 미적인 눈으로 구도를 잡을 수 있어야 한다. 과학적 사고를 응용한 미술수업이지 사물을 정확히 분석하고 표현해야 할 과학수업이 아니다.

■ 표현 재료

 - 동물동작 사진, A4용지, 선 그림 도구

작품 Ⅶ

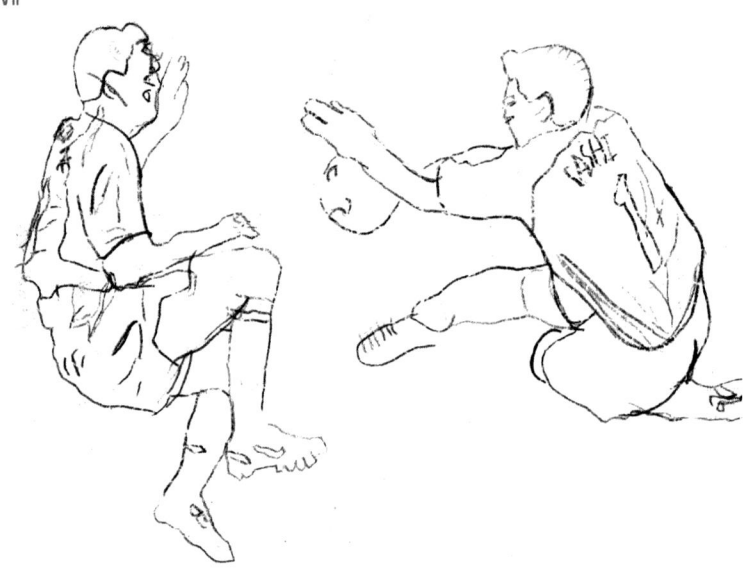

인물동작의 변화를 위하여-KKH(7세), 2002

2002년 축구 선수들의 동작 사진을 스크랩하여 묵지를 대고 따라 그린 선 그림이다.

수평적이고 수직적인 인물 형태의 형상과 구도에서 크게 벗어나지 못하는 아이들에게 미적 인식을 돕기 위해 이렇게 흔히 접할 수 있는 축구 동작의 역동적인 장면을 제공하여 시도했다. 2002년 서울 월드컵 당시 신문지상에 넘쳐나던 선수들의 역동적인 동작은 미술공부를 하는 아이들의 시선을 끌어당기기에 충분했다. 그러나 이러한 역동적인 동작은 일반 성인들도 그냥 보고 따라 그리는 일이 쉽지 않다. 이런 경우, 묵지를 대고 사진을 따라 그려 봄으로써 동작의 움직임과 선의 흐름을 미적으로 인식시키면 인체의 구조와 동작의 흐름과 변화를 인식하면서 생각이 열린다. 이런 과정은 딱딱한 인물표현 선으로부터의 개방과 사물과 현상을 새롭게 보고 미적으로 보는 눈을 높여 준다.

■ 지도 방법

- 신문의 스포츠 면에서 선수들의 역동적인 사진을 스크랩한다.
- 사진 아래 묵지와 도화지를 대고 고정시킨 다음, 연필로 인물의 라인을 따라 그려 본다.
- 사진에서 인체의 일부가 잘린 곳이 있다면 예측하여 그려 넣는다.
- 인체의 동작이 곡선이므로 너무 경직된 선은 쓰지 않고 몸의 라인에 따라서 연필 힘을 조절하며 그린다.

**Tip**

선수들 복장의 라인에 숨어 있는 인체의 흐름을 인식하여 그리도록 한다.

■ 표현 재료

- 선수 동작 사진, 묵지, 도화지, 연필, 풀

작품 Ⅷ

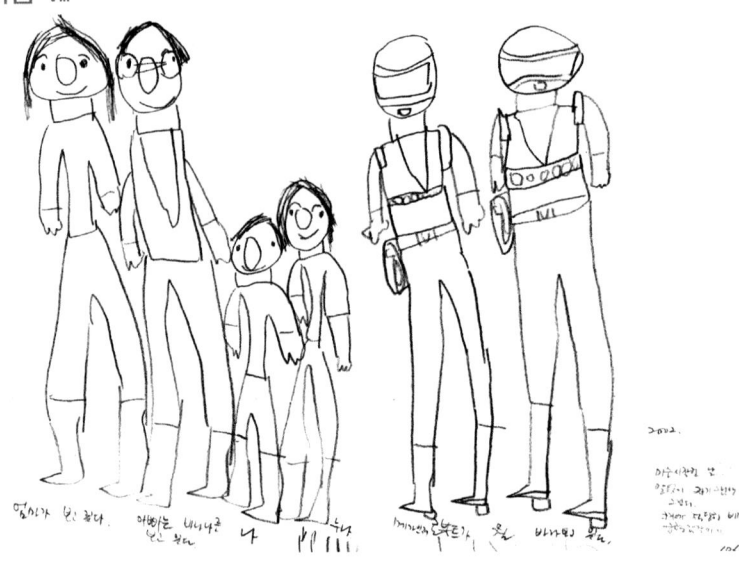

우리 가족-SYJ(5세), 2002

5세의 남자아이지만, 인물표현 수준이 매우 높다. 당시에도 집중력이 매우 높고 고집
세고 사물을 보는 눈이 날카로웠다. 나의 강요에 의해 가족을 그려 넣어 주었지만, 복
장은 여전히 파워레인저의 캐릭터 복장 스타일을 하고 있다.


5세 YJ는 당시에 항상 오른쪽 그림과 같은 캐릭터만 그린다고 걱정이 되어서
찾아온 경우였다. 집착이 강한 아이들은 자신이 관심 있는 분야에 특히 몰두하는
경우가 많다. 집착은 아이들에게서 보일 수 있는 잠재적 가능성의 우수한 특성 중의
하나이다. 집착은 집중력과도 연관된다. 실제로 그리고 싶은 그림을 그리라고 종이를
내어 주면 똑같은 캐릭터를 화면 가득히 그려 내곤 했다. '우리 가족'을 그려 보라고
했을 때 YJ는 여전히 두 명의 캐릭터를 먼저 그렸고, 때문에 캐릭터 아닌 너의 가족을
그려 보라고 강력히 요구해서 얻어진 인물표현이다. 그러나 여느 5세 아이보다 더
확실하고 정확한 실물에 대한 분석을 하였고 캐릭터에서 인식된 인물표현과 같은
자기만의 독특한 시각으로 구체화시켰다. 자기 관심으로부터 사물에 대한 눈을 뜨고,
정확한 분석적인 눈으로 표현력을 향상시켜 가는 인지능력이 높은 아이라고 볼 수

있다. 이미 앞의 카프라 쌓기 사진에서 보여 준 영재교육을 받고 있다던 SY이다. 이렇게 시각적으로 정확하게 보고 많은 것을 빨리 볼 수 있는 아이들은 자기 그림에서 확실한 선과 크기, 형상으로 자유로움과 대범함을 보여 준다.

**Tip**

요구와 강압적인 지시는 아이들로 하여금 다른 반응을 불러일으킨다. 칭찬과 더불어 회유로 아이들의 심리를 잘 조절할 수 있어야 한다. 개성이 강한 아이는 더더욱 다루기 어렵고 자칫 역효과를 내기 쉬우므로 조심스럽게 대해야 한다.

■ 지도 방법

- 눈을 감고 우리 가족 구성원의 분위기와 특징, 개성을 떠올려 본다.
- 화면 가득히 자신이 알고 있는 가족의 특성을 떠올려서 크게 그린다.
- 잘 그리기 위해 노력할 필요 없다. 기억과 생각대로 그리면 된다.
- 가능한 동작과 표정, 느낌이 드러나는 가족을 그린다.
- 가족에 대한 설명을 빈 여백에 글로 정리한다.

■ 표현 재료

- 도화지, 선 그림도구

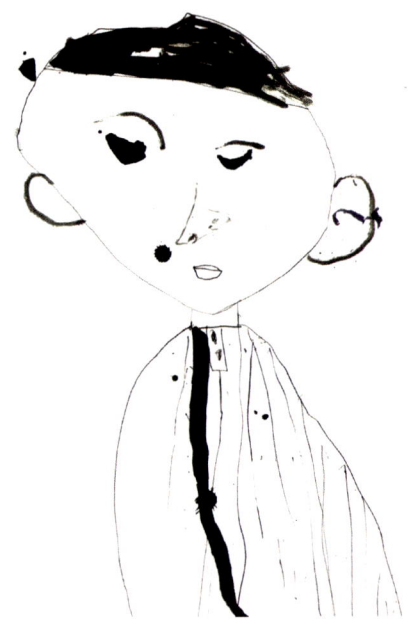

**인물표현(단색으로 그리기)**
**-인덕원 친구(1학년), 2002**

얼굴 구조를 인식시켜도 아이들은 대개 자기 기억과 느낌대로 그린다. 사색하는 듯한 표정이 정겹다. 앞 옷깃을 짙은 선으로 죽 그어 대담하게 표현했다. 이 선 하나가 몸의 움직임을 갖게 하며 옷차림의 흐름을 느끼게 한다. 손가락으로 이 라인을 가려보라! 어떻게 달라 보이는지.

## 작품 IX

앞에 있는 친구를 보고 잉크를 찍어 펜으로 단숨에 그린 인물표현이다. 표정에 초점을 찾느라 열중했는지 어깨와 팔의 윤곽선이 생략되었다. 마치 의도적인 미적 인식으로 생략한 듯 자연스럽다. 어깨, 팔을 생략한 채, 몸체를 하나의 덩어리 처리하였기에 심사숙고한 표정에 시선이 집중된다. 게다가 붓에 잉크를 묻혀 머리 카락과 눈, 옷자락을 대범하게 한 터치로 죽 그려 나간 게 제법 주관적인 미적인 눈이 높다고 보인다. 입가에 점은 실수로 잉크를 떨어뜨린 것이다. 사실 성인 화가들이 이러한 단순하고 간략한 이미지 표현을 포착하기 위해서는 상당한 크로키 훈련을 필요로 한다.

■ 지도 방법

　－ 서로 마주 보고 있거나 옆자리에 앉은 친구, 또는 모델을 3분 정도 주시하며 전체적인 분위기와 흐름, 인상, 특징, 느낌, 스타일을 파악한다.
　－ 펜에 잉크를 찍어 5분 이내 단숨에 그린다.
　－ 잘못된 표현에 군이 신경을 쓰지 않는다.
　－ 변화와 개성을 살릴 만한 곳이 없는지 찾고 강조한다.

■ 표현 재료

　－ 8절 도화지, 잉크, 펜

**작품 X**

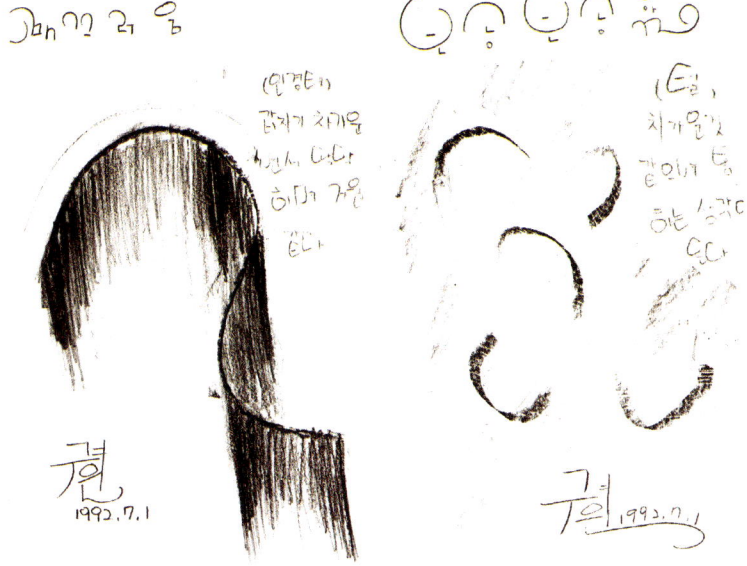

촉각이미지(매끄러움, 보송보송)─KEK(5학년), 1992

특별히 가르치지 않았는데 명암법을 이용하여 입체감을 살렸다. 둥글게 말려 있는 매끄러운 커다란 캔드지를 세워놓았을 때 풀린 듯한 형태감을 느끼게 하고, 보송보송함은 부드러운 아기 엉덩이를 만저보는 듯한 느낌이다. 그런데 정작 본인은 주제들에 대해 안경테와 털의 이미지를 떠올려 그렸다.

매끄러움과 보송보송함이란 단어의 이미지처럼 곡선으로 그 이미지를 상징화하였다. 매끄러운 종이 한 장의 단면을 위에서 내려다본 듯 S라인을 그리고 매끄러움을 표현하기 위해 명암표현으로 느낌을 살렸다. 그러나 EK는 안경테의 매끄러운 느낌이라고 한다. 수많은 시각적 기억으로부터 특별한 어느 기억의 한순간을 떠올려서 이미지화한다는 그 자체가 놀랍다. S라인 자체에도 흐름과 느낌을 살리고 있다. '보송보송함'의 개념에 대해 더 이상 표현할 필요 없이 손으로 느끼는 올록볼록한 통통한 감각을 5개의 선으로만 강조했다. 그런데 그 표현은 털을 만졌을 때 느낌을 표현한 것이다. 보는 사람에 따라 그린 사람의 의도와 전혀 다른 이미지로 볼 수 있는 것이다. 가르치지 않아도 주제 글씨에도 느낌을 살려 미적으로 표현하고 어느 순간 EK의 이름도 미적으로 사인화해서 자신을 드러내고 있다. EK는 수업시간에 배운 내용을 또 다른 수업에 적용하며 생각과 표현을 확산시켜 나갔다.

■ 지도 방법

    – 자기 자신에게 완전히 몰입할 수 있도록 조용한 분위기를 조성한다.

    – 선 그림 도구를 갖추고 눈을 감고 마음을 비운다.

    – 오감 중 촉감의 다양한 개념들을 10분 정도의 시간으로 제한하고 극도의 긴장감 속에서 주어진 개념에 대한 이미지를 상징화한다.

    – 10분이 지나면 다른 개념을 불러 주고 긴장의 시간이 지속되게 한다.

    – 각 개념에 대한 이미지 표현의 과정 속에서 느낌과 생각, 의미를 글로 내면화한다.

**Tip**

스스로 긴장하며 여유 있게 자기표현에 몰입할 수 있는 수준이면 칠판에 개념을 기록해 주고 각 개념에 대해 자발적인 이미지 표현을 할 수 있도록 한다.

■ 표현 재료

    – A4용지, 선그림 도구

## 작품 XI

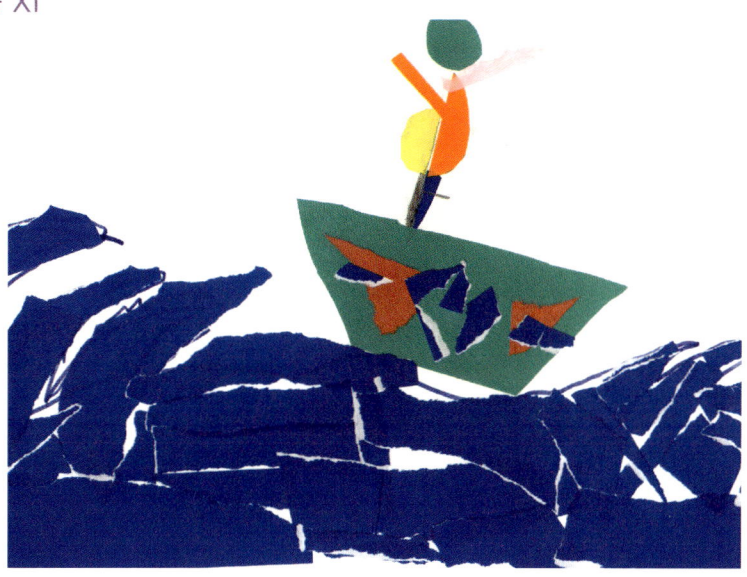

**색종이 이미지 표현-KKH(7세), 2002**

물결이 출렁거리는 방향을 따라 배가 기우뚱 움직이고 있다.
두 팔을 벌리고 배 위에 서 있는 아이도 기우뚱 기울게 방향을 설정했다.

　색종이를 단순하게 오리거나 손으로 색종이를 뜯어 붙이며 자연스러운 물결의 흐름을 선과 터치를 살리며 자신의 생각을 이미지화한 작품이다. 단정하고 형식적이며 늘 같은 그림을 그리는 고정적인 표현을 벗어나기 위해선 반듯하게 가위로 오리는 수평적이고 수직적인 표현보다 손으로 뜯어 우연의 효과를 미적으로 표현하면 효과적이다. KH는 보통의 아이들이 반듯하게 수평적으로 바다 위에 떠올려야 할 배를 출렁거리는 파도를 타는 배와 자신을 인식하고 물결을 따라 기우뚱하게 배치하고 있다. 하늘 배경을 깨끗하게 비워 놓았다. 언젠가 배를 타고 여행한 자신의 흥분된 경험을 그대로 표현했는지 모른다. KH는 수업시간에 잡음이 없는 조용한 남자아이로 늘 골똘히 생각하며 정성껏 마음의 표현을 다한다.

　　－ 색종이 뜯어 붙이기에 마땅한 간단한 주제를 정하고 밑그림을 그린다.

　　－ 생동감을 살릴 수 있도록 색종이를 뜯고 찢을 때 선을 의식하며 의식적으
　　　로 찢는다(뒷면에서 찢게 되면 색종이의 면이 하얀 면을 드러내어 미적인
　　　효과를 갖게 한다).

　　－ 뒷면에 말끔하게 풀을 묻혀 찢은 색종이를 자연스럽게 붙이며 밑그림을
　　　채운다.

　　－ 미적 효과를 위해 변화가 있는 구도, 색깔의 대비, 조화 등을 고려하며 자
　　　기만의 독특함을 표현한다.

　　－ 빈 여백의 미를 고려한다.

　　－ 여백에 주제를 정하고 간단한 시적인 글로 내면화한다.

**Tip**

그림 속 주인공이 되어 상황에 빠져들어야 한다.

■ 표현 재료

　　· 8절 도화지, 색종이, 풀

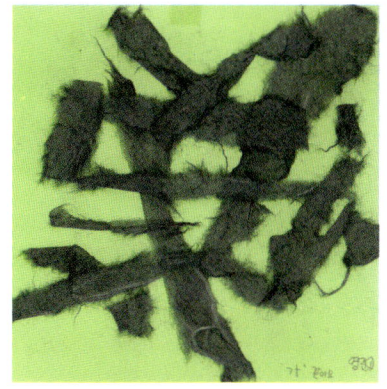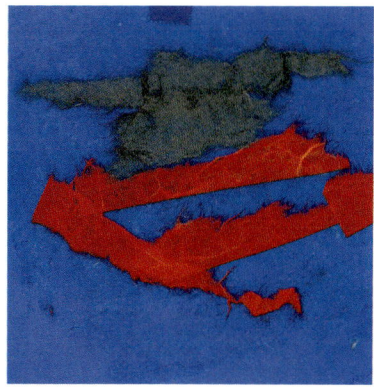

한지 뜯어 추상 이미지 표현-SYJ(5세), 2002

색상대비로 색채인식시키며 손으로 뜯은 색한지의 곡선으로 여백의 미를 살리거나 주제를 밖으로 탈출시키는 등 공간구성의 변화를 인식시키고, 자연스러운 추상 이미지 표현을 통해서 누구나 쉽게 미적인 눈을 높여갈 수 있다.

색한지는 손으로 뜯을 때 원하는 방향을 놓치기 쉬워 우연의 미적 효과를 보기 쉬운 재료이다.

아이들이 무작정 예쁘고 좋아하는 색을 선택하기보다 색에 대한 미적 인식을 나름대로 해 본 후에 자기 내면의 울림에 의해 색을 선택할 수 있도록 해야 한다. 깨닫지 못하면 늘 제자리걸음을 하기 마련이다. 내적인 이미지 표현은 곡선적이고 우발적인 우연의 효과에 의해서 얻기 쉽기 때문에 이러한 색한지를 뜯어 마음이 가는 대로 이미지를 표현함은 아이들의 마음을 자유롭게 한다. 무작정 배치하는 게 아니라, 뜯은 종이를 이리저리 공간을 움직이며 마음이 가는 곳을 정한다. 몇 개의 선이 아름답고 만족하면 그 자체로 마무리할 수 있어야 한다.

■ 지도 방법

- 원하는 색종이 바탕지를 2개 고른다.

- 색종이 바탕과의 조화를 위한 색한지를 고르고 마음이 가는 대로 의도적인 손놀림으로 자연스럽게 죽죽 찢는다.

- 공간의 미와 색의 조화로 표현력을 높이게 한다.

- 찢은 한지를 이리저리 색종이에 배치해 보고 어울림을 찾는다.

- 바깥으로 종이가 나가는 효과도 서슴지 않는다.

- 단순함, 복잡함 등 마음이 가는 대로 시도하게 해라. 아름다움이 느껴지면 그냥 손을 뗀다.

- 찢은 색한지에 풀을 묻히고 색종이에 붙인다. 필요에 따라 풀을 다 묻히지 않고 바탕으로부터 들뜨게 하여 입체적인 효과를 나타낼 수도 있다.

- 도화지에 완성된 색종이를 반듯하거나 삐딱한 어울림 등으로 미적으로 배치시켜 붙인다.

**Tip**

꽉 채우려 하지 마라! 여백의 미를 존중하라!

■ 표현 재료

- 색종이, 색한지, 풀, 8절 도화지

## (3) 보이는 대로 선 보고 그리기

■ 표현재료

선 그림 도구 및 기타 도구, 용지

① 손금 보고 그리기

오른손과 왼손으로 각각 반대편 쪽의 손금을 보이는 대로 선을 인식하며 그린다. 글씨체의 고정적인 선으로부터 마음을 열어 주는 선 연습이다. 각각 10분씩 몰입의 시간을 허락하여 그린 손금의 선을 비교해 본다.

왼손 보고 오른손으로 그리기

오른손 보고 왼손으로 그리기

– 눈에 보이는 대로 손바닥의 선을 주시하며 선을 따라 그린다.

– 고른 선, 파생적인 선의 굵기, 길이, 진하기를 파악하며 그린다.

– 손바닥을 바꾸어 손금을 보며 연필을 좌·우로 바꾸어 쥐고 선의 흐름과 연결을 놓치지 않아야 한다.

– 손가락의 형태를 그려도 좋다.

– 그리는 동안 자신의 의식 흐름을 빈 여백에 글로 내면화한다.

**Tip**

레오나르도 다빈치는 왼손으로 글을 반대로 쓰면서 남들이 감히 생각해 보지 못할 창의적인 시지각적 사고의 폭을 넓혔으며 자신의 아이디어를 남들이 쉽게 알아보지 못하게 했다고 한다. 사고로부터 자유로움이 자기 내면의 자유와 창의성을 찾아간다. 최소한 어떤 특별한 표현을 위해서라면 왼손 감각에 의한 선표현도 자유롭게 할 수 있는 마음을 열어 주어야 한다.

# ■ 아이들의 표현 작품

## ● 교육적 성과

– 우리의 몸 안에도 수많은 선이 다양하게 존재함을 안다.

– 자신을 나타내는 수많은 손금이 흐르는 방향과 갈림길이 있어 무언가를 의미하고 있음을 안다.

– 선의 강약과 흐름 등을 통해서 자연스러운 선 연습을 할 수 있다.

– 어떻게 보느냐에 따라 단순해 보이는 손금표현도 특별한 미적인 의미를 갖게 할 수 있음을 안다.

– 왼손으로 오른손을 보고 그리는 표현도 연습에 의해 자연스러워질 수 있음을 안다.

– 특별한 미적 효과를 위해서 반대로 생각하고 거꾸로 활용하는 방법을 생각할 수 있다.

## ● 보여 주는 방법

– 자신만의 표현방법을 선택하기 위해서 도움을 주는 정도로 잠깐 보여 준다.

– 부분적으로 세부적으로 자세히 볼 것이냐, 넓은 시점에서 볼 것이냐를 본다.

– 어떤 선 그림 도구를 선택할 것인지도 고려한다.

– 낙서 그림처럼 보이는 단순한 손금이라도 아름답게 표현할 수 있도록 한다.

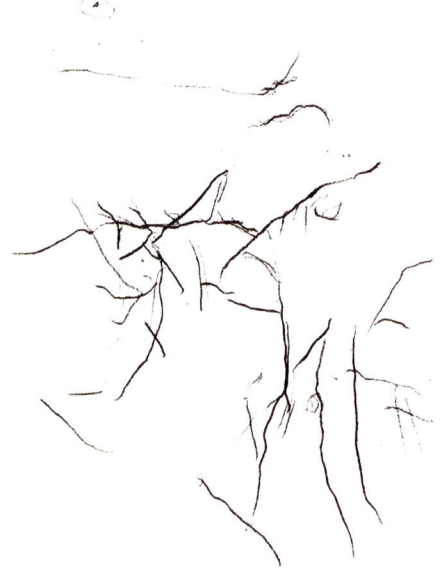

**보이는 대로 그리기(오른손 보고 왼손으로 그리기)–SEK(2학년), 2005**

왼손으로 그린 손금을 그린 그림 중에서 가장 잘 보고 그린 그림이다. 왼손으로 그린 그림 같지 않게 자연스럽다. 수학적 사고가 두드러져 보이는 아이들 중 한 아이다. 공간 설정도 짜임새 있게 정하고 제대로 집중하고 있음을 보여준다.

## 작품 Ⅰ

각각 왼쪽과 오른쪽 손금의 굵은 선과 가는 선들을 주시하면서 연필을 번갈아 쥐고 따라 그렸다. 자신의 몸 일부분인 손금도 미적으로 인식할 수 있음에 아이들은 호기심을 가지고 깊이 들여다본다.

복잡한 손금에서 선의 흐름을 놓치지 않으려고 의식을 모으다 보니 머리가 아프기조차 한다. 그러나 그런 과정을 통해 아이들은 주변의 사물과 현상들을 주의 깊게 보는 관찰력이 생긴다. 그렇게 제대로 보고, 느끼고 생각하는 가운데 자기 표현력이 향상 된다.

■ 지도 방법

- 조용히 몰입할 수 있는 분위기를 조성한다.
- 오른쪽, 왼쪽 손바닥의 손금을 들여다보면서 선의 굵은 선과 가는 선의 흐름을 찾는다.
- 오른 손금은 왼쪽 손으로 연필을 잡고 그리고, 왼손금은 오른쪽 손으로 연필을 잡고 그린다.
- 주어진 시간까지 손금에서 선을 놓치지 않도록 눈을 떼지 않는다.
- 곡선의 강약의 선을 자세히 살피며 선을 따라 그린다.

- 글씨 쓰는 자세로 연필을 쥐지 않고 선의 흐름과 강약을 조절하기 쉬운 편한 자세로 연필을 자유자재로 쥔다.
- 모든 구속과 강박관념으로부터 자유로워야 제대로 선 연습을 할 수 있다.
- 5분, 10분, 20분 등의 시간제한 등으로 다른 선의 표현력을 배울 수 있다.
- 머릿속에 스쳐 지나갔던 느낌과 생각의 흐름, 의도 등을 글로 자연스럽게 내면화한다.

■ 표현 재료
- 연필과 종이

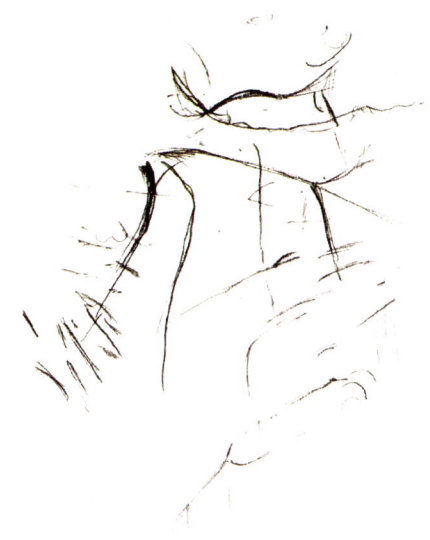

보이는 대로 그리기(왼손 보고 오른손으로 그리기)-PHS(3학년), 2005

3학년답게 안정감 있는 선을 찾아내고 있다. 굵은 손금의 선을 짙게 반복하면서 중요한 포인트를 강조하여 표현하기도 한다.

② 주변의 선을 인식하고 연습하기

주변의 사물로부터 단순한 선에서 복잡다양한 선까지 특별한 미가 느껴지는 선들을 찾아 그려 본다. 평소에 스쳐 지나갔던 작은 미묘한 선에서 미적인 요소를 찾게 한다. 형식적인 갖춤의 미가 아니라 독특하고 특별한 인상적인 선을 찾도록 한다.

– 자유로운 선 표현을 위하여 주변의 사물 속에서 10가지 이상의 선을 찾아 연습한다.
– 반복되는 선이 없도록 다양한 선을 찾는다.
– 선의 강약과 흐름을 인식하며 연습한다.
– 선 그림을 그리는 과정 동안 자기의 의식을 잡아 간단한 글로 남긴다.

예: 머리카락, 커튼 주름, 밀걸레, 빗자루, 뽀글이 인형, 고무줄, 가방끈

제대로 보고 느끼고 생각하며 아이들의 아름다운 눈을 높여라

# ■ 아이들의 표현작품

## ● 교육적 성과

- 하찮아 보이는 작은 소품에서 미적인 눈을 열게 한다.
- 응시하는 시각적 대상으로부터 선의 아름다움을 찾아낸다.
- 선의 흐름과 미묘한 변화 속에서 자기 나름의 느낌과 이미지를 찾는다.
- 손목과 손가락 움직임, 강약의 정도에 따라 선의 느낌이 달라진다는 것을 안다.
- 자연스러운 선 연습을 통해서 자기 표현력이 향상된다.
- 다른 친구들의 소재표현들을 통해서 자기만의 또 다른 미적인 눈을 높인다.

## ● 보여 주는 방법

- 여러 소재 중 특별히 미적 자극이 되는 선 그림에 대해 아이들과 어떻게 느끼고 생각하는지 간단한 평가의 시간을 제공한다.
- 독특한 선표현은 아이들로 하여금 허공에 손가락으로 그림을 그려 보게 한다.

**Tip**

수업 중에서 이루어진 선 연습 그림을 칠판에 전시해 주고 서로 감상할 기회를 갖는다. 아이들에게 가장 멋스럽게 그린 선 그림과 창의적인 소재를 찾아 그린 그림, 그리고 열심히 성실하게 그린 작품을 찾아 평가해 보는 방법도 좋겠다.

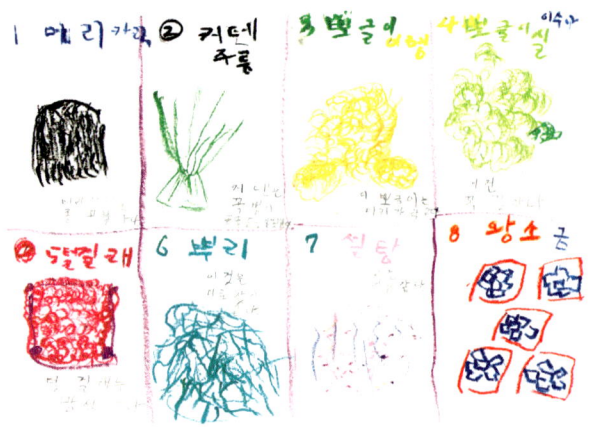

**주변의 사물로부터 선 인식-LSA(1학년), 2005**

사물의 실제 이미지를 크레용으로 선표현하였다. 설탕이 흘러내릴 때의 느낌과 굵은 소금의 굵음을 선으로 인식하여 표현했다. 굵은 소금을 큰 네모 하나로 보고 소금 결정체의 여러 면을 한꺼번에 큰 네모 안에 펼쳐 놓았다.

**작품 I**

1학년 SA가 크레파스로 그린 선 연습이다. 단색의 연필보다 본인이 좋아하는 색깔을 선택해 굵은 선의 크레파스로 선 연습을 했다. 보이는 대로 선 연습을 하는 것은 실물에 대한 질감이나 양감, 명암도 함께 표현할 수 있는 자연스러운 표현력이 길러진다.

■ 지도 방법

- 8칸으로 나눈 도화지를 나누어 주고 눈을 감고 마음을 가다듬는다.
- 주변에서 볼 수 있는 소재를 정하여 제시하고 선 그림으로 자기의 눈에 보이는 대로 표현한다.
- 선으로 표현하면서 느낀 생각과 감정들을 글로 내면화한다.
- 개방적인 선 연습을 위한 것이며 정확하게 자세히 표현하고자 함이 아님을 주지시킨다.
- 아이들의 주관에 따라 기타 도구로도 선 그림을 그릴 수 있도록 자유로움을 허락한다.

**Tip**

처음에 칸을 나누어 그렸다면, 다음에는 빈 화면을 자신의 미적 의도대로 공간을 주관할 수 있도록 한다.

■ 표현 재료

　　종이와 연필, 기타 선 그림 도구

## (4) 내적인 선 그림 그리기

■ 표현 재료

　　종이와 연필, 기타 선 그림 도구

> 　눈에 보이지 않는 단어나 감정 같은 개념에 대한 개인적인 이미지를 알 듯 모를 듯한 알쏭달쏭한 이미지의 상징적·추상적 선으로 그린다. 확실한 형상의 이미지가 아니라 자신이 경험하고 느끼며 알고 있는 마음의 이미지를 그리도록 강조한다.

- 그리는 방법을 설명한 후, 이해력을 돕기 위해 참고작품을 30초 정도 잠깐 보여 준다.
- 8~10칸으로 나눈 A4 용지를 나누어 준다.
- 조용히 눈을 감고 잠시 명상의 시간을 갖는다.
- 교사가 칠판에 제시한 개념나나 3분의 시산 내에 이미지를 떠올리고 선 그림을 그린다.
- 자신이 그린 선 그림을 빈 여백에 자유롭게 글로써 의미화한다.
- 스스로 만족할 때 어느 때든지 연필을 놓는다.
- 옆 친구의 그림을 보지 않도록 한다.

긴장감이 느슨해지지 않도록 시간을 확실히 제한하며 몰입할 수 있도록 조용한 분위기를 유지한다.

사랑,   평화,   분노,   아름다움,   슬픔

기쁨,   미움,   외로움,   고통,   우울

개념의 상징적 · 추상적 선 그림 표현

**Tip**

필요에 따라 표현의 개수를 조절할 수 있으며, 다양한 개념을 시도해 볼 수 있다.

## ■ 아이들의 표현 작품

### ● 교육적 성과

– 마음을 그리는 법을 배울 수 있다.

– 알고 있는 것을 이미지화할 수 있다.

– 자신을 깊이 들여다보는 습관이 생긴다.

– 본질적인 이미지를 추출할 수 있는 능력이 생긴다.

– 내적인 표현을 통해 선에 대한 자유로움과 표현력이 크게 향상된다.

– 미적인 눈과 예술적인 감각이 향상된다.

– 창의적 사고와 표현력이 높아진다.

### ● 보여 주는 방법

– 상징과 추상적 표현을 쉽게 이해시키는 정도로 가볍게 보여 준다.

– 선의 다양성과 자유로운 표현을 보여 줌으로써 마음을 열게 한다.

– 생각을 끄집어내는 방법을 보여 준다.

– 그림을 언어로 표현하는 법을 안내한다.

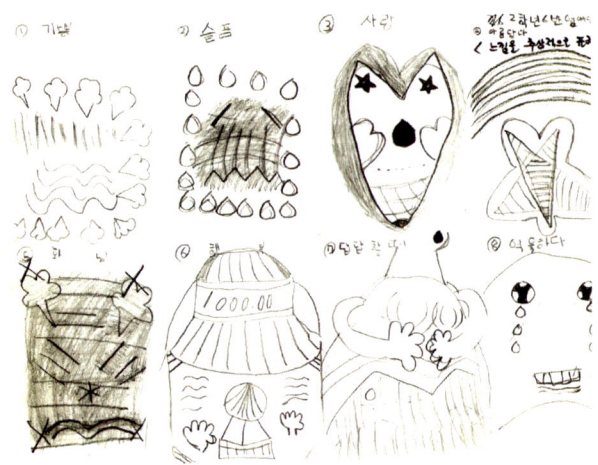

① 기쁨  ② 슬픔  ③ 사랑  경(2학년)는(애)의  아름답은  〈 느낌을 추상적으로 표현〉

④ 돈  ⑤ 겁  ⑥ 답답하다  ⑦ 외롭다

**감정의 추상적 표현-YYD(2학년), 2004**

무작정 선 그리기 연습을 하기보다 시간과 공간을 통제해서 생각을
끄집어낼 수 있는 시간을 주면 아이들은 내적 경험들을 들추어내고
숨어 있는 잠재능력을 발휘한다.

**작품 l**

2학년 YD와 4학년 SH의
개념에 대한 이미지 표현 그
림이다. 일반적으로 학년에 따
라 표현의 수준 차이는 있으나
나름대로의 자기 인식과 사
고과정에 의해서 내적인 표현
을 할 수 있는 점에 높은 평가
를 두어야 한다. 자발적인 관
심과 몰입 정도에 따라 표현
수준의 차이가 달라진다. 초기
의 작품이라 아직 세련성은
덜하지만, 몇 번의 반복적인

이미지 표현의 선 그림은 형상에 가까운 상징적 표현에서 자연스럽게 세련된 추상적
표현을 찾아 나간다. 연필 하나만의 선 그림으로도 조형적인 미적 인식을 익혀 나가며
창의적인 예술표현으로 승화시켜 나간다.

2학년은 4학년에 비해 아직 더 구체적 형상의 표현에서 크게 벗어나지 못했다.
도식적인 상징 이미지로 나름 추상화하려는 노력이 엿보인다. 이해부족과 눈에
익힌 만화적 표현기법에서 아직 벗어나지 못했기 때문이다. 반면에 4학년 SH은 첫
번째 시도인데도 제법 열린 사고를 하고 있으며 세련됨이 엿보인다. SH의 반에서
정규 미술수업시간에 예고 없이 색종이로 추상표현을 시도한 적이 있는데, 그 수업
때문에 아이의 표현이 쉽게 열렸는지 모르겠다. 그 수업 후, SH는 엄마를 설득해 내
수업에 동참했다.

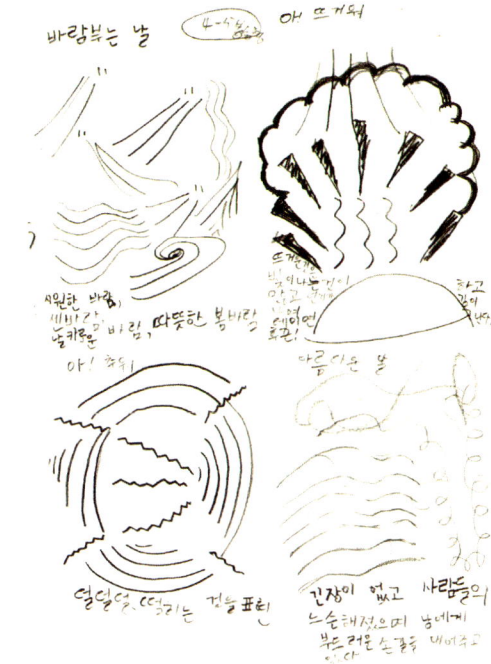

■ 지도 방법

- 4칸이나 8칸 등으로 나눈 종이를 나누어 주고 눈을 감고 마음을 가다듬는다.

- 단어에 대한 개념을 제시하고 그 개념에 대한 이미지를 연상하며 상징화·추상화한다.

- 연필을 잡을 때 글씨 쓰듯 쥐는 자세와 방법으로부터 자유로워야 한다.

- 개념에 대한 지휘하듯 느낌에 리드미컬한 자유로운 선으로 그릴 수 있도록 마음을 열어 준다.

- 선의 강약, 명암 등의 조형요소를 의식하며 미적인 표현을 찾는다.

- 각 개념에 대한 이미지의 비유와 의미, 느낌, 의도 등을 간단한 글로 내면화한다.

**감정의 추상적 표현–BSH(4학년), 2005**

4학년 남자아이다. 처음 접해 보는 기회이건만 참고작품을 통해 이미지 표현을 쉽게 접근했다. '앗! 뜨거워!'나 '아! 추워'같이 강한 느낌의 개념에 대해서 이미지를 표현한 선그림도 분명하게 느낌이 드러나고 강하다.

**Tip**

저학년의 경우, 상징적, 추상적 표현에 대한 의미를 알쏭달쏭한 이미지로 쉽게 설명해 주어야 한다. 참고작품을 제시해 주어도 좋다.

■ 표현 재료

- 종이와 연필

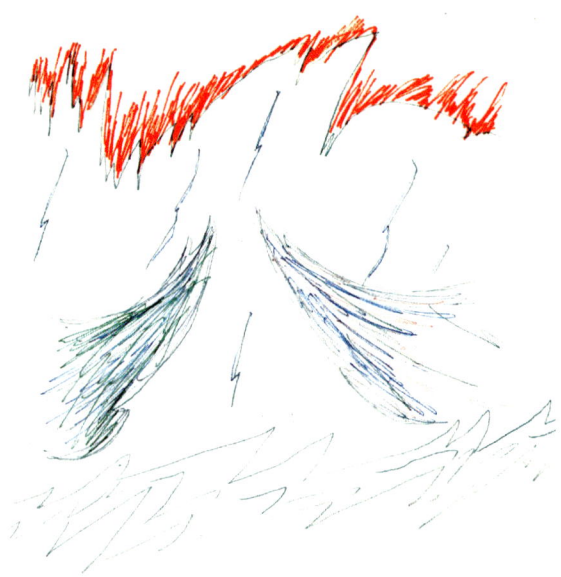

**클래식, 그림, 시(표제음악)–JYW(4학년), 1991**

양갈래의 날카로운 파도의 대립과 파도 물결, 천둥번개를 묘사함
으로써 삼각관계로 두 남자가 대립하고 싸우고 있는 듯한 격정
적인 순간을 그리고 있다. 마치 죽음으로 비극을 맞이하는 내용
을 알고나 있는 것처럼

## 작품 II

삼각관계와 비극의 주제가
분명한 표제음악, 쇤베르크의 '펠
리아스와 멜리장드'라는 음악을
듣고 4학년 YW가 표현한 그림
이다. 주제를 설명하지 않고 들려
준 음악에서 아이들은 주제에 유
사한 이미지를 곧잘 유추해 낸다.
단순한 선으로 음악에 대한 자기
이미지를 상징화시켰다. 빨강색
사인펜으로 극적인 이미지를 강조
하기도 한다.

미적으로 세련된 선표현은 아
니지만, 단순명료하게 자기의 내
적 이미지를 표현할 수 있음은

YW의 음악적 감수성이 존재함을 의미한다. 주제가 분명한 음악인 표제음악으로부터
아이들은 유사한 유추를 하는 반면, 주제가 없는 비표제음악은 대개 아이들이 듣는
것 조차도 불편해한다. 아마도 비표제음악으로부터는 형상적인 이미지를 찾기가
어렵기 때문이 아닐까 싶다.

참고로 쇤베르크의 '펠리아스와 멜리장드' 곡은 남녀의 삼각 관계를 주제로 한
스토리로 주인공들이 비운의 운명을 맞이하는 슬픈 곡이다. 아이들 상당수가 이와
비슷한 이미지 표현을 하는 걸 보고 깜짝 놀랐다.

■ 지도 방법

– 조용히 음악 감상할 수 있는 분위기를 조성한다.

– 극적인 장면이 분명한 곡을 선택하여 10분 정도 들려준다.

- 음악의 선율을 따라 마음을 움직여 보고 경험을 떠올려 보는 등 이미지를 유추하고 느낌과 생각을 놓치지 않고 몰입한다.
- 다시 한 번 음악을 들으면서 주어진 종이에 지휘하듯, 발레를 하듯, 예술가가 되어 알쏭달쏭한 이미지로 상징화하거나 추상화한다.
- 고정관념으로부터 탈피하여 연필의 자유로운 선과 사용법으로 미적으로 이미지화한다.
- 화면을 꽉 채우려거나 잘 그리기 위함이 아니라, 자기표현에 최선을 다하도록 한다.
- 뒷면에 이미지 표현에 대한 의미와 느낌, 생각 등을 글로 내면화한다.

■ 표현 재료
- 쇤베르크 '펠리아스와 멜리장드' CD, 종이와 연필

작품 Ⅲ

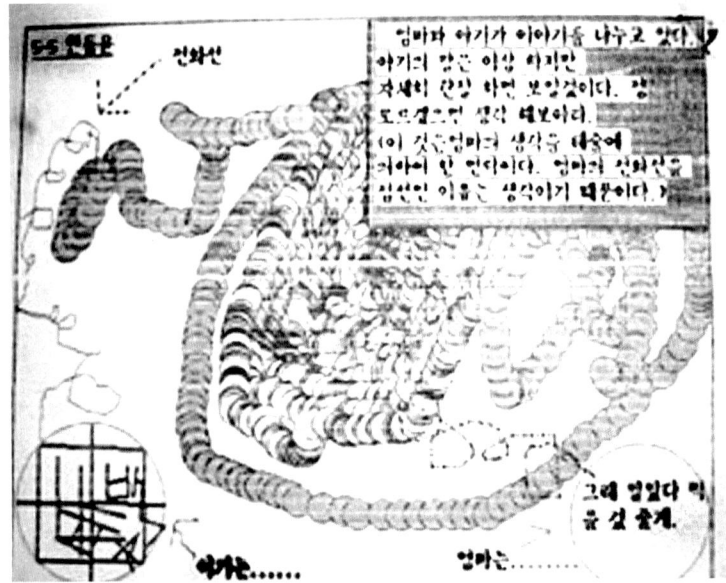

내가 엄마 배 속에 있었을 때-HDY(4학년), 1991

DY는 미술 특별반이 아닌 내가 맡은 반 학생이었다. 특별한 마인드와 컴퓨터 그래픽에 소질이 있는 DY에게 같은 주제로 추상적 표현을 해 보라고 요청했다. 배 속의 태아와 엄마가 대화 나누는 장면을 표현했다.

    1991년에 컴퓨터 그래픽에 익숙한 DY에게 개인적으로 주제를 제시해 그래픽 선이미지로 표현하도록 제안해서 얻은 작품이다. 꽤 많은 시간을 투자했을 것이다. 자신의 의도를 분명하게 설명하고 있다. 4학년 수준으로서 전혀 그래픽 같지 않은 자연스러운 선으로 이미지를 표현하고 있다. DY는 학년 말 미술 실기평가에서 다른 미술 선생님으로부터 양을 받은 적이 있다. 당시 내 반 아이중에서 가장 창의적인 아이로 평가하고 있던 나로선 이해하기가 어려웠지만, 미술 전담 선생님 입장에선 DY가 미술 시간에 성의를 보이지 않았다면 그렇게 평가할 수도 있었을 것이다. 내 생각에 DY는 자신의 세계를 표현하는 내 수업에 일체감을 더 느꼈는지 모르겠다. 내 기억에도 DY의 경험화 수준의 인물표현 등은 지극히 평범했다고 기억한다.

그러나 자신의 지적인 관심과 내면의 잠재된 생각을 끄집어내는 내 표현활동에 마음을 열고 표현력을 높여가지 않았을까 싶다. 가르쳐 본 아이들 중에서 가장 가능성을 크게 찾아준 대표적인 아이에 속한다. 다음 해에 내가 미술 전담을 맡아 가르쳤을 때, 환타지아에 대한 이미지 표현의 수업에서  하늘로 오르는 영혼들을 상징화하던 DY의 붓놀림과 몰입을 주시하면서 아이들의 예술적 표현의 가능성에 대해서 깊이 생각해 본 기억이 있다.

자신이 알고 있는 과학적 상식을 자신의 내면세계와 상상, 조합시켰으며 모든 표현에 나름의 의미와 계획을 세우고 있다. 컴퓨터로 탯줄의 질감과 명암, 리듬을 살렸으며, 화면 전체를 자신의 의도대로 상상력을 맘껏 발휘하고 있다. 게다가 문학적 사고력이 높은 DY의 특별히 배우지 않은 미술의 시지각적 사고와 표현능력이 어디서부터 출발하는지 궁금하다.

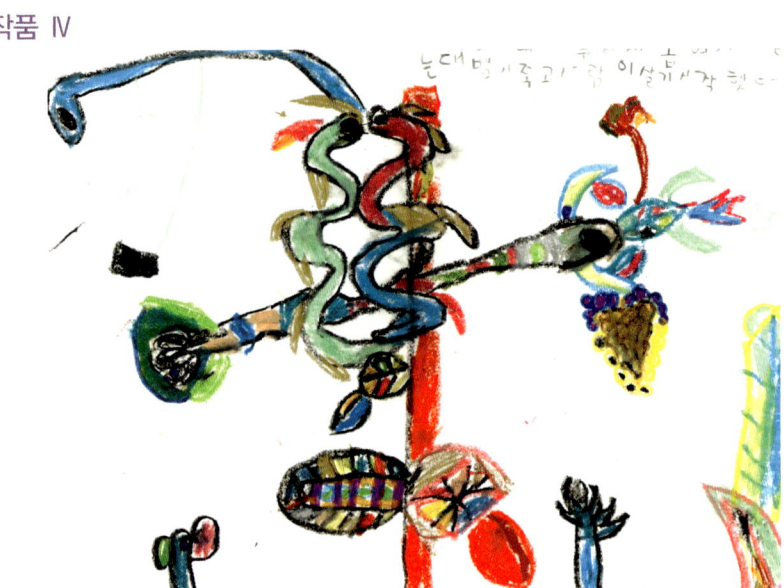

과학 상상화—SDW(2학년), 2002

남자아이답지 않게 색채가 화려하다. 그러면서도 안정감이 있다. 마치 그리스 로마신화
의 얘기를 들여다보는 듯하다. 그도 그럴 것이 이 시기에 그리스 로마신화 만화시리즈
가 유행하였는데 자주 보는 시각 문화의 영향이 있었을지 모른다.

유전자 공학에 관한 과학상상화다. 선으로 그린 입체표현이지만, 가는 면 때문에
마치 선 그림 같다. 바탕색 없이 주제만 살렸다. 그림의 내용을 자세히 알 수 없다
해도 DW의 생각과 의도가 가득 담겨 있음을 알게 한다. 다채로운 색깔들이며
섬세한 표현이 자신의 그림에 몰두했음을 알 수 있다. 기저선 없이 나무나 식물을
수평적으로 세울 수 있는 담대함과 긴 기둥의 수직의 단조로움을 가는 나무기둥을
엇비슷하게 겹치게 함으로써 반듯한 십자형틀로부터 부담을 덜어 내고 있다. 두
마리의 뱀 라인이 변화를 시도함으로써 색다른 의미와 미적 효과를 높였다. 오른쪽
십자 틀로부터 파생적인 나무기둥에서 새로운 나뭇가지와 잎, 열매가 등장되었다.

■ 지도 방법

  – 과학적인 상상을 주제로 눈을 감고 구체적인 이미지를 머릿속에 그려 본다.

  – 크레파스로 밑그림을 그린 후, 다양한 방법으로 채색한다.

  – 가는 선 그림으로 화면이 꽉 채워져 있을 경우, 바탕은 칠하지 않는 것이 주제를 부각시키는 데 유리하다.

  – 빈 여백에 선 그림의 이미지와 의도, 계획, 스토리에 대해 글로 내면화한다.

**Tip**

과학 상상화는 채색의 완성도보다는 기발한 아이디어와 함께 주제 내용이 강조되어야 한다.

■ 표현 재료

  – 도화지, 크레파스

# 3. 면을 채운다

## 1) 면에 대한 미적 인식

### (1) 이론 이해

　면은 하나의 선이 합하여지거나 두 개 이상의 선이 연결되어서 틀을 만들고 평면적 형태나 입체적 형상을 만들어 낸다. 그 틀은 그 형태 안에서 공간을 형성한다. 그림 속에서는 그러한 면이 위치를 차지함으로 인해 또 다른 형태의 공간을 만들어 내기도 하고 주제와 배경을 만들어 낸다. 따라서 면은 눈에 보이는 구체적인 형태나 형상들을 확실하게 보여 준다. 그 면 안에는 눈에 보이지 않지만, 수많은 점으로 가득 차 있고 수많은 선으로 둘러져 있다. 단순한 하나의 면만으로 존재할 때는 기하학적이거나 추상적인 면으로 보일 수가 있으며, 여러 개의 면이 만나면 어떤 형태를 형상화한다. 그 면의 형상들이 미적으로 의도화하여 선 그림으로 구성화되면 하나의 드로잉 작품, 스케치, 밑그림이 된다. 직선이나 곡선으로 다양한 면을 형상화할 수 있다.

## (2) 실마리

눈을 감고 조용히 자신의 기억 속을 더듬어 본다.

- 점은 선과 면을 채우고 선은 면을 그린다.
- 온 세상이 면으로 가득 차 있다.
- 주변을 돌아보고 아름다운 면에 대한 기억을 떠올려 보자.
- 눈에 보이는 면이 어떻게 선으로 이어져 있는지 손가락을 들어 따라 그려
  보라.
- 그 면들의 느낌은 어떤가?
- 기억 속에서 특별히 아름다운 면이나 독특한 면이 있는가를 떠올려 보라.
- 왜 특별해 보였는가? 연상된 이미지는 무엇이었나?

**Tip**

면은 어떤 형태로든 닫힌 선이어야 함을 인식시킨다. 한 선으로 이루어질 수 있는 면은
곡선만이 가능하고 직선으로 만들 수 있는 면은 삼각형 이상임을 알아낼 수 있도록 해야
한다. 이는 창의적 수학적 사고를 돕는다.

## (3) 시각적 이미지의 예

- 직선으로 이루어진 평면: 삼각형(세모), 사각형(네모)과 같은 도형
  입체면: 삼각뿔, 삼각기둥, 다면체 등
- 곡선으로 이루어진 평면: 원(동그라미), 타원
  입체면: 공, 타조 알, 인체

– 직선과 곡선이 같이 어우러진 평면: 부채, 반원, 반달, 활

　입체면: 기둥, 원뿔, 삼각뿔

– 자연에서 직선적인 평면: 눈으로 보이는 해와 달, 별

　입체면: 천체 망원경이나 위성사진을 통해서 본 해와 달, 별

– 인공적인 직선적 평면: 텔레비전 화면, 다각형적인 디자인과 건축

　입체면: 용기, 도구, 가구 등 생활용품

– 자연에서 곡선적인 평면: 나뭇잎, 하늘면, 지면, 수면

　입체면: 우주행성, 산, 나무

– 인공적인 곡선적 평면: 인테리어 가구에서 문이나 거울

　입체면: 라디오, 가방, 지갑, 안경집

– 자연에서 직선과 곡선의 조화된 평면: 밤하늘에서 본 반달

　입체면: 곧은 나무기둥

– 인공적인 직선과 곡선의 조화된 평면: 건축과 인테리어 가구

　입체면: 건축과 인테리어 가구

**Tip**

자연에서 직선적인 평면이나 입체면은 찾아보기 어렵다는 것을 인식할 수 있도록 한다. 왜 곡선적인 요소가 면이 많은지에 대하여 생각하여 본다.

## (4) 아이들의 시각언어와 표현

눈에 보이는 면과 현상, 보이지 않는 면과 현상에 대한 이미지의 선 연습을 하고 알게 된 사실을 글로 내면화한다.

① 눈에 보이는 면을 찾아 5개 이상 그려 보자

■ 표현재료

선 그림 도구, 개인별 A4용지 10장

– A4용지를 반으로 접거나 면을 구분한다.
– 선 그림 도구는 자유롭게 선택하게 한다.
– 제한된 시간에 교사와 아이들이 같이 활동한다.
– 주제 제시에 따라 한 면에 5개 이상의 눈에 보이는 면을 그린다.
– 개인의 미적 주관에 의해서 5개 이상의 면이 화면에 배치하여 의미화한다.
– 위치나 방향을 달리하여 면을 살펴보고 화면에 배치한다.
– 면을 겹치거나 크기를 조절할 수도 있고 재미있는 구성을 하여도 된다.
– 여러 개의 선 그림 도구를 함께 사용하여도 된다.
– 직선은 확실하게 직선답게, 곡선은 곡선답게 연필 잡는 법과 손목과
  손가락의 힘을 조절하여 분명한 선으로 면을 형성한다.
– 빈 여백에 간단한 글로 자신의 의도와 느낌을 남기고 미적인 제목을
  정하여 본다.
– 비록 간단하고 단순한 연습일지라도 항상 지지하게 자신의 느낌과 생각을
  조절하며 참여하노록 한다.
– 시간적인 여유가 있다면 점이나 선으로 면을 채워 넣어 보게 한다.

Tip

자기 자신에게 충실할 수 있도록 분위기를 고조시켜 주어야 한다. 자신만의 독특한 눈으로
정확하게, 새롭게, 의미 있게 볼 수 있도록 하며 어떻게 하면 평범한 구성을 탈피할 수 있을까를
계속 인식시킨다.

⊙ 직선으로 이루어진 평면/입체면을 찾아 그려라.
ⓛ 곡선으로 이루어진 평면/입체면
ⓒ 직선과 곡선이 같이 어우러진 평면/입체면
ⓔ 자연에서 직선적인 평면/입체면
ⓜ 인공적인 직선적 평면/입체면
ⓗ 자연에서 곡선적인 평면/입체면
ⓢ 인공적인 곡선적 평면/입체면
ⓞ 자연에서 직선과 곡선의 조화된 평면/입체면
ⓩ 인공적인 직선과 곡선의 조화된 평면/입체면
ⓧ 임의대로 상상하거나 기억을 되살리거나 자유로운 선을 선택하여 재미있는 면을 구성하여 그려 본다.

② 눈에 보이지 않는 면을 그려 보자.

⊙ 겹쳐 보이지 않는 사물의 연관관계를 투명선으로 이어 면을 그린다.
ⓛ 가방 속 구조를 그려 보자.
ⓒ 전자제품 하나를 선택하여 내부구조를 상상하여 그려 보자.
ⓔ 지금 땅속에는 무슨 일이 일어나고 있을까? 그에 대한 생각을 그려 보자.
ⓜ 내 얼굴을 면으로 분할하고 구조화하여 그려 보자.
ⓗ 음악을 듣고 면으로 그려 보자.
ⓢ 숲 속을 상상하여 그려 보자.
ⓞ 만다라를 그려 보자.
ⓩ 기하학적인 면(수학적인 면)
ⓧ 상징적인 면(이미지 표현 면)

# 2) 마음을 여는 미적 인식 훈련

## (1) 직선으로 그린 면

■ 표현재료
　- 선 그림 도구 및 기타 도구, A4용지, 도화지, 색종이, 풀, 입체파 그림사진 등

> A4용지나 도화지를 나누어 주고 주제별로 시간제한을 두며 면에 대한
> 미적 인식 훈련을 한다. 시간의 제한을 두고 몰입한다.
> 특히 곧은 직선은 분명하게 가위로 오리거나 선 그림으로 그릴 수 있어야 한다.

① 삼각형, 사각형으로 배운다.

㉠ 평면적 표현

☞ 색종이 활용 표현
- 색종이를 다양한 크기와 형태로 자유롭게 삼각형이나 사각형으로 반듯하게 오린다.
- 화면에 오린 삼각형이나 사각형을 펼치며 색의 배치와 겹치기 효과, 여백의 미를 생각하며 공간 구성놀이를 한다.
- 마음에 들면 풀을 묻혀 삼각형이나 사각형의 화면구성을 깔끔하게 마무리한다.
- 답답한 구석이 있다면 과감하게 뜯어내고, 채울 곳이 있다면 원하는 세모를 더해도 된다.

– 어느 누구도 의식할 필요 없이 자신의 표현에 만족해야 함을 주지시킨다.

– 교사는 아이들 작품을 들여다보면서 칭찬과 함께 미적으로 보완할 곳이 없는지 같이 인식하며 미적 인식을 돕는다.

**Tip**

색을 선택할 때 색상. 채도, 명도대비 같은 색채인식을 위해 몇 가지의 색을 제한하도록 한다. 그렇지 않으면 아이들은 자기가 선호하는 색이나 대책 없이 알록달록 온갖 색깔을 늘어놓아 산만해지기 십상이다.

■ 유의할 점

가위로 오릴 때 분명한 곧은 선으로 오리고, 풀을 묻힐 때도 삼각형이나 사각형의 가장자리 면에 충분히 묻혀 A4용지나 도화지에 깔끔하게 붙이고 미적 효과를 높인다.

☞ 선 그림으로

– A4용지나 도화지에 자를 이용하거나 손으로 직접 다양한 크기와 모양으로 세모를 그려 화면에 배치한다.

– 방향과 위치, 크기, 개수에 상관없이 자신의 마음에 내키는 대로 움직인다.

– 선 그림 도구 또한 자유롭게 선택한다.

– 겹치기 효과나 여백의 효과를 의식하며 미적 인식을 돕는다.

– 무턱대고 그리지 않도록 무언가를 연상하거나 의미화하면서 천천히 그리게 한다.

– 단색으로 색의 강약을 조절하며 면을 채우거나 여러 색으로 면을 채워 본다.

색으로 면을 채울 때 역시 색채인식을 동시에 한다. 교사의 의도에 따라 색의 대비 등의 조형인식으로 미적 인식 훈련을 할 수 있다. 색을 선택할 때 어떤 의미와 의도를 인식할 수 있도록 통제의 기회를 주어야 아이들은 절제의 미를 배운다.

ⓛ 입체적 표현

☞ 색종이 활용 표현
– 오린 삼각형이나 사각형을 합체하여 입체적 표현을 구성해 본다.
– 움직임이나 변화를 의도하여 구성해 본다.
– 균형과 통일감을 고려하여 배치한다.
– 색종이의 색깔을 고려하여 배치한다.
– 정형적인 형태의 입체표현이든 비정형적인 입체표현이든 한 가지를 선택하여 통일한다.
– 독특한 효과를 낼 수 있도록 깊게 생각하게 한다.

삼각형이나 사각형을 이용한 다면체의 조립이 가능하다면 그 다면체를 하면에 구성, 배치하여 재미있는 미적 효과를 나타낼 수도 있다. 입체적 표현은 난이도가 높으므로 아이들의 수준을 고려하여 선택한다.

☞ 선 그림으로
– 도형과 기하학적인 수학이론을 필요로 한다.
– 자를 이용하여 정확한 선과 수치계산을 필요로 한다.
– 단순한 구성인지 복잡한 구성인지 분명하게 선택한다.
– 단색을 선택할 것인지 다채로운 선택을 할 것인지 선택한다.

– 필요에 따라서 선 그림 도구 외에 표현을 강조할 만한 특별한 소재를 선택해 포인트를 주어도 된다.

② 원으로 배운다.

㉠ 평면적 표현

☞ 색종이 활용 표현
– 색종이 뒷면에 다양한 크기와 모양의 원을 그려 명확하게 오린다.
– 종이 화면에 오린 원들을 배치하며 겹치거나 가감하면서 미적 인식놀이를 해 본다.
– 색종이 뒷면에 풀을 깨끗하게 묻혀 화면을 구성하며 묻힌다.
– 다 배치하고 꾸민 다음, 더하거나 뺄 곳이 없는지 다시 한 번 확인한다.
– 전체 분위기를 고려하여 한두 가지 색의 물감을 이용하여 붓이나 기타 도구로 바탕을 채운다.

**Tip**

미적 효과를 위해 오려 붙인 색종이 위에 점을 찍어도 상관이 없다. 교사가 보았을 때 여백이 많을지라도 미적 감각이 느껴진다면 여기서 그만두는 것도 어떻겠느냐고 의견을 제시해 아이와 함께 수렴한다. 아이들은 늘 가득 채우는 데 급급하기 때문이다. 무언가의 의미가 느껴지는 주제를 찾도록 한다.

☞ 선 그림으로
– 다양한 크기와 모양의 원으로 의미 있는 주제를 의식하며 그려 배치한다.
– 겹치거나 거리감 등을 조절하며 운동감이 느껴지는 원을 그린다.
– 단색의 연필로만 면을 채우길 원한다면 연필색을 달리하여 색의 변화,

제대로 보고 느끼고 생각하며 아이들의 아름다운 눈을 높여라

명암을 조절하는 법을 배운다.

– 색칠효과를 위하여 물감이나 사인펜, 색연필 등을 자유롭게 활용할 수
  있다.

– 바탕을 칠하지 않고 눈에 띄게 주제만 강조하여 본다.

– 미적 효과를 위하여 선 그림 도구 외 독특한 도구를 이용할 수 있도록
  마음을 연다. 미적인 주제를 정하여 보고 간단한 설명을 글로 남긴다.

ⓛ 입체적 표현

☞ 사진, 그림, 삽화를 활용한 표현

– 신문이나 잡지 등의 사진에서 다양한 원을 상징하는 모양을 깔끔하게
  오린다.

– 오린 사진들을 종이 화면에 배치하며 재미있는 주제를 의식하며 미적
  놀이를 한다.

– 머릿속에 구상된 이미지를 계획하여 화면에 배치하고 사진 뒷면에 풀을
  충분하게 묻혀 깔끔하게 배치, 구성한다.

– 미적인 공간을 구성한 다음, 보태어 줄 곳이 있다면 그림으로 설명,
  보충할 수 있다.

– 이미지에 대한 미적인 주제를 정하여 보고 간단한 글로 설명한다.

너무 많은 사진을 나열하지 않도록 유의한다. 주제의 균형과 통일감을 위해 사진을 선별할 수 있어야 한다. 단 하나의 사진으로도 특별한 미적인 의미를 전달할 수 있어야 한다.

☞ 선 그림으로

O의 이미지 표현

– 먼저 종이 윗면에 원에 대한 떠오르는 이미지를 10개 이상 기록한다.

– 눈을 감고 10개 이상의 이미지를 조합하여 새로운 이미지를 상상하여 본다.

– 새로운 이미지를 알쏭달쏭한 상징적, 추상적 이미지로 표현한다.

– 작품성을 생각하여 창의적 사고와 표현을 유도해 낸다.

– 내 마음의 표현을 위해서 자유자재의 선으로 그릴 수 있어야 한다.

– 필요에 따라 연필로 색채의 효과를 낸다.

– 그림을 그리는 동안 의식의 흐름과 주제에 대한 설명을 간단한 글로 남긴다.

몰입의 시간을 많이 필요로 하므로 오로지 연필로만 그리게 한다. 색깔을 선택하는 동안 의식의 흐름이 깨어질 수 있다. 여러 가지 생각들을 잡아내어야 하기 때문이다.

## ■ 아이들의 표현 작품

### ● 교육적 효과

– 아이들은 면에 대한 시지각적 사고와 미적 인식 훈련을 통해서 사물에 대한 형태인식을 분명히 할 수 있다.
– 평면적 면과 입체적 면에 대한 미적 인식과 감각을 익히고 자기만의 특별한 미적 효과를 나타낼 수 있다.
– 응용력과 상상력을 키운다.
– 미술에서 수학적인 개념을 적용되고 응용할 수 있는 통합적 교육방법이다.
– 직선이 만들어 내는 면과 곡선이 만들어 내는 면의 느낌이 다름을 안다.
– 직선과 곡선의 면이 합하여 새로운 형태나 형상의 이미지를 만들어 내기도 한다.
– 평면적인 면이 있고 입체적인 면이 있음을 안다.
– 평면적인 면과 입체적인 면이 어우러져 새로운 이미지를 만들어 내기도 한다.
– 표면적으로 보이는 입체적 면을 통해 내부의 면 형태를 예측할 수 있다.

### ● 보여 주는 방법

– 생각을 표현하는 방법적인 면에서 생각을 열어 주는 기회로만 보여 준다.
– 더 많이 보는 법, 다르게 보는 법, 특별하게 보는 법을 제시한다.
– 좀 더 진지한 작품, 창의적인 아이디어나 표현이 두드러진 작품으로 아이들의 잠재된 사고를 자극한다.
– 여러 작품을 펼쳐 보임으로써 다각적인 사고와 표현의 방법을 비교, 분석할 수 있도록 한다.
– 아이들의 견해와 더불어 교사의 미적 견해로 평가, 마무리한다.

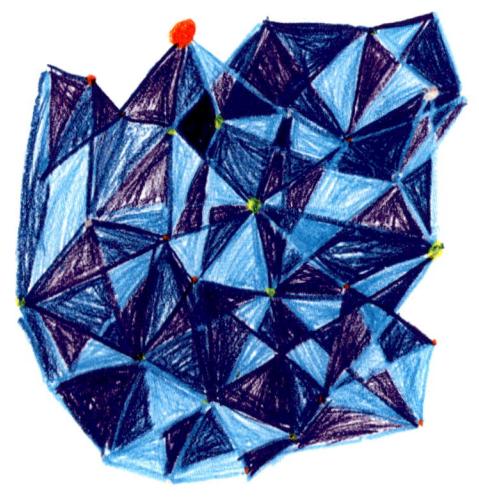

**점, 선, 면(다양한 점, 직선, 3가지 색)**
**−JSH(1학년), 2005**

SH는 체격이 큰 편이다. 아이들마다 자기 스타일이 있는지 SH도 대체로 형태를 크게 잡는 편이다. 블루 계열의 차가움과 날카로운 직선 때문에 창문에 서린 서릿발 또는 고드름을 연상했을 것이다. 주황색 점이 없어도 될 법 하지만, 큰 점 하나 때문에 시각적으로 더 뾰족하게 잡아끌어 보이게 해서 흥미를 끈다.

## 작품 I

크고 작은 점을 30개 이상 찍고 직선으로 이어 면을 만들고 하나의 계열로 3가지 색을 선택하여 옆면이 겹치지 않게 채색하였다. 세모와 네모의 면이 어우러져 있고 파란색 계열로 색을 선택하였으며 차갑고 뾰족한 이미지 때문에 SH는 '창문에 붙은 고드름'이라 제목을 정했다.

SH는 점을 노랑색과 주황색으로 점을 찍었는데 마치 전구불빛처럼 보여 몇개의 산꼭대기에서 어두움을 밝히고 있는 것처럼 보이기도 한다. 큰 점 주황색이 없어도 될 법 하지만, SH의 느낌과 생각으로 어떤 의미를 표현하고 있는지 모른다. 손가락으로 주황색 점을 가려 보았다 떼보라. 없는 것 보다 있는 게 더 재미있다.

아이들은 어울릴 것 같지 않은 파격적인 색에서 자유로움과 톡톡 튀는 즐거운 멋을 좋아하는지 모른다. 점을 일정한 간격으로 찍어서 면의 크기가 일정하며 단조롭지만, 수정 같은 보석의 단면을 보는 듯하다.

■ 지도 방법

　− 30개 이상의 크고 작은 점을 마음이 가는 대로 찍는다.

　− 점과 점을 빈틈없이 직선으로 잇는다.

　− 만들어진 세모의 점들을 3가지 이내의 통일된 색으로 겹치지 않게 색의 강약을 조절하면서 채색한다.

– 혼색의 효과도 내어 재미와 멋을 찾는다.

– 색의 강약이 잘 조화되었는지 살펴보고 마무리한다.

– 특별한 이미지를 찾아내어 주제를 정하고 간단한 글로써 의미와 느낌 등을 내면화한다.

**Tip**

그리다 보면 무심코 주제를 찾아가게 된다. 사색하면서 그릴 수 있도록 분위기를 유지해야 한다.

■ 표현 재료

– 종이와 색연필

작품 II

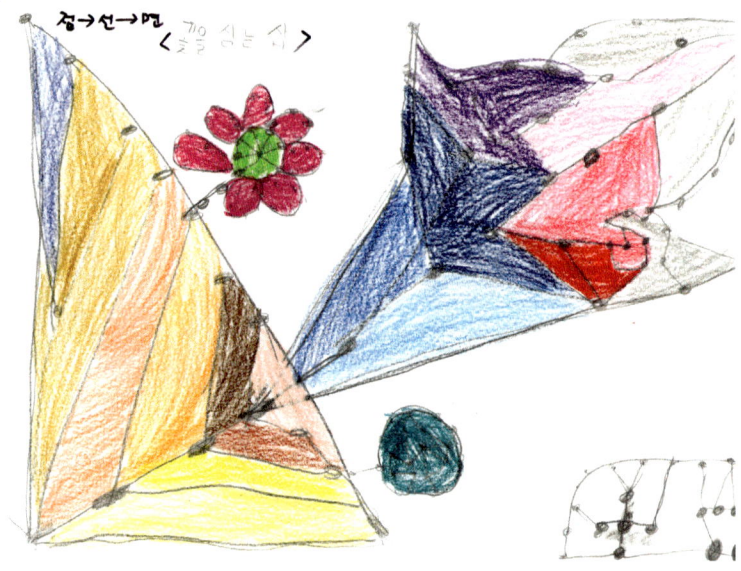

점, 선, 면 - YYD(3학년), 2005

전체를 다 잇지 않고 어떤 형상을 찾아 점을 이었다. 언뜻 꽃다발을 연상하게 되는데 YD는 '꽃을 심는 삽'이라 제목을 정했다.

개성이 강한 YD는 이 수업을 하는 동안 가장 눈에 띄는 독특한 자기방법으로 표현했다. 전혀 예기치 못한 표현이다. 직선과 곡선이 어우러진 면을 만들고 많은 점이 구석구석 연결되어 어떤 면이 이루어지는가를 인식하는 수업이다. 점을 연결하다가 꽃삽의 이미지가 연상되어서인지 땅과 꽃을 형상화했다. 큰 점, 작은 점, 길쭉한 점 등 배운 바를 끄집어 표현하고 있다. 주제를 부각시키기 위해 여백을 크게 남겼다. 왼쪽에 붉거진 꽃잎 하나를 보라. 평소에 아이들은 꽃을 그릴 때 일정한 크기와 모양의 예쁜 꽃을 그린다. 꽃잎 하나가 우연찮게 붉거진 이 표현에서 아이는 다음에 꽃을 그려 넣어야 할 때, 조금은 변화가 돋보이는 독특한 꽃잎을 그려 넣을 것이다. 그리고 이러한 미적 체험은 미적 인식의 변화로 전환되어 자기만의 독특한 미적 표현을 추구해 나간다. 색칠에 비중을 두기보다 이미지를 형상화하는 데 중점을 둔 것 같다. 선을 잇는 동안 골똘히 생각하며 빠져 있었다. 교사가 제시한 방법보다 한 차원 더 나아가 창의적 자기표현 방법을 찾았다. 바로 이런 게 창의적인 사고를 갖고 있는 아이들의 유형이다.

- **지도 방법**
  - 크고 작은 점을 20개 이상 마음의 손길이 가는 대로 찍는다.
  - 점과 점을 직선과 곡선으로 마음이 가는 대로 잇는다.
  - 의도적인 형상을 찾으며 그리거나 우연적인 형상을 찾든 자기 선택에 의한다.
  - 깔끔하게 마무리하며 미적 효과를 위해 선을 보충하거나 의미를 보태도 된다.
  - 주제를 찾고 느낌과 생각, 의미를 글로 내면화한다.

- **표현 재료**
  - 종이와 연필, 색연필, 크레파스

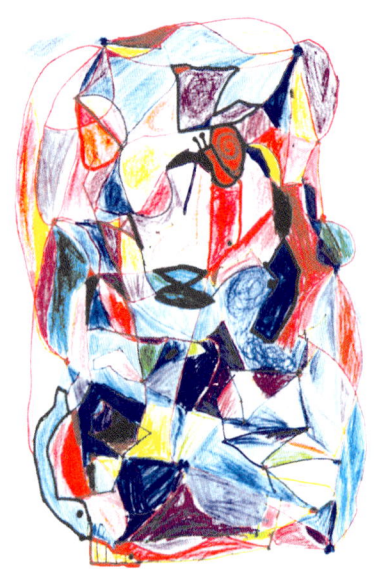

**작품 Ⅲ**

점을 자유롭게 찍고 직선과 곡선으로 마음이 가는 대로 이어 면을 만들었다

색의 강약을 조절하며 눈에 띄는 이미지를 짙게 색칠하거나 윤곽선을 뚜렷하게 그어 부각시켰다. 마치 숨어 있는 그림판을 만드는 재미로 그렸다. 6학년 DY는 남학생으로 자신의 외형처럼 색상이 밝고 생기가 있다.

꼼꼼하게 색칠하면서 도형 안에서 이미지를 찾아 그 특징을 형상화 시키기 위해 윤곽선으로 구분 짓고 있다.

점, 선, 면—KDY(6학년), 2001

색이 밝고 생기가 있다. 마치 숨은 그림 찾기 놀이를 하듯 면에서 형상을 찾아 윤곽선으로 강조해 슬쩍 드러내고 있다.

■ 지도 방법

　– 50개 정도의 점을 화면에 찍는다.

　– 직선과 곡선을 사용해 마음이 가는 대로 선을 잇는다.

　– 5개 정도의 색연필을 골라 미적 효과를 고려하여 채색한다.

　– 독특한 이미지가 보이면 강조하거나 선을 보태어 형상화해도 된다.

　– 그림에 대한 이미지와 느낌, 생각, 의도 등을 글로 내면화한다.

**Tip**

색을 고를 때 전체적인 미적 분위기와 의미를 생각하며 고르게 한다.

■ 표현 재료

　– 종이와 연필, 색연필

**작품 Ⅳ**

원의 이미지를 구안하였다. 크고 작은 원을 겹치는 과정에서 마치 꿀벌의 이미지처럼 표현되었다. 노란색과 파란색의 보색을 선택하였고 노랑 바탕칠은 물감의 양을 조절하여 붓 터치를 자연스럽게 남겼다. 디자인적인 이미지를 미술의 조형적인 색채 표현으로 인해 재미있는 상징적인 이미지 표현의 그림이 되었다. 마치 꿀벌이 날며 아래를 직시하고 있는 듯한 느낌을 갖게 한다. 배경 터치가 제법 세련되어 보인다.

**도형 이미지(원)-YYD(3학년), 2005**

마치 꿀벌이 날며 아래를 직시하고 있는 듯한 느낌을 갖게 한다. 배경터치가 제법 숙련되어 보인다.

■ **지도 방법**

- 컴퍼스로 원을 그리거나 원의 모형으로 원들을 겹치는 등 미적으로 배치한다.
- 화면에 몰두하여 독특한 이미지가 형상화되도록 한다.
- 물감으로 머릿속에 그려진 이미지를 자기만의 표현법을 찾으며 채색한다.
- 이미지에 어울리는 바탕을 어떻게 특별하게 처리할 것인지 연구한다.
- 전체적인 조화와 통일감을 고려하며 강조점을 찾아 마무리한다.
- 완성된 작품을 들여다보며 의미 있는 제목을 정하고 느낌과 생각, 의도 등을 글로 내면화한다.

작업하는 과정 중에 의도치 않은 이미지가 떠올려질 수도 있다. 장난기 발산이 되지 않는다면 보조적인 이미지를 형상화하도록 배려한다.

■ 표현 재료
– 도화지, 연필, 컴퍼스, 원 모형, 수채물감

## 작품 V

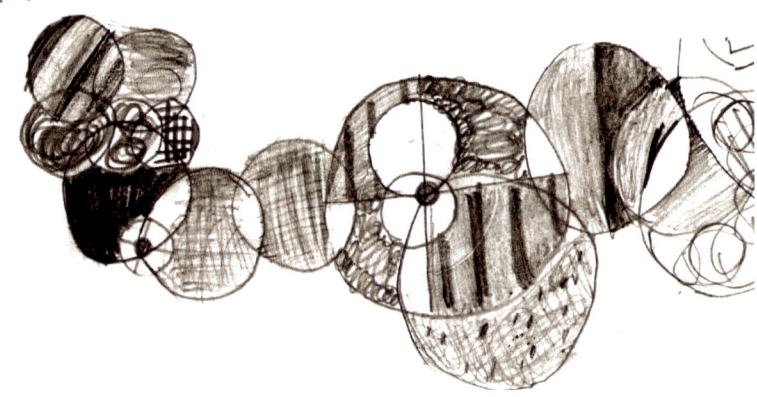

도형 이미지(원)–SYJ(3학년), 2005
4B연필 한 자루로 원을 디자인하고 무늬를 채워 넣거나 연필색을 조절함으로써 흑백의
표현효과를 보여 주고 있다.

크고 작은 원을 겹쳐 그리고 연필 하나로만 색을 조절하거나 무늬를 그려 넣으며 채색하는 방법을 택했다. 위의 잘려 나간 부분은 낙서하듯 어수선해서 이렇게 잘라 내 버리면 어떻게 보이는지 보자고 제안하여 어색한 부분을 오려 내 위의 그림만 살렸다. 원을 그린 선이 좀 더 분명하고 깔끔하게 정리된 선이었으면 좋았겠다. 그러나 이제 막 수업에 참여하기 시작했던 3학년 아이치곤 미적 감각이 꽤 세련된 편이다.

- 컴퍼스로 그리거나 원을 겹쳐 그리면서 화면에 미적으로 구성한다.

- 2B, 4B, 6B 등의 연필도구를 이용하여 무늬, 명암 등으로 흑백의 대비,
  명암 대비, 색의 변화, 통일, 강조점을 살리며 나름의 주관적인 미적
  효과를 찾는다.

- 지우개를 사용해 지저분한 곳을 깨끗이 마무리하며 미적 효과를 살린다.

- 작품을 들여다보며 이미지에 합당한 주제를 정하고 느낌과 생각, 느낌,
  의도 등을 떠올려 글로 내면화한다.

**Tip**

연필로 채색할 때 무늬를 그려 넣거나 연필심의 터치로 재미있는 표현을 찾는다.

■ 표현 재료

- 종이와 드로잉 연필, 지우개

## 작품 VI

| DATE: 94. 3. 14 | THEME: △ 그리기 |
|---|---|
| NAME: HMY | NAME: JHK |

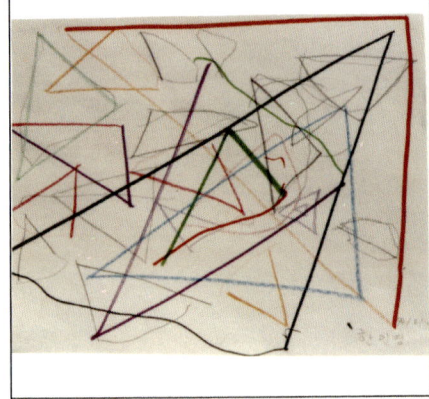 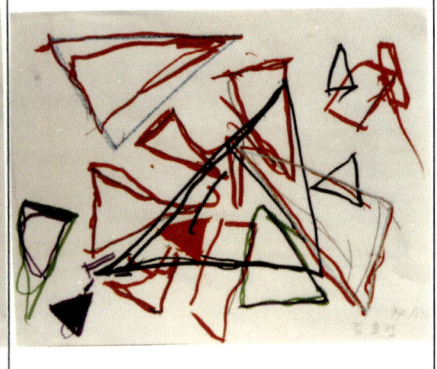

**MATERIAL:** 싸인펜, 색연필, 연필, 크레파스

### OBSERVATIONS AND ANALYSIS

- 집중적이고 전체적으로 꽉 찼다.
- 완벽하게 세모를 그릴 수 없어 (사선 연결이 안된다.) 교사가 ㄱ의 두선을 그려주고 각을 이루는 안내했다.
- 꼭지점 연결이 잘 안돼서 선이 희미하다.
- 큰 직선은 구불구불 곡선이다.
- 몇번 시도 후엔 ― 만 그려 주고 △을 이루도록 안내했다. 혼자 한려고도 했다.

- 분산적이면서 집중적이다.
- 연필로 그리고 다시 한면 또는 두세번 반복하여 그리고 있다.
- 부드러운 삼각형이다.
- 주로 빨강색 싸인펜을 사용하고 있다.
- 색칠을 하기도 하고 삼각형 안에 삼각형을 그리도록 자유자재로 겹쳐 그리고 있다.

### COMPREHENSIVE EVALUATION

- 아직은 사선 긋기나 꼭지점 연결이 미숙하나 어설프게나마 삼각형의 형태를 이루어 가고 각각 방향이 다른 삼각형을 시도하고 있다.
- 복잡하게 얽힌 가운데서도 삼각형의 방향을 찾아 완성하고 있다.
- 큰 세모, 작은 세모, 각기 방향이 다른 삼각형의 형태가 재미있다.

세모 인식하며 선 연습―HNY & JHK(5세), 1994

5세 MY와 HK가 세모와 색채를 인식하며 면을 구성했다. MY는 크고 작은 세모를 대담하게 화면에 가득 그려 냈다. 대체로 부드럽고 안정적인 색을 선택했으며, 선도 확실한 선으로 자신감 있게 그렸다. HK는 주로 빨간색으로 그렸고 비슷한 크기의 세모로 중심부에서 흐트러져 있다. 확실하게 세모를 그리기 위해 반복적인 선을 연습하고 있다. 작은 빨간 세모와 검은색의 세모에 집중적으로 색칠을 강조했다. MY는 좌뇌적인 분명한 선으로 냉철하고 치밀해 보인다. 처음보다 훨씬 대범한 구도로 시원시원하게 그리고 있다. HK는 불안정한 직선이지만 우뇌적인 감성적인 선으로 움직이는 느낌을 갖게 한다.

■ 지도 방법
– 세모를 인식시키며 직선으로 세모를 확실하게 그리게 하고 크고 작은 다양한 세모를 화면에 배치시키며 구성한다.
– 다양한 색깔로 재미를 더하며 그린다.
– 화면 안에 완전한 세모가 아닌 화면 밖으로 세모의 형상이 나가 잘린 것도 미적으로 효과 있음을 보여 주며 생각을 열어 준다. 의도적으로 미적 효과를 내도록 유도한다.
– 어느 세모를 가장 강조할 것인지 찾아 방법을 찾는다.
– 세모에 대한 의미 있는 주제를 정하고, 자신의 그림에 대한 느낌과 생각, 의노 등을 글로 내면화한다.

■ 표현 재료
– 종이와 연필, 사인펜 등

## 작품 Ⅶ

| DATE: 94. 3. 10 | THEME: 색종이로 네모 오려 붙이기 |
|---|---|
| NAME: HMY | NAME: JHK |

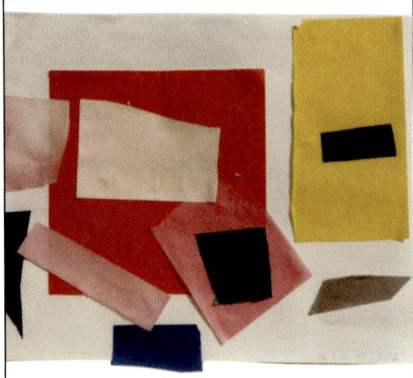
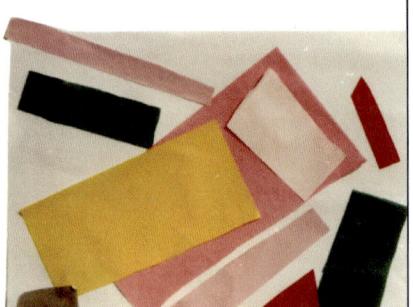

**MATERIAL:** 색종이. 풀. 가위. 도화지

### OBSERVATIONS AND ANALYSIS

- 처음으로 시도하는 오리기 작업으로 가위질이 서툴러 한쪽을 잡아 주어야 했다.
- 네모 그리기의 2차적 작업으로 흥미를 유발시키기 위해서였다.
- 중앙 집합적이다.
- 바탕에 색을 대비시켜보고 있다.
- 겹치기 효과가 크다.
- 파란색 네모가 화면 밖을 벗어났다.

- 가위질이 익숙한 편이다.
- 거의 혼자서 해낸 작품이다.
- 분산적이다.
- 풀붙이는 작업을 서두르는 편이라 꼼꼼히 지도해야 했다.
- 핑크 긴 네모가 위쪽 화면을 벗어났다.
- 색종이는 서로 나누어 했으므로 색이 서로 비슷하다.

### COMPREHENSIVE EVALUATION

- 교사가 접어서 네모 자르기를 안내했지만, 두 아동은 종이 자체에서 다양한 네모 자르기를 시도했다.
- 한 살 차이의 발달 정도에 따라 HK 가위질이 훨씬 익숙했다.
- 안쪽은 차분하고 안정적인 지적인 작품으로 보여진 반면, 오른쪽은 오른쪽 상단을 향한 움직임과 변화를 갖는 감성적인 작품으로 보여진다.

색종이로 네모 오려 붙이기－5세, 1994, 01465

색종이를 가위로 네모를 오려 화면에 구성했다. 색을 제한하지 않았더니 둘 다 주로 여자아이가 선호하는 색을 선택했다. 왼쪽 MY는 정적이고 오른쪽 HK는 동적으로 배열했다. 실제로 HK가 훨씬 활발하고 동적이며 여유가 있다. 여전히 MY는 안으로 시점을 모으는 편이고, HK는 밖으로 흩어지는 편이다. 내가 알고 있는 아이들의 성향이 그대로 반영되어 있다.

■ 지도 방법
- 준비한 색종이를 꺼내어 날렵한 직선으로 이 모양 저 모양으로 가위질 한다.
- 자른 색종이를 8절 도화지 위에 움직여 배치시키며 아름다움을 찾는다.
- 뒷면에 풀을 충분히 묻혀 의도하는 바대로 색종이의 색을 조화시키며 말끔하게 붙인다.
- 원치 않은 곳이 있으면 과감하게 떼어 낼 수도 있어야 한다.
- 화면 밖으로 색종이가 나가는 미적 효과도 자유롭게 받아들일 수 있도록 한다.
- 자기 작품에 대한 느낌과 생각을 얘기한다.

**Tip**

색이나 형태 등의 통제조건을 통해 미의식을 조절하게 한다.

■ 표현 재료
- 색종이와 풀, 가위, 도화지

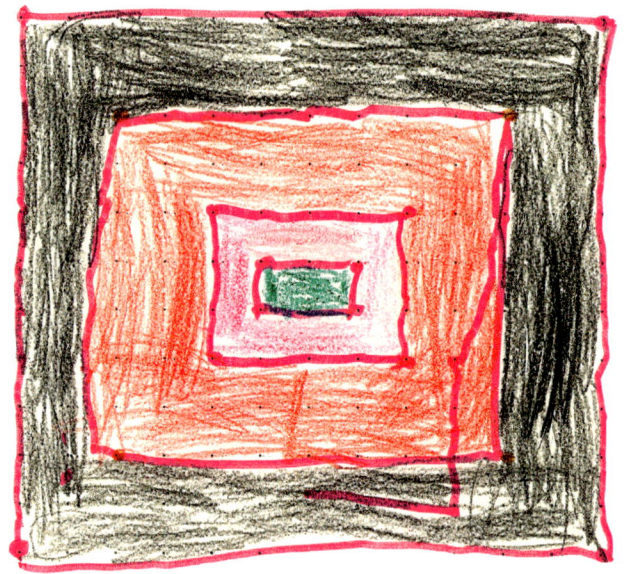

점, 선, 면(네모인식)- SYJ(5세), 2002
큰 네모에서 작은 네모를 균형감 있게 분할하였다.
색을 구분하였다. 배우는 속도가 빠르다.

　점을 이어서 크고 작은 네모를 이어 가고 있다. 다른 아이들과 달리 몇 개의 점을 동시에 주욱 이어 선 연습을 하고 있다. YJ는 분명한 자기의 선으로 자신감 있게 표현할 수 있다. 서둘러서 흐트러진 선이 있다. 아마 이런 소소한 점 잇기 정도야 하고 내달린 듯싶다. 부드러운 듯하면서 내면이 강한 아이다. 윤곽선은 뜻하지 않게 핑크색으로 그리고 바깥 네모를 검정색으로 칠했으며 강한 검정과 빨강의 색상 대비와 함께 빨강의 보색인 초록색을 한가운데에 처리함으로써 내면의 강함을 보여 주는 듯하다. 정확하고 안으로 파고드는 성향이 강하다.

- 파일에 들어 있는 점이 균일하게 찍혀 있는 모눈 여백지에 점 네 개를 이어 여러 가지 크기의 네모를 확실한 직선으로 이어 그린다.
- 다양한 크기와 모양, 여러 방향에서 네모를 그린다.
- 색연필로 거친 연필터치가 드러나지 않게 옆으로 뉘어 부드럽게 면을 말끔하게 칠한다.
- 특별한 의도가 드러나도록 독특한 생각을 자유분방하게 그릴 수 있도록 한다.
- 낙서가 아니라 네모로 이루어진 특별한 무언가를 그려 내도록 주의시킨다.
- 자신의 네모 그림을 들여다보며 무엇으로 보이는지 이미지를 연상한다.
- 제목을 정하여 본다.

■ 표현 재료

- 모눈종이와 연필, 색연필

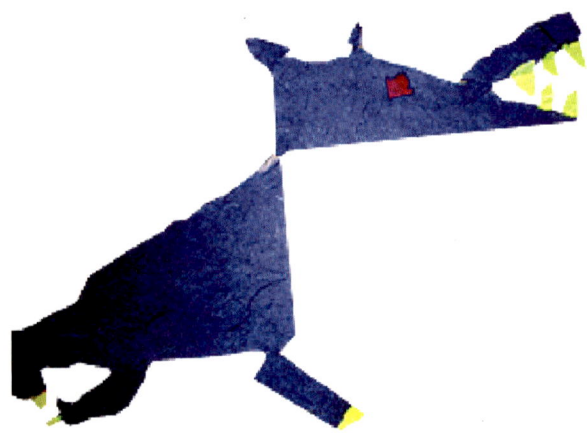

## 작품 IX

색한지를 가위로 오린 직선과 손으로 뜯은 곡선으로 면을 만들어 이리를 단순하게 이미지화했다.

이리의 빨간 눈 그리고 이리의 날카로운 이빨, 발톱을 실감 나게 표현했으며 비록 이리의 다리가 2개밖에 표현되지 않았으나 자연스럽게 보인다.

특별히 오른쪽으로 향하고 있는 동작을 설정했다. 이리의 목과 몸통의 직선연결이 이리의 날카로운 이미지를 더해 주고 꽤 그럴듯한 절제된 세련됨을 느끼게 한다.

**색종이 이미지 표현-KHY(2학년), 2002**

먹이를 찾은 듯 입을 쩍 벌리고 오른쪽을 향하고 걷고 있는 두 발 달린 이리의 모습이 전혀 어색하지 않다.

■ 지도 방법

- 눈을 감고 떠오르는 이미지를 주제로 정한다.
- 떠오른 주제 이미지를 간단하게 밑그림을 그린다.
- 주제 이미지에 맞는 색한지를 고르고 손으로 뜯거나 가위로 오린다.
- 주제에 어울리는 바탕색지에 오려내거나 뜯어낸 색한지 뒷면에 풀을 묻혀 깔끔하게 붙인다. 입체적 효과를 내기 위해 색한지의 끝을 살짝 들어 올리는 등 재미있는 방법을 찾는다.
- 이미지를 살리기 위해 기타 다른 보조효과를 내어도 좋다.
- 빈 여백에 상징적인 의미의 주제를 정하고 글로 주제를 설명한다.

한 면에 직선과 손으로 뜯은 곡선을 어울러 표현할 수 있는 마음의 눈을 열어 주어야 한다. 직선은 확실하게 가위로 오리고 곡선은 손으로 뜯어 부드러운 효과를 자연스럽게 볼 수 있도록 한다.

■ 표현 재료

－ 색한지, 색도화지, 풀, 가위

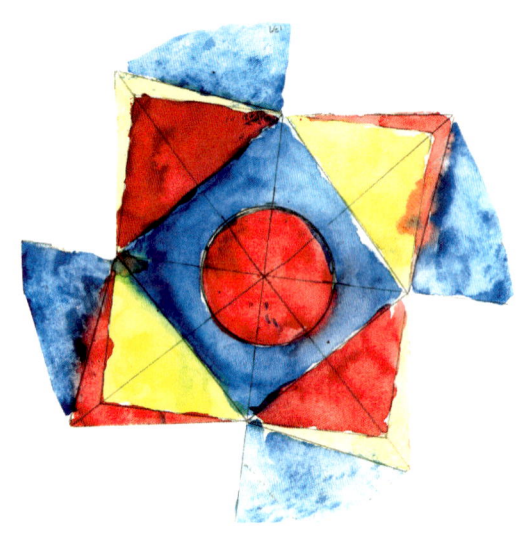

**작품 X**

　원을 기하학적인 구도로 면을 분할한 다음, 빨노파의 3원색으로 면을 구분하여 채색했다. 요령 없이 수채물감을 사용해 전체적으로 말끔하지 않은 면을 과감하게 오려 내면서 새로운 이미지를 연출할 수도 있음을 보여 준다. 미적 효과를 내는 데 있어 전체적인 분위기에 방해 요소가 있다면 오려 내거나 다른 방법을 보태는 방법에도 자유로워야 함을 가르친다. 자칫 너무 단순하거나 무미건조하게 느껴질 수 있는 작품에

**원의 기하학적 구도-인덕원 친구(2학년), 2002**

원에서 잘못 채색된 부분을 오려냄으로 작품을 살리는 방법을 가르칠 수 있다. 바람개비와 방패연을 떠올리게 한다.

대해서 아이들과 같이 의견을 나누어 보는 것은 아이들의 마음을 열게 한다.

■ 표현방법

　– 컴퍼스나 원 모형으로 큰 원을 그리고 면을 임의대로 균등 분할한다.

　– 3~4가지의 색깔과 흰색 물감을 섞어 부드럽고 깔끔하게 채색한다.

　– 마음에 들지 않거나 생략해도 될 만한 곳을 찾아보고 과감하게 오려 내 본다.

　– 원의 색채에 어울리는 색깔의 바탕지에 붙여 2차적인 색의 대비와 미적인 조화를 느껴 본다.

　– 작품에 어울리는 느낌과 이미지를 찾아보고 제목을 정한다.

　– 아이들의 작품을 전시하고 서로 품평하며 미적 인식에 대한 눈을 높인다.

■ 표현 재료

　– 컴퍼스, 원 모형, 자, 수채물감 또는 포스터물감

작품 XI

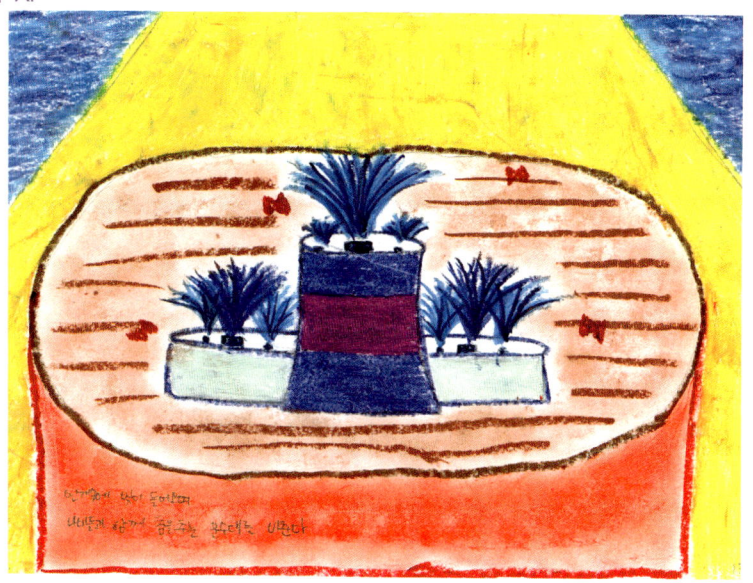

환타지아 이미지—KSH(6학년), 2005

단순하면서도 안정감 있는 정물화처럼 보인다. 배경을 노란색과 파란색의 대비로 면
을 분할하여 단순함에 변화를 준 세련된 작품이다. 여러 시점에서 보거나 시점을 무시
한 의도적인 이집트 미술 같다.

환타지아 Ⅱ를 감상하고 난 후, 가장 기억에 남는 이미지를 그렸다. 알쏭달쏭한
추상적 이미지 대신에 비구상적인 정물화로 자신의 생각을 표현하였다. 영화속의
수많은 나비 대신에 네 마리의 나비를 선택하였다. 짧은 글로 그림의 의미를
드러내긴 했지만, 알고 있는 사실들과 내면의 생각들이 복잡하게 스쳐 지나갔을
거 같다. 여러 시점에서 보거나 시점을 무시한 이집트 미술을 보는 것 같다.
단순하면서도 안정감 있고 무언가를 의미하는 듯한 정물이다. 노랑과 파랑의 대비로
배경을 분할하여 단순함에 변화를 준 세련된 작품이다. 화분 위에 화분이 있는
듯하고 큰 화분은 위에서 내려다본 위치에서 그렸고, 안에 있는 세 화분은 조금
거리를 두고 바라본 위치처럼 보이나 화분의 밑바닥 선은 눈높이에 있는 것처럼
그렸다. 바탕의 면을 다시 한 번 분할하여 색다른 분위기를 연출했다. 4마리의

나비와 세 개의 화분에 놓여 있는 식물의 뿌리 부분도 크기를 비교하고 변화를 주었다. 넓은 화분 면이 단조로웠는지 몇 가닥의 굵은 선으로 분위기를 살려 미적 효과를 살렸다. 이 수업에서 이런 내용으로 수업을 이끌지 않았는데 아이는 독특한 자기만의 미적 인식으로 의도성 있는 작업을 수행했다. 배경 뒷부분을 양 갈래로 삼각형으로 분리하여 단조로움을 피했고, 전체 화면에 비해 정물주제가 작아서 화분받침의 윤곽을 강조하여 정물과 하나 되게 처리한 점이 또한 돋보인다. 나비 4마리를 가려 보아라. 이 그림에 있어 4마리 나비의 존재의 가치를 아이의 눈과 우리의 일반적인 눈으로 비교해 보자.

■ 지도 방법

- 환타지아 Ⅱ를 감상시킨다.
- 인상적인 장면을 자기 나름대로 이미지화한다.
- 여러 가지 도구나 기법으로 채색한다.
- 빈 여백에 글로서 그림의 의미나 의도 계획 등을 자연스럽게 내면화하고 주제를 정한다.

**Tip**

미적인 눈이 열리고 높아지면 아이들은 자기만의 독특함을 스스로 찾아 나선다.

■ 표현 재료

- 종이와 연필, 수채도구

## 작품 XII

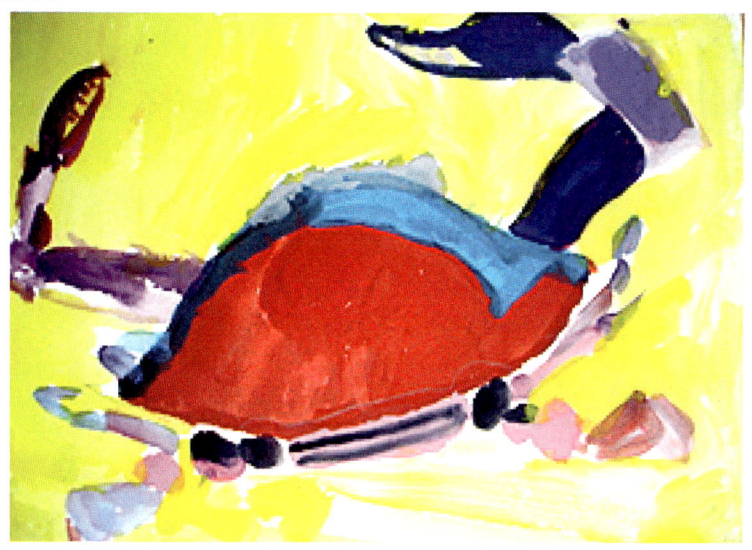

**꽃게를 면으로 구분하여 보고 채색하기–인덕원 친구(7세), 2002**

전혀 뜻밖의 색깔 같지만, 자세히 관찰하면 꽃게에서 볼 수 있는 색이다. 꽃게의 색을 진하고 탁한 불투명 수채화를, 바탕색은 옅게 투명 수채화로 채색하여 신선하게 보인다.

    꽃게를 보고 스케치한 후, 단순한 면으로 인식하고 채색하였다. 형태와 마디에서 확실하게 면을 구분할 수 있다. 꽃게의 특징이 분명해서 아이들이 그리기 쉽고 마디가 구분되어 있어서 형태로부터 면을 구분하기도 쉽다. 화면에 크고 대담하게 눈에 보이는 내로 빠르게 스케치한 속노삼 때문에 마치 꽃게가 살아서 도망가는 것처럼 느껴진다. 죽어 있는 실물 꽃게를 보고도 마치 살아서 움직이는 듯한 상상의 눈으로 즐겁게 바라봤을 아이의 마음이 엿보인다.

    단순하게 보고 단순하게 색칠하였다. 필요한 부분만 잘 파악하여 꽃게 이미지가 분명하게 드러나 있다.

- 형태의 선이 뚜렷하고 면분할로 인식하기 좋은 실물 꽃게를 준비한다.

- 꽃게를 3분 정도 가만히 응시하면서 선의 흐름, 특성, 면, 느낌 등을 파악
하고 분석한다.

- 보이는 대로 간단히 스케치하고 꽃게로부터 보이는 색채를 찾아 색을 만들
어 채색한다.

- 꽃게의 특징이 돋보이게 마무리한다.

- 마음의 눈으로 보는 느낌에 따라 꽃게를 살리는 분위기의 바탕색을 선택
하고 채색방법도 연구한다.

### Tip

면으로 분석한 눈으로 화면에 크게 그린다. 어디서부터 그려야 되는지에 대한 시점은
아이들에게 맡긴다. 어떻게 볼 것인가에 대해서만 인식시킨다.

■ 표현 재료

- 꽃게, 수채물감, 도화지

## 작품 XIII

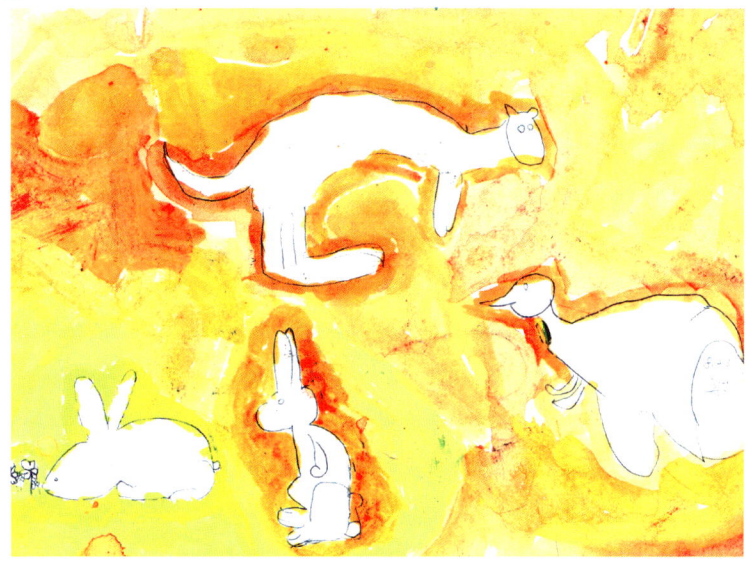

단순하게 보고 바탕으로 드러내기-JHE(6세), 2001

가운데 왼쪽을 향하여 구부정하게 서 있는 토끼가 어딘가를 직시하는 듯해서 시적으로 보인다. 서 있는 토끼와 위쪽의 캥거루를 돋보이게 하기 위해서 두 동물의 주위를 주황색으로 바깥 형태를 따라 바탕을 덧칠했다.

아이들이 가지고 노는 동물모형을 보고 재미있게 배치하여 단순하게 스케치했다. 늘 똑같은 방법으로 대상을 채색하지 않고 전체의 한 면으로 인식하며 바딩을 한 가지 색으로만 채색하노록 미적 인식 훈련을 도왔다. 주제를 강조하는 법에도 주제대상을 비우고 바탕색을 거꾸로 채색하는 법이 있음을 배운다. 6살 아이의 눈으로 작은 동물 모형을 보고 단순한 이미지 윤곽을 쉽게 찾아내었다. HE도 꽤 이지적이고 주관이 뚜렷한 아이다. HE는 대상을 확실하게 강조하기 위해 바탕색보다 조금 더 진한 노랑으로 덧칠을 했다. 아이들은 눈에 보이는 만큼 이상으로 상상하고 느끼면서 그리며 미적 인식을 높여 간다. 구부정하게 왼쪽을 바라보고 서 있는 토끼의 옆모습 이미지가 동화 속 얘기를 상상하게 한다.

■ 지도 방법

- 모형 동물이나 장난감 동물을 준비한다.

- 재미있는 동작을 선정하고 간략한 특징을 잡아 스케치한다.

- 여래 개의 동물을 자기만의 이미지로 의미 있게 화면에 배치하여 그린다.

- 수채화로 주제 동물을 칠하지 않고 동물의 한 면으로 남기며 원하는 느낌의 이미지를 살릴 수 있는 색을 선택하여 바탕칠을 한다.

- 동물을 뚜렷하게 강조하고자 한다면 바탕색으로 윤곽선을 한 번 더 보태 그려 주면 특별한 미적 효과를 높일 수 있다.

- 작품을 들여다보고 수정하거나 보태어 마무리한다.

- 작품으로부터 의미 있는 제목을 정하여 보고 마음의 느낌과 생각, 의도 등을 글로 내면화한다.

**Tip**

동물모형의 윤곽선을 찾고 의미 있게 화면에 배치함이 중요하다. 크기 조절도 각자의 의도에 의해서 결정한다.

■ 표현 재료

- 모형 동물 또는 장난감 동물, 수채도구

제대로 보고 느끼고 생각하며 아이들의 아름다운 눈을 높여라

## 작품 XIV

인체인식 훈련에서 선으로 인체의 뼈대를 따라 그리고 인체 뼈대의 면에 색을 채우고, 다시 뼈대 위에 색으로 살을 채워 인체의 면을 인식했다. 인체를 선으로 인식하고 그려 봄으로써 면이 이루어지고 형체가 완성된다는 것을 알게 된다. 이렇게 인체의 구조를 분석하고 따라 그려 보고 살을 채워 봄으로써 확실하게 인체의 미를 인식하고 그림을 그릴 때 아이들로 하여금 좀 더 과학적인 사고로 미적인 표현에 접근하게 된다.

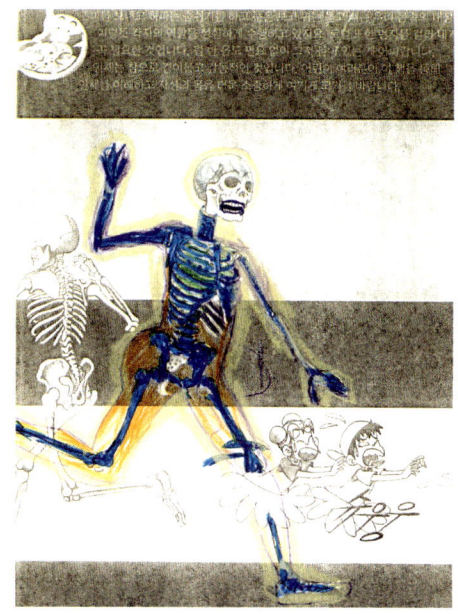

인체인식(해골에 살 붙임)
－인덕원 친구(1학년), 2002

뼈대의 구조 위에 사람의 체격과 피부색깔을 생각하여 채색한다.

■ 지도 방법

－복사된 인체의 뼈대를 나누어 주고 선으로 살을 채워 피부를 면으로 인식한다.
－체형을 생각하며 인체의 볼륨을 살려 그린다.
－인체 면을 여러 인종의 피부색이나 재미있는 피부색으로 채워 채색한다.
－인체의 움직임을 그릴 때 골절과 근육, 피부의 흐름을 인식하며 그릴 수 있도록 주지시키며 수업을 마무리한다.

**Tip**

피부색 위에 볼륨 있는 옷을 디자인하여 입히고 채색해 보기도 한다. 그러나 이미 바탕색이 깔려 있으므로 가능하면 짙은색을 선택해서 아래 뼈나 피부색을 커버하는 게 좋다.

■ 표현 재료

－인체 뼈대 복사본, 연필, 크레용, 색연필 등 채색도구

**작품 XV**

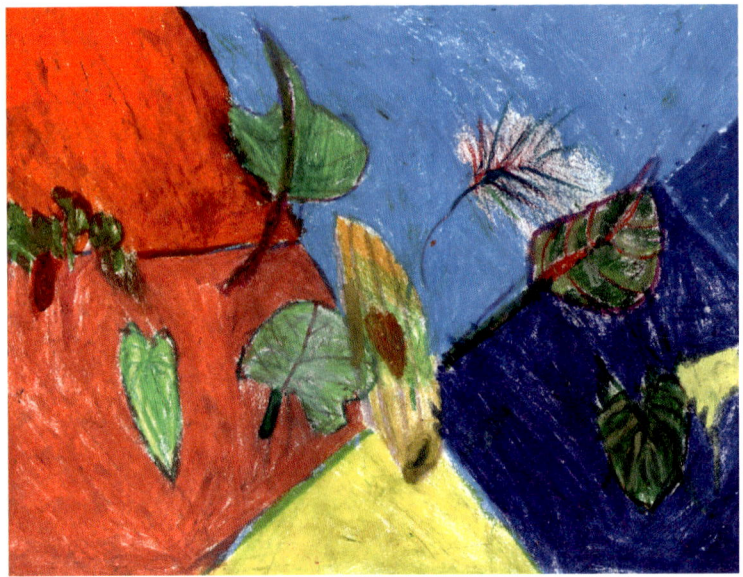

**나뭇잎 디자인-인덕원 친구(7세), 2002**

보고 그린 몇 개의 작은 나뭇잎들이 흩어져 있어서 밋밋한 느낌이 들어 바탕을 면분할
하고 색칠하게 하였다. 썰렁해 보이기 쉬운 구도를 서로 다른 색깔의 4개의 면이 분위
기를 살려 준 셈이다.

몇 개의 나뭇잎을 보고 그린 후, 무미건조한 분위기를 살리기 위해 4개의 면으로
바탕을 분할하여 채색하게 했다. 바탕의 배색 때문에 재미있는 미적 효과를 본
셈이다. 애초에 의도된 교육내용이 아니라, 아이의 그림을 미적으로 살려 주기 위해
구안된 것이다. 작은 나뭇잎을 늘어놓듯이 화면에 배치했고 나뭇잎 색깔조차도
밋밋하기 때문에 바탕 화면을 너무 많이 분할한다면 또 한 번 조잡한 표현이 되기
쉽다. 좌뇌적인 기하학적인 면 분할과 우뇌적인 자연선의 어울림을 미적으로
되살렸다.

■ 지도 방법

- 가을날 형형색색의 가을 낙엽들을 주워 모은다.
- 몇 개의 낙엽들을 화면에 배치시켜 보며 미적 인식 놀이를 즐긴다.
- 마음에 드는 낙엽을 화면에 배치하고 주의 깊게 들여다보며 스케치한다.
- 스케치한 밑그림에 크레용으로 단풍잎의 보이는 대로의 색깔을 찾아
  혼합하는 등 다양한 방법으로 채색한다.
- 나무잎맥 등 특징을 자세히 살피며 세부묘사를 한다.
- 가을의 전체 분위기를 돕고 자신의 작품 주제를 살리는 바탕을 연구한다.
- 주제가 밋밋하고 썰렁하며 조잡해 보일 경우, 과감한 면 분할을 시도해
  본다.

**Tip**

분위기에 따라서 자유로운 곡선이나 기타의 방법으로 작품을 살리는 방법을 찾는다.

■ 표현 재료

- 종이와 크레파스, 나뭇잎

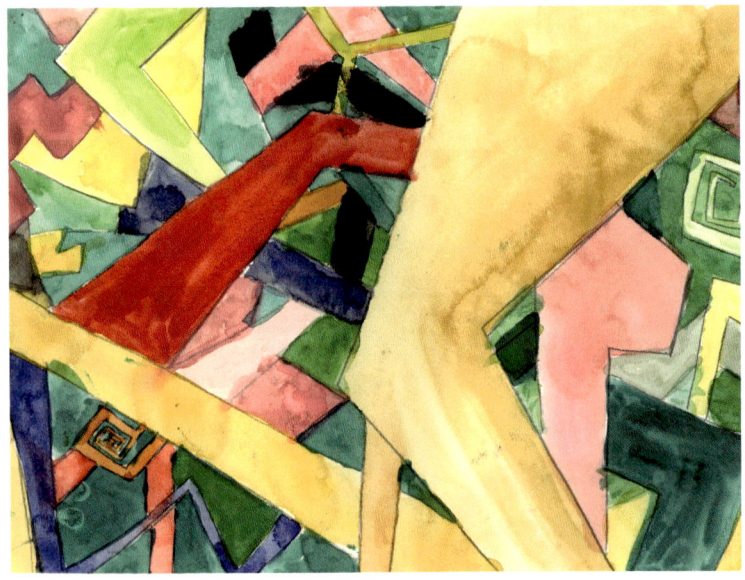

**클레의 그림처럼-KJY(3학년), 2005**

도형의 조각들이 얼기설기 얽혀 있다. 화면을 구성할 때 선이 서로 얽히지 않게 앞뒤,
좌우, 위아래의 치밀한 계산을 필요로 하는 표현이다.

직선의 면이 얼기설기 얽혀 있다. 위에서 내려다본 것처럼 멀어질수록 큰 면에서
작은 면으로 얽혀 있다. 결코 선이 겹치지 않도록 신중한 머리계산을 필요로 한다.
수학적인 분석이 많이 필요한 그림이다. 헌 고철구조물들이 얼기설기 쌓인 모습을
들여다보게 한다. 디자인적인 요소가 강한 그림이다. 주제를 강조하고 앞의 큰
면들을 돋보이게 하기 위한 색칠을 연구한다. 너무 많은 색을 선택하지 않도록
주의한다. 자칫 산만해지기 십상이다.

■ 지도 방법

- 클레의 작품을 감상하고 분석, 평가하며 자기의 생각을 찾는다.

- 클레의 작품을 기억하며 자신만의 주제를 찾아 밑그림을 그린다.

- 큰 면부터 조금씩 작은 면으로 자를 이용하여 정확한 직선으로 그리되 뒤섞이지 않게 그리고 있는 선을 놓치지 않는다.

- 가장 위에 있는 큰 면을 밝은색의 튀는 색으로 채색해 눈에 가장 크게 띄게 한다.

- 복잡하게 얽힌 면들을 하나의 틀로 찾아 연결하여 채색해 나간다.

- 라인을 강조한다든지 색채를 살리든지 포인트를 살리기 위한 방법을 찾으며 채색한다.

- 작품으로부터 주제 이미지를 찾고 그리는 과정 동안 내면의 흐름을 잡아내어 글로 내면화한다.

**Tip**

반대로 어두운 색을 강조하고 밝은색을 배경으로 처리할 수도 있다.

■ 표현 재료

- 클레의 작품집, 종이와 수채도구, 자, 지우개

# 4. 점, 선, 면으로 표현한다

## 1) 점, 선, 면에 대한 미적 인식

### (1) 이론 이해

눈에 보이는 형태, 형상이나 현상 등은 점, 선, 면으로 구성되어 있고 그렇게 표현할 수 있음을 배웠다. 모양이나 형태에 따라 면이 점으로 인식될 수도 있고, 보기에 따라 점 하나가 면으로 인식될 수도 있다. 점 하나도 굳이 딱 한 번 찍는 점이 아니라, 연필 같은 선 그림도구로 점을 그려야 한다면 그것은 선을 필요로 할 수 있다.

예를 들어, 나무 한 그루가 있다고 치자. 기둥이나 가지는 처음에 선으로 인식되고 입체감을 느끼게 될 때는 면을 인식하게 된다. 둥그런 나뭇잎이라면 먼저 면으로 인식되고 그것은 선으로 그려야 한다. 자세히 본다면, 나뭇잎맥은 가는 선들로 연결되어 있을 것이고 연결 정도에 따라 잎면 안에 또 작은 면을 구성한다. 그리고 그 선과 면 안에는 수 많은 점들이 가득 차 있음을 인식해야 한다.

그러나 단순하고 간단하게 본다면 나뭇잎들은 작은 점들이 가득 매달려 있는 것처럼 보일 수 있고 그렇게 점으로 표현할 수도 있다. 먼 거리에서 나무를 바라본다면 큰 덩어리로 바라보게 되어 하나의 선(기둥)과 면(나뭇잎들)으로 그려질 수도 있고, 선 하나에 커다란 점 하나로 콕 찍어 나무를 그려 낼 수도 있다.

결국 어떻게 보고 인식하느냐에 따라 다르게 보일 수 있으며 따라서 자기 나름의 느낌을 살려 특별한 미적 표현을 수행할 수 있다.

## (2) 실마리

눈을 감고 조용히 자신의 기억 속을 더듬어 본다.

- 온 세상이 점과 선과 면으로 이루어져 있다.
- 점과 선과 면으로 함께 어우러져 있는 사물들을 찾아보자.
- 점, 선, 면으로 이루어질 수 있는 현상을 떠올려 보자.
- 왜 특별해 보이는가?
- 이떤 이미지가 떠올려지는가?
- 어떤 점에서 미적으로 느껴지는가?
- 조금 다른 점과 선, 면으로 바꾸어 본다면 어떻게 보일까를 상상해 본다.
- 조금 다르게 바꾼다면 어떻게 의도할 것인가?

**Tip**

큰 점이 면으로 인식될 수도 있고, 작은 면이 큰 점으로 인식될 수도 있음에 자유롭게 하라!

## (3) 아이들의 시각언어와 표현

점, 선, 면이 어우러진 눈에 보이는 사물을 찾아 표현해 보자.

- 다른 친구가 찾지 못하는 독특한 사물을 찾아본다.
- 보는 순간, 어떤 느낌과 이미지가 떠올려졌는가?
- 특별하게 보이는 이유가 무엇인지 생각해 본다.
- 위치나 방향을 달리하여 어떻게 다르게 보이는지 비교해 본다.
- 가장 마음에 드는 위치나 방향은 어디이며 왜 그렇게 생각되는가?
- 가장 독특하게 보이는 위치와 방향은 어디이며 왜 그렇게 생각되는가?
- 그 사물에서 변화를 주고 싶은 곳이 있다면 어디이며 어떻게 표현하고 싶은가?
- 자신이 선택한 사물의 독특한 시각에 어떤 의미를 부여하고 싶은가?
- 그 미적 인식의 대상에 자신만의 독특한 제목을 정해 보자.

**Tip**

아이들에게 발표할 수 있는 기회를 주어 본다. 먼저 독특한 시각을 잘 찾고 언어적 표현력이 좋은 아이를 발표시킨 다음, 표현력이 부족한 아이들에게 참고의 기회를 주고 시각표현과 언어표현력을 향상시킨다.

점, 선, 면이 어우러진 눈에 보이는 현상을 찾아보자.

- 움직이는 현상이란 어떤 것들이 있을지 생각하여 본다.
- 움직이는 현상을 점, 선, 면으로 어떻게 표현할 수 있을까를 상상해 본다.

– 현상에 대한 배경을 점, 선, 면으로 보충할 수 있다.

– 현상을 관찰하기 위해 직접 야외활동을 할 수 있다.

– 생각보다 느낌을 잡아채는 훈련에 더 충실해야 한다.

– 계절이나 날씨 등의 현상을 그려 볼 수 있다.

– 계곡 주변에서 바위를 휘감고 도는 물의 흐름이나 나뭇잎이 떠다니는 모습 등을 그릴 수 있다.

**Tip**

종종 풍경화가들 중에는 물의 흐름이나 현상을 관찰, 주시하여 그리면 훨씬 더 생동감 있는 그림을 그리게 된다고 한다. 레오나르도 다빈치도 물의 흐름을 주시하며 보이는 대로 스케치했다.

## (4) 시각적 이미지의 예

– 전자레인지, 커피 메이커와 같은 전자제품

– 귤 표면, 오이, 해바라기 등

– 의상, 구두 같은 패션

– 바위, 자갈, 모래가 있는 해변

  눈에 보이지 않는 세계란 어떤 세계인가?

– 어떻게 눈에 보이지 않는 세계를 표현할 수 있을까?

– 형체가 분명하지 않은 알쏭달쏭 이미지 표현이 더 쉽다.

– 간딘스키, 클레의 등 추상표현주의 작가, 초현실주의 등의 작품을 감상 시킨다.

– 월트 디즈니 만화 '환타지아'에서 악기소리를 점, 선, 면으로 표현하는 예를 감상한다.

– 개념, 음악, 시, 오감으로부터 이미지를 유추하여 점, 선, 면으로 알쏭달쏭한 이미지를 머리 속으로 그려 본다.

## 2) 마음을 여는 미적 인식 훈련

■ 표현재료

선 그림 도구, A4용지

### (1) 눈에 보이는 사물에서 점, 선, 면이 어우러진 면을 찾아 4개 이상 표현하여 보자

– A4용지를 반으로 두 번 접거나 면을 4개로 구분한다.

– 선 그림 도구는 자유롭게 선택하게 한다.

– 제한된 시간에 교사와 아이들이 같이 활동한다.

– 주제 제시에 따라 한 면에 4개 이상의 눈에 보이는 사물을 그린다.

– 개인의 미적 주관에 의해서 4개 이상의 사물이 화면에 배치하여 의미화한다.

– 위치나 방향을 달리하여 점, 선, 면이 잘 어우러진 사물을 살펴보고 화면에 배치한다.

– 사물을 겹치거나 크기를 조절할 수도 있고 재미있는 구성을 하여도 된다.

– 여러 개의 선 그림 도구를 함께 사용하여도 된다.

– 직선은 확실하게 직선답게, 곡선은 곡선답게 연필 잡는 법과 손목과 손가락의 힘을 조절하여 분명한 선으로 면을 형성한다.

– 빈 여백에 간단한 글로 자신의 의도와 느낌을 남기고 미적인 제목을 정한다.

– 시간적인 여유가 있다면 점이나 선으로 면 등의 무늬로 디자인하거나 꾸며도 된다.

제대로 보고 느끼고 생각하며 아이들의 아름다운 눈을 높여라

## (2) 눈에 보이는 현상을 점, 선, 면으로 표현하여 보자

– 비 오는 날, 바깥에 나가 볼 수 있는 현상을 점, 선, 면으로 그려 본다.

– 계절이나 날씨 등의 현상을 그려 볼 수 있다.

– 계곡 주변에서 바위를 휘감고 도는 물의 흐름이나 나뭇잎이 떠다니는 모습
 등을 그릴 수 있다.

– 빈 여백에 자신의 눈에 비치는 현상에 대한 느낌과 생각을 글로 내면화한다.

**Tip**

자신이 본 현상에 대한 느낌에 충실하도록 한다.

## (3) 눈에 보이지 않는 세계를 점, 선, 면으로 표현하여 보자

– 개념에 대한 이미지를 점, 선, 면을 이용하여 알쏭달쏭한 이미지를 그려 본다.

– 음악을 듣고 이미지를 유추하여 알쏭달쏭한 이미지로 표현한다.

– 시를 읽고 이미지를 유추하여 알쏭달쏭한 이미지로 표현한다.

– 오감에 대한 이미지를 경험 속에서 유추하여 알쏭달쏭한 이미지로 표현한다.

– 빈 여백에 그림을 그리는 과정에서 스쳐 지나갔던 느낌과 생각들을 잡아 글로 내면화한다.

# 3) 아이들의 표현 작품

## (1) 교육적 효과

- 아이들은 점, 선, 면에 대한 시지각적 사고와 미적 인식 훈련을 통해서 사물에 대한 형태인식과 현상을 표현할 수 있다.
- 점, 선, 면이 같이 어우러진 사물과 현상에서 아름다움을 찾는다.
- 특별하게 보는 법을 배운다.
- 독특하게 표현하는 법을 배운다.
- 사물과 현상을 점, 선, 면으로 인식하고, 마음이 가는 대로 다양한 점과 선, 면의 형태로 미적 표현의 효과를 나타낼 수 있다.

## (2) 보여 주는 방법

- 생각을 표현하는 방법적인 면에서 분석한다.
- 더 많이 보는 법, 다르게 보는 법, 특별하게 보는 법을 제시한다.
- 좀 더 진지한 작품, 창의적인 아이디어나 표현이 두드러진 작품으로 아이들의 짐재된 사고를 자극한다.
- 여러 작품을 펼쳐 보임으로써 다각적인 사고와 표현의 방법을 비교, 분석한다.
- 아이들의 견해와 더불어 교사의 미적 견해로 평가, 마무리한다.

# (3) 아이들의 작품 모음

작품 1

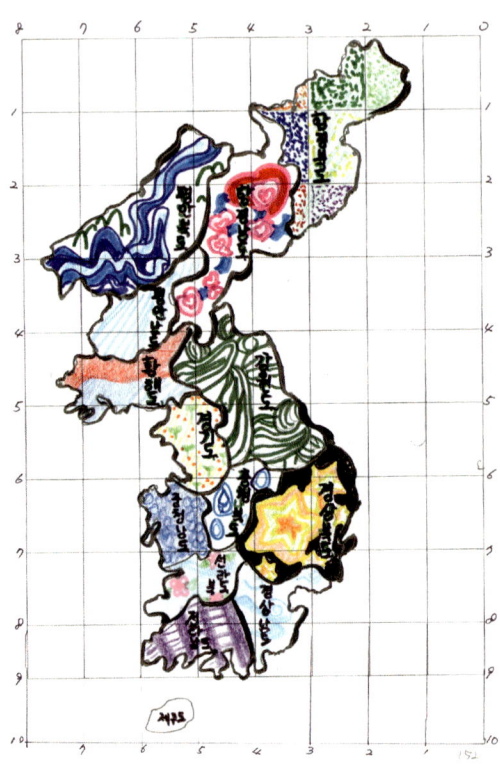

**지도 그리기를 통한 시각화–KJY(4), 2007**

다채로운 내용과 표현력이 느껴지는 미술적인 지도가 그려졌다.
뭐든 독특하게 해야 한다는 생각이 지배적이기 때문에 새롭게 시
도하는 것을 즐긴다. 때문에 각 도마다 다른 점, 선, 면으로 무늬를
그려넣는 방법으로 채색하여 도를 구분했다.

　칸을 나누어 수치화하고 각도와 선의 흐름을 맞추어 점과 점을 곡선으로 이어
우리나라 지도를 따라 그리고 도를 구분한 다음, 자기 나름의 미적 주관대로 점,
선, 면으로 채색하였다. 도를 구분하는 디자인적 표현에 있어 겹친 표현이 없도록
신중하게 그렸다. JY가 학교 사회수업에서 우리나라 지도 그리기 과제를 받아 왔을

때, 시도해 본 방법이다. 이제는 무엇이든 독특하게 해야 한다는 생각이 훈련되어 있기 때문에 자기만의 미적인 방법으로 표현하기를 즐기고 있다. 이렇게 사회과 수업을 미술표현 방법과 통합하여 응용해 볼 수 있다.

■ 지도 방법
  - 모눈 칸에 그려진 우리나라 지도를 나누어 주고 지도 윤곽선의 중요한 지점에 점을 찍는다.
  - 빈 모눈 칸 종이를 나누어 주고 그 위에 앞서 찍은 지도의 윤곽지점의 점을 가로세로의 모눈 눈금을 찾아 찍고 선으로 연결한다.
  - 점의 위치와 각도를 찾아 8도를 분할하고 도의 특성에 맞는 이미지를 떠올려 점, 선, 면으로 무늬를 그려넣거나 채색하면서 면을 채워본다.
  - 도의 이름을 재미있게 기명하고 미적으로 꾸며 본다.

  **Tip**

  사회과 수업이기 때문에 어디까지나 정확한 지도를 그릴 수 있는 목표가 우선이다. 지역 특색에 따른 땅의 색이나 특산물 등 구분해야 할 조건이 따른다면 그와 관련된 이미지 방법으로 미술을 응용해 볼 수 있다.

■ 표현 재료
  - 모눈종이에 그려진 지도복사본, 빈 모눈종이, 색연필, 사인펜 등  선 그림 도구

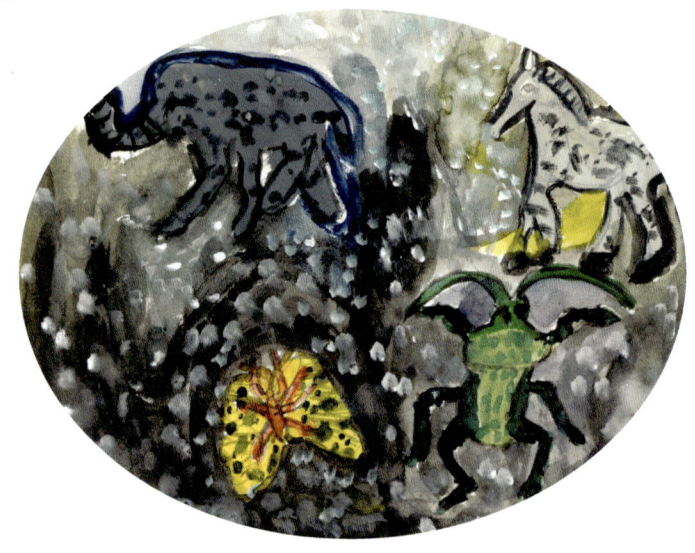

**동작표현의 변화를 위하여(동물모형)-KJY(6세), 2001**

동물과 곤충 모형을 따라 그려본 후에 채색하여 보았다. 마치 눈 오는 밤에 동물들과 곤충들이 행진하는 것 같다.

  늘 한 방향으로 동작을 취하는 인물이나 동물의 동작변화를 시도하기 위해서 아이들이 흔히 가지고 노는 동물모형을 보고 스토리화했다. 마치 눈 오는 달밤에 4마리의 동물과 곤충이 오른쪽 위를 향하여 걷다가 일정한 지점에서 왼쪽방향으로 틀어 행진하고 있는 듯하다. 동물과 곤충의 몸 표면은 점으로 터치로 밋밋하고 단순한 배경을 하얀 눈을 점으로 찍어 눈 오는 밤을 표현하고 있다.

  동물피부의 질감을 나타내고 있지만, 아직 입체적 표현은 어려운 모양이다. 걸어가는 듯한 하늘소의 뒤태가 눈길을 끈다. 아이들의 창의적 사고는 바로 이러한 주변의 소재로부터 특별한 관점으로 바라보는 것이다. 아이의 상상 스토리가 남아 있지 않아서 아쉽다.

■ 지도 방법

    – 주어진 여러 가지 동물모형을 골라 화면에 늘어놓으며 가지고 놀다 독특한
      시점을 찾고 머릿속에 특별한 이미지를 상상한다.

    – 동물모형을 보며 상상의 이미지를 구상한 대로 확대하여 스케치한다.

    – 점, 선, 면을 의식하며 물감으로 동물의 특징과 입체감을 살리며 재미있게
      채색한다.

    – 스토리의 이미지에 부합되는 분위기를 살리며 바탕칠을 한다.

    – 미적 효과를 높이기 위해 가감해야 할 곳을 찾아 정리하며 마무리한다.

    – 작품의 이미지에 합당한 주제를 정하고 글로 스토리화한다.

**Tip**

늘 면으로 칠하거나 겹칠하는 붓 터치로부터 자유롭기 위해서 점, 선, 면 터치를 인식시키면
훨씬 더 자유롭게 표현한다. 붓을 쥔 손을 마음이 가는 대로 자유롭게 표현하게 한다.

■ 표현 재료

    – 동물모형, 수채도구, 도화지

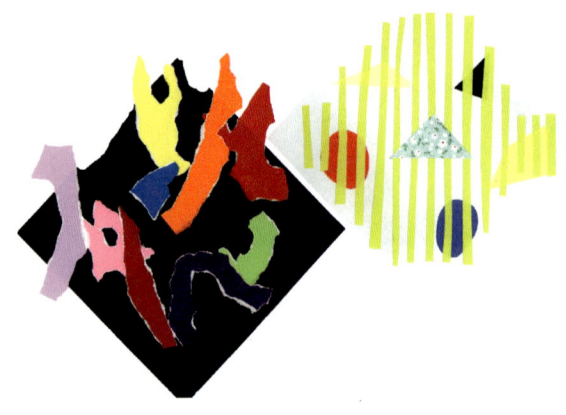

**색종이 이미지 표현-개운초등학교 친구(4학년), 2004**

흰색과 검은색의 색종이를 대비시켰다. 현대추상화가의 작품처럼 세련되었다. 아이들은 미적인식훈련에 깊이 빠져들었다. 마음속에 흥이 나 있음을 본다. 검은 바탕의 색종이는 곡선의 이미지로, 하얀 바탕은 기하학적인 이미지로 표현했다.

작품 Ⅲ

흑백의 대비를 보여 주는 색종이를 바탕으로 몇 개의 점과 선, 면으로 인식되는 도형을 오리거나 찢어 붙여 미적 효과를 노렸다.

공간 밖으로 이미지를 표출시키기도 하고 안에 존재하는 것처럼 표현하기 위해 긴 띠를 오려 덧붙이기도 했다. 그리고 세모 하나를 밖으로 내보냄으로써 또 다른 시각적 효과를 내기도 한다.

교사가 건네는 말 한마디 한마디를 놓치지 않고 자신의 표현속에서 다각적으로 시도하고 있다. 검은색 바탕은 손으로 뜯어 곡선으로 표현함으로써 마치 어떤 조그마한 생명체가 꿈틀대는 듯 아우성을 치며 밖으로 탈출하고 싶은 욕구를 우뇌적 추상으로 표현했다. 제목을 '춤추는 사람들'이라 했다. 오른쪽 흰 바탕의 작품은 먼저 몇 개의 도형을 오려 붙인 다음, 긴 세로줄의 띠로 마치 쇠창살에 갇혀 있는 것처럼 좌뇌적 추상을 추구했다. 가운데 하얀 점 무늬의 세모만이 밖으로 표출되었다.

아이들의 얽매인 바쁜 일상생활로부터 탈출하고픈 심리가 들여다보이지 않은가. 특히 4학년 중에서 가장 말썽이었다던 이 반 아이들은 임시강사로 들어가 임의로 시도했던 내 색종이의 추상표현 수업에 고도의 몰입수업 태도를 보여 주었으며 모두 다 정말 놀랄 만한 작품들을 보여 주었다. 아마도 억압된 아이들의 내면을 건드려 욕구불만을 표출시킬 수 있었던 계기 때문이 아니었을까 생각해 본다.

■ 지도 방법

  – 색의 대비를 위해 두 가지의 색종이를 선택한다(색상 대비든, 흑백 대비든 원하는 방식으로).

  – 색종이를 뜯어 붙일 수도 있고 오려 붙일 수도 있음을 얘기하여 주고 방법을 자유롭게 선택하게 한다.

  – 알고 있는 미술표현 방법의 모든 고정관념으로부터 탈피하라고 일러 준다.

  – 오로지 나만의 표현방법을 즐기고 자기표현 세계에 빠져들도록 한다.

  – 남의 방법을 응용하되 그대로 모방하지 않도록 한다.

  – 뜯거나 오린 색종이를 크기와 색깔을 고려하며 의도적으로 임의대로 배치하며 미적 인식놀이를 체험한다.

  – 큰 화면에 색종이를 대비, 배치시킬 때도 나만의 독특한 시각으로 배치시킨다.

  – 빈 여백에 주제를 정하여 글로 쓰고 뒷면에 작품을 하는 동안의 느낌과 생각, 의도 등을 글로 내면화한다.

  – 아이들의 작품을 전시해 주고 평가하며 우수작품을 선정하는 등 즐거운 시간을 마무리한다.

**Tip**

학년에 따라서 유연하게 안내한다.

■ 표현 재료

  – 색종이와 풀, 가위, 도화지

## 작품 Ⅳ

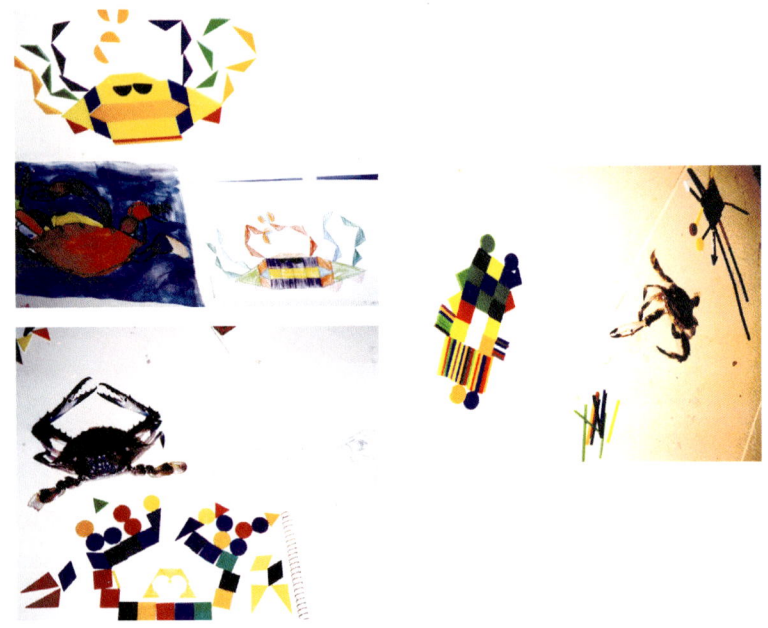

**꽃게의 관찰과 다양한 표현-인덕원 친구(7세), 2002**

꽃게를 제대로 보고 알고, 단순하게 보고 디자인하는 과정을 통해서 아이들은 보고 느끼고 생각하는 방법을 배울수 있다. 저마다 다른 시각, 표현, 이미지의 형상화를 통해 아이들은 각자의 개성을 키워 나간다.

꽃게의 실물을 보고 가베의 점, 선, 면으로 꾸며 보았다. 선으로 주로 꽃게를 표현하는 아이가 있는가 하면 면으로 주로 이미지를 찾는 아이도 있고 면을 선처럼 표현하는 아이도 있다.

■ 지도 방법

　– 꽃게 실물을 관찰하고 특징을 잡아 가베놀이로 점, 선, 면을 의식하며
　　디자인한다.

　– 가베로 완성된 꽃게모형을 보고 8절 도화지에 스케치하고 색연필이나
　　수채물감으로 도형화된 꽃게를 채색한다.

　– 꽃게의 도형화된 표현에 더 집중한다.

　– 굳이 바탕을 색칠하지 않아도 됨을 유의시킨다.


■ 표현 재료

　– 실물꽃게, 가베, 도화지, 색연필, 연필, 지우개, 수채도구 등

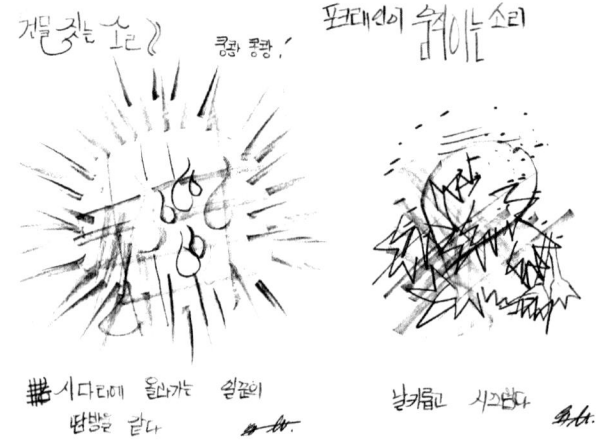

거물 짓는 소리 콩콩, 쿵쾅!

포크레인이 움직이는 소리

청각 이미지 표현-LMK(5학년), 1992

사다리와 일꾼의 땀방울까지 바삐 움직이는 현장을 떠올렸다. 포크레인이 급하게 움직이는 소리를 표현했다.

**작품 V**

건물 짓는 소리와 포클레인 소리에 대한 경험을 상징적, 추상적 표현으로 이미지화하였다.

연필심의 강약을 조절하며 점, 선, 면의 질감을 자유자재로 거침 없이 표현하고 있다.

제목조차도 선의 리듬을 살려 미적 표현을 의도하고 있다. 간단한 글의 내면적 표현이지만, 그림에 대한 본질적 의미를

함축 하고 있다. 쾅쾅 울리는 듯한 느낌이 실감 난다. 포클레인의 커다란 철바퀴가 철컥거리며 시끄럽게 굴러 가는 듯하지 않은가. 완벽하게 점, 선, 면을 필요적절하게 사용하고 있다.

■ 지도 방법

– 조용히 명상할 수 있는 분위기를 조성한다.

– 종이를 나누어 주고 눈을 감고 심호흡하며 마음을 가다듬는다.

– 주제를 제시하고 떠오르는 이미지를 오감으로 탐색하여 머릿속에 그린다.

– 4B연필의 심을 조절하며 점, 선, 면의 모든 표현의 자유로운 의식을 동원하여 알쏭달쏭한 이미지로 상징화하거나 추상화한다.

– 미적인 표현으로 만족하면 펜을 놓는다.

– 이미지에 대한 자신만의 느낌, 생각, 의도 등을 글로 내면화한다.

– 그림과 주제 제시, 설명의 글조차 미적인 의도로 디자인한다.

제대로 보고 느끼고 생각하며 아이들의 아름다운 눈을 높여라

점, 선, 면에 대한 인식이 체득되어서 자유자재로 자신의 느낌과 생각을 그대로 드러내며

미적 표현을 추구하게 된다.

■ 표현 재료

– 종이와 4B연필, 지우개

## 작품 Ⅵ

O에 대한 이미지 표현에서 선으로 O의 이미지들을 합성화시켰으며 면으로 구성하였고, 면에 대한 구체적 이해를 돕기 위해 점 표현을 사용했다. 3학년답지 않은 독특한 화면을 구성하였고 달을 상징하는 듯한 커다란 동그라미가 하늘에 떠 있는 듯하고 앞을 직시하고 있다. 적당한 여백의 미까지 살릴 줄 아는 미적 감각을 발휘하고 있다. 필요적절하게 짙게 색칠하며 완벽성을 추구하고 있다. 아이들이 좋아하는 르네 마그리트의 그림처럼 재미있다.

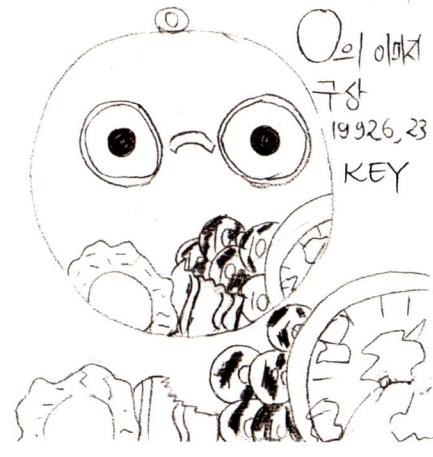

**O의 이미지 구성–KEA(3학년), 1992**

이 주제에 대해 3학년에서 가장 짜임새 있는 화면을 구성했다. 여러 가지 물체가 함축된 내용이 그럴싸하다. 가장 큰 발전을 보인 예이다.

■ 지도 방법

– O나 동그라미에 대한 이미지를 10개 이상 떠올려 주어진 용지에 기록 한다.

– 떠올린 이미지를 조합하여 재미있는 스토리로 상상하여 글로 남긴다.

– 정확한 구상이 아닌 알쏭달쏭한 이미지 표현으로 위의 상상을 상징화

하거나 추상화한다.

– 글씨 쓰는 연필 쥐는 법에서 벗어나 자기표현을 위해 자유자재로 연필을 쥐고 속도와 힘을 조절하여 점, 선, 면을 활용함으로써 내 안의 세계를 자유롭 게 표현한다.

– 조형적인 질서나 미적 인식으로 좀 더 세련되고 절제된 아름다운 표현을 하도록 한다.

– 놀이나 조잡한 낙서수준이 아닌 스스로 만족할 만한 의미심장한 그림이어야 한다.

– 자기 작품에 대한 이미지를 의미 있는 주제로 추출해 내고, 그림을 그리는 동안의 스쳐 지나간 느낌과 생각, 그림의 표현과 의도 등을 시적인 글로 내면화한다.

**Tip**

연필 스케치 후에 복사해서 색연필이나 사인펜 등의 가벼운 도구로 채색할 기회를 주는 등 다양한 표현방법으로 기회를 제공한다.

■ 표현 재료

– 종이와 연필

## 작품 VII

초등학교 아이답지 않은 과감한 화면구성을 선택했다. 검은 플라스틱 통에 담긴 콩나물 소재는 한편으로 밀려나 있는 듯 해 보인다. 실제 콩나물의 표현은 대충 그렸다.

의도이든 우연이든 간에 화분배치가 귀퉁이에 엇비슷하게 자리 잡고 있는 것은 보통 아이들이 그릴 수 있는 그림은 아니다.

특별한 미적 의도가 개입

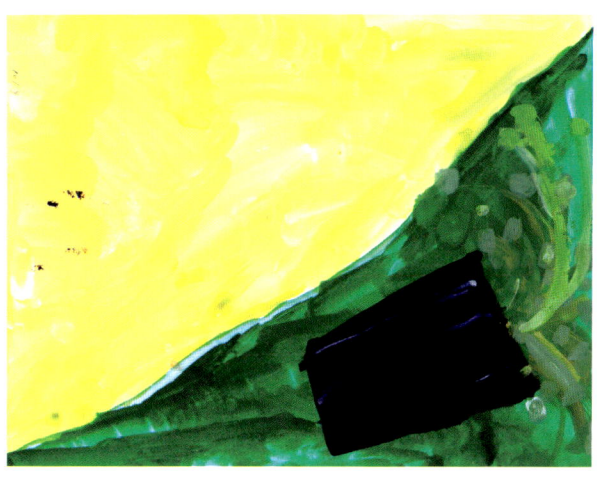

정물화(느낌 따라 그리기)-CSY(7세), 2002

전혀 뜻밖의 구상을 했다. 의도적인 자기표현이다. 귀퉁이로 정물을 세우고 대각선으로 면을 분할하여 바탕색을 칠했다. 주객이 전도된 느낌이지만, 대담한 미적 의도가 놀라울 뿐이다.

되었다고 볼 수 있다. 몇 개의 흐릿한 점이 콩나물로 표현되었고 플라스틱 통의 줄무늬를 4개의 하얀 줄로 설명하고 있다. 그러나 공간에 비해 너무 빈 여백이 너무 많아 썰렁해 보여 교사가 화면분할을 유도했다. SY는 바탕을 대각선으로 반으로 면분할하고 콩나물 색깔의 주된 노랑과 연두색으로 분리 채색하여 나름 어떤 의미를 대신 표현하고 있는 듯하다.

■ 시노 방법

- 주변에 널린 일상적인 정물 하나를 준비한다.
- 3분 정도 주어진 정물을 유심히 바라보며 선의 흐름, 특별한 느낌을 찾는다. 스케치 없이 바로 그려도 상관없다.
- 자세히 그리는 게 아니라 눈에 보이는 느낌대로의 정물을 그린다.
- 알고 있는 모든 미술표현의 고정관념으로부터 벗어나 어느 곳이든 자신이 원하는 특별한 구도를 시도한다.
- 밑그림 구도에 마음이 내키는 대로 면을 분할한다.

– 바탕을 먼저 칠하든 주제를 먼저 칠하든 마음이 가는 대로 표현하되 미적인 계산으로 채색해서 미적 효과를 높여야 한다.

– 의도된 분위기가 맞는지 살피고 수정하면서 마무리한다.

**Tip**

아이들 작품이 밋밋해 보일 때, 면 분할하거나 무늬를 그려 넣거나 또는 색종이를 뜯어 붙이거나 콜라쥬의 방법 등을 응용하여 부족한 부분을 보완할 수 있다.

■ 표현 재료

– 수채도구, 도화지, 일상적인 정물

**작품 Ⅷ**

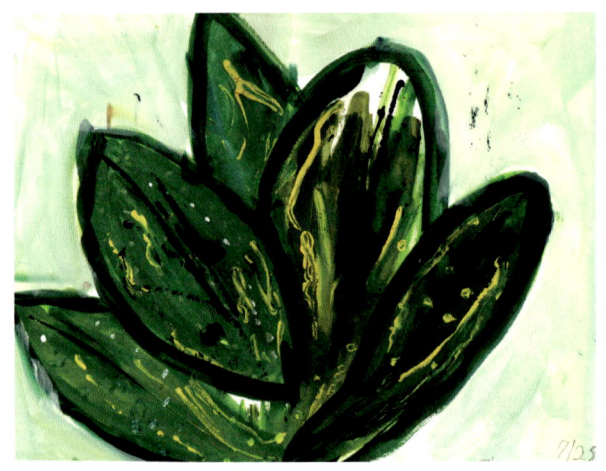

스케치 없이 보고 수채표현(식물) – KJY(3학년), 2005

교실의 화분을 마치 비오는 날, 빗방울이 미끄러지는 파초의 커다란 잎을 그린 것처럼 신선하다. 바탕도 흐릿하게 엷게 채색함으로써 분위기를 더했다.

교실의 잎이 넓은 식물의 화분을 보고 스케치 없이 바로 보고 과감하게 크게 그렸다.

수채화 붓으로 굵은 선을 그어 식물의 잎맥을 구체화시키고 면으로 채색하였다. 잎사귀의 잎맥이 자연스럽게 하나로 이어져 표현되어졌다.

물방울이 맺히고 미끄러질 듯한 모습이 점과 선으로 연결되면서 자연스럽다.

바탕을 연한 하늘색으로 색칠하여 평온해짐을 느낀다. 화면에 가득 찬 식물의 잎을 굵은 선으로 반복하여 강조했다. 걸쭉한 물감의 양을 조절하며 물감이 마르기 전에 붓터치함으로써 자연스럽게 혼색효과를 나타냈다.

■ 지도 방법
- 마음을 가다듬고 자신이 선택한 화분의 식물을 가만히 3분 정도 응시한다.
- 스케치 없이 점, 선, 면의 자유로운 터치로 대범하게 채색한다.
- 보이는 대로 느낌에 충실한 그림을 그린다.
- 잎의 색의 변화, 잎맥의 세세한 흐름, 보이는 모든 것에 충실하여 자신의 느낌대로 그린다.
- 변화, 강조, 통일감 등 조형인식에 생각을 더하면서 미적 표현을 높인다.
- 바탕색을 잘 선택하여 자연스럽게 돋보이게 채색한다.
- 빈 여백에 주제를 정하고 식물을 바라본 느낌과 이미지, 그림 그리는 순간 등을 떠올려 글로 내면화한다.

**Tip**

때로는 클로즈업하듯 부분을 화면에 극대화해 본다. 카메라 줌을 조절하듯 대상을 원근감으로 조절하면서 미적인 눈을 높인다.

■ 표현 재료
- 식물화분, 수채도구

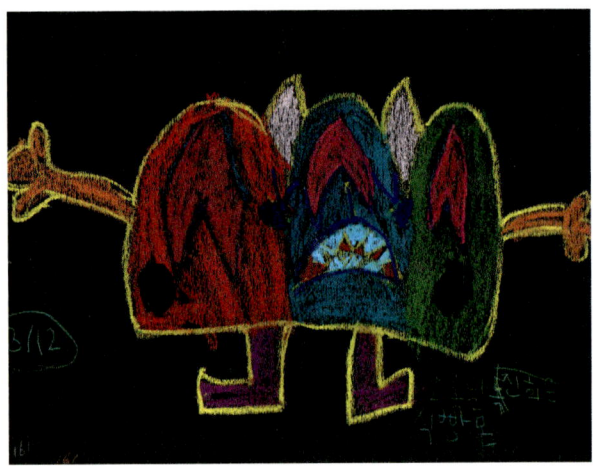

몬스타 상상-JHE(6세), 2001

올록볼록한 식빵이 연상되었다가 색깔을 알록달록 칠하면서 주제를
바꾸었다. 분명한 성격이 확실하게 드러나 보인다. 검은색 바탕지 때
문에 전체적으로 어두워진 색을 노란색 아웃라인으로 다시 그려 넣
어 주제를 살려 주었다.

**작품 IX**

HE의 성격처럼 또렷또렷한
점, 선, 면으로 스케치하고, 면
을 분할하여 채색했다. 두 개의
점이 식빵의 눈을 대변하는 듯
하다. 식빵몬이 으르렁거리며
무엇인가를 호소하고 있는 듯
하다.

■ 지도 방법

– 바탕칠이 굳이 필요 없
는 결이 있는 검은색지
를 제공한다.

– 연습장에 재미있는 자기만의 몬스터를 상상하여 스케치해 본다.

– 검은 색지에 상상의 몬스터를 스케치하고 크레용으로 종이의 결을 느끼
면서 채색한다.

– 몬스터가 두드러지게 윤곽선의 색을 선택하여 다시 한 번 깔끔하게 덧그려
준다.

– 빈 여백에 주제를 정하여 글로 쓰고 사인한다.

**Tip**

색지에 따라서 원하는 색의 효과를 어떻게 내어야 할지 느끼고 조절한다.

■ 표현 재료

– 결이 있는 검은 색지, 크레용

제대로 보고 느끼고 생각하며 아이들의 아름다운 눈을 높여라

## 작품 X

스케치 없이 느낌과 생각, 의도 등을 자연스럽게 점, 선, 면으로 그리고 채색했다.

바탕색을 칠하지 않아도 자연스러운 미적 효과를 나타낼 수 있다. 화사한 꽃잎이 물 위에 동동 떠다니는 듯 한 모습을 표현하기 위해 나름 노력한 것 같다.

7살 남자 아이답지않게 섬세하며 생각을 가득 담은

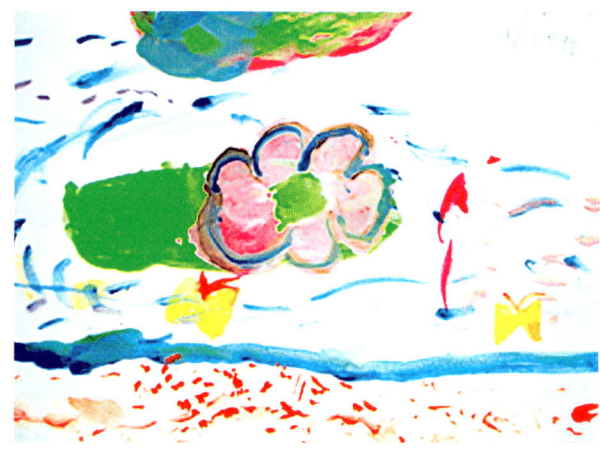

스케치 없이 그리기-KKH(7세), 2002

물 위를 떠다니는 꽃잎을 그렸다. 꽃잎의 그림자까지 생각하여 그려 넣었다. 꽃잎을 드러내고 싶은 색의 표현이 확실하게 드러나 있고 다채로운 색들이 곳곳에 있다. 물 속이 들여다보이는 것 같다.

시적인 이미지 표현이다. 그림자도 인식하고 있으며 철저히 우뇌적인 심상의 자연스러운 점과 선으로 그려졌다. 상단의 초록색 물체는 바위인지 구름인지 모르겠다. 무거워 보여서 굳이 없어도 되는 소재이지만, 필요 없다 치고 손으로 가려 보자. KH의 그림의 의미가 모호해지는 느낌이 들 수 있다.

■ 지도 방법

- 눈을 감고 마음을 가나듬는다.
- 그리고 싶은 주제를 떠올려 본다.
- 스케치 없이 마음이 가는 대로 주제에 맞게 물감으로 점, 선, 면을 의식하며 식하며 그려 나간다.
- 그림으로 시를 쓰듯 사색하며 정성스럽게 차분히 그림 안에 몰두하며 그린다.
- 머릿속에 스쳐 지나간 생각들을 붙들어 시적인 글로 내면화한다.

물 위에 떠 있는 꽃잎이 물결을 따라 움직이는 모습을 그리려는 내적 욕구가 생겨야 하고 이를 표현하기 위해선 선 터치가 움직여야 한다. 즉 느낌대로 선 터치를 만들며 표현하면 된다. 물결이 움직이는 모습을 제대로 바라본 적이 있는 아이라면 그 본 경험을 되살릴 수 있다.

■ 표현 재료
   – 종이와 수채도구

## 작품 XI

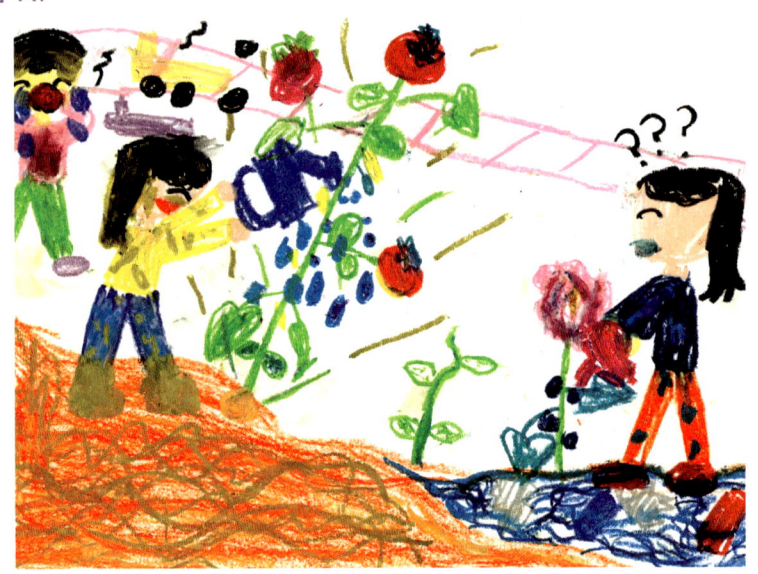

**물의 유용–PYA(2학년), 2002**

흔히 볼 수 있는 전형적인 2학년 수준의 경험화이다. 수업에 참여한 지 얼마 되지 않았지만, 반듯한 직선과 구도와 밋밋한 색칠하기에서 벗어나려고 노력하는 모습이 엿보인다. 바탕을 꼭 칠해야 한다는 관념에서도 벗어났다.

삽화적인 그림이지만, 땅의 지면과 물의 표현이 선으로 설명을 보태고 있다.

토마토에 떨어지는 물방울 이 크고 작은 점으로 표현되었다. 물조리개의 물이 다 떨어져 가는듯 물조리개를 뒤집어 마지막 남은 물방울을 털고 있는 아이디어가 재미있다. 오른쪽의 물을 주고 있는 아이의 의구심을 표정으로 담지 못해 ?로 설명하고 있다. 충분한 물의 제공과 물의 부족함으로 인한 식물의 성장을 비교하고 있다. 더불어 비옥한 땅과 황폐한 땅을 땅의 크기와 높낮이 그리고 색깔로 구분하고 있다 .

■ 지도 방법
  – 눈을 감고 '물의 유용함' 에 대한 상식과 지식을 끄집어내어 주제를 떠올린다.
  – 한 가지의 유용함을 소재로 스토리화한다.
  – 의미를 잘 전달하는 방법으로 구체화한다.
  – 주제 선정상 굳이 바탕색에 염두할 필요가 없음을 안다.
  – 주제에 맞게 좀 더 분명한 설득력 있는 글로 스토리화한다.

**Tip**

지식과 상식을 요구하는 설명적인 그림을 그릴 때는 주제에 맞는 보다 더 풍부하고 깊은 사고력을 드러낼 수 있도록 미리 책이나 인터넷 등 자료를 통해 수집하고 연구하는 자세를 갖게 한다.

■ 표현 재료
  – 도화지, 크레용

### 1) 1년간 미적 인식 훈련에 참여한 초등 2학년 PYA

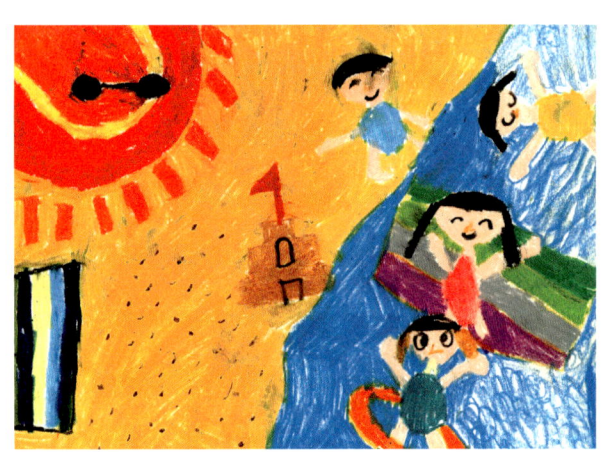

**처음 그린 그림-PYA(2학년), 2001**

처음에 클래스에 와서 그려본 경험화이다. 대한민국 전형적인 초등 2학년 수준의 그림이다.

### (I) 자유화를 통하여

① 참여 전의 자유화

2학년 YA가 처음에 클래스에 와서 보여 준 평소에 그리는 그림이다. 전형적인 우리나라 아이들의 그림 유형에서 크게 벗어나지 않는다.

교과서 삽화 같은 느낌의 그림으로 반듯하고 단정하게 부자연스러운 선으로 그리고 있다. 인물들은 모두 정면을 향하고 있고 평면적이고 도식적인 그림이다.

### ② 참여 후의 자유화

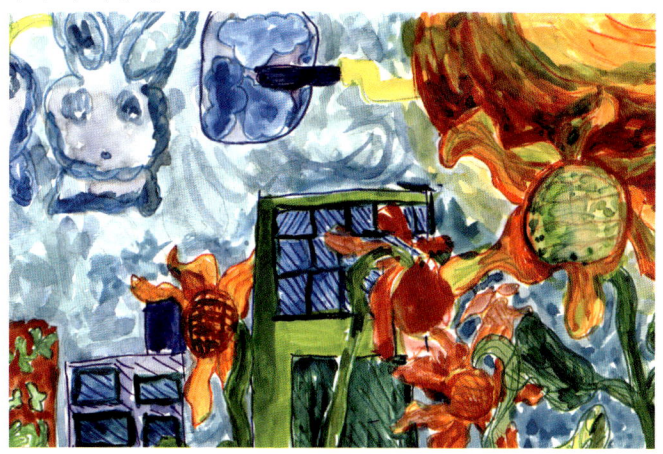

**자유화-PYA(2학년), 2002**

아이들은 어느 정도의 수준에 도달하면 이런 색채와 투명적인 표현을 해낸다.
상상적인 구름의 이미지를 표현했고, 해바라기와 다른 꽃들이 클로즈업되었다.
식물의 리드미컬한 선이 아이의 감성이 자유로워졌음을 보여준다.

1년 후쯤에 혼자서 그리고 싶은 그림을 그린 작품이다. 처음에 비해 선이 유연해졌고 구도를 설정하는 것도 대담해졌다. 점, 선, 면에 대한 인식이 분명해졌고 자신의 미적 주관에 의해 사유로이 표현하고 있다. 여름날, 마치 학교 배경을 뒤로 한 해바라기와 달리아가 있는 정원을 그린 것 같다. 상상으로 그린 풍경화이고 명암 표현이 불분명하지만, 자신이 내키는 대로 표현을 유도할 수 있음은 미술과 예술에 대한 자기 인식이 분명해졌음을 보여 준다. 앞배경이 꽉 찬 구도를 설정했으나 뒷배경의 하늘을 넓게 펼치고 있다. 구름에서 토끼 이미지를 상상하고 있으며 오른쪽 태양은 여전히 너무 크고 육중하게 차지하고 있어서 불편함을 느끼게 한다.

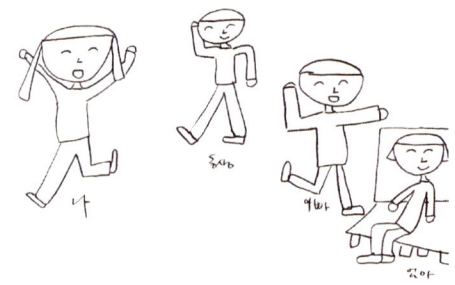

**나의 가족-PYA(2학년), 2001**

선이 경직되고 교과서 삽화에 나오는 등장인물과 같다. YA 엄마는 이 그림을 보고 YA가 그린 이 시기의 그림속의 자신은 늘 이렇게 의자에 앉아있는 모습이었다고 귀뜸해 주었다. 아빠가 엄마를 향하여 달려가고 있는 모습이 놀이에 소극적인 엄마에게 동참하자고 설득하려는 것 같다.

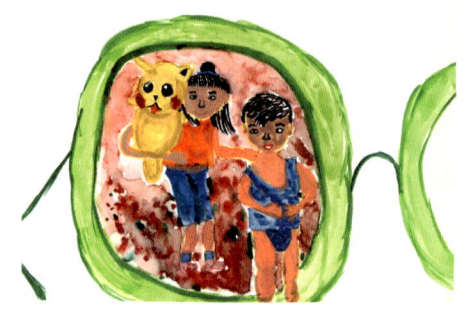

**가족사진 보고 그리기-PYA(2학년), 2002**

안경 속 꽃밭 배경 처리가 점과 물감 번지기 효과로 자연스럽다. 안경의 한쪽 알만 강조하고 적당히 안경인 것을 슬쩍 드러내는 미적 감각이 특별하다.

## 2) 가족표현을 통하여

### ① 참여 전의 인물표현

처음에 가족이라는 주제를 주며 평소에 그리는 인물표현을 그리도록 했다. 동작표현을 시도하고 있으나 글씨 쓰는 연필 쥐는 자세에서 벗어나지 못해 인체표현이 고정적이며 변화가 없다. 선이 경직되고 교과서 삽화에 나오는 등장인물 같다.

### ② 참여 후의 인물표현

가족사진을 보고 그렸다. 액자처럼 처리한 안경 배경이 특별하다. 같은 종류의 그림을 그려도 이제 아이는 선이 유연해졌고, 색채표현도 자연스러워졌다. 꽃밭 배경인 듯한 점묘법 처리가 그림을 더 생동감 있게 만든다. 꽃밭 점 흘림에 아이들이 입은 파란색 옷과 동떨어지지 않도록 파란색 점을 살짝 몇 방울을 찍어 붉은 바탕과 어우러지게 처리했다. 또한 피부색과 꽃밭 배경색이 비슷해져서 과감하게 연두색으로 안경테를 채색하여 돋보이게 한 듯 싶다. 동그란 면 속에 자신을 가두고 남동생은 안경 밖으로 나와 서 있게 구도를 잡았다. 안경보조 배경도 마치 액자인 것처럼 효과를 내었고, 옆 안경인 것처럼 살짝 튼 점, 한쪽 안경만 강조한 점 등은 미적인식과 표현수준에 있어 놀라운 발전을 보였다고 볼 수 있다. 바탕색을 꼭 칠해야 하는 구속감으로부터도 벗어났다.

## ② 6세 이후 초등 3학년 때까지 미적 인식 훈련에 참가한 KJY

① 초등 3학년 이미지의 추상적 표현

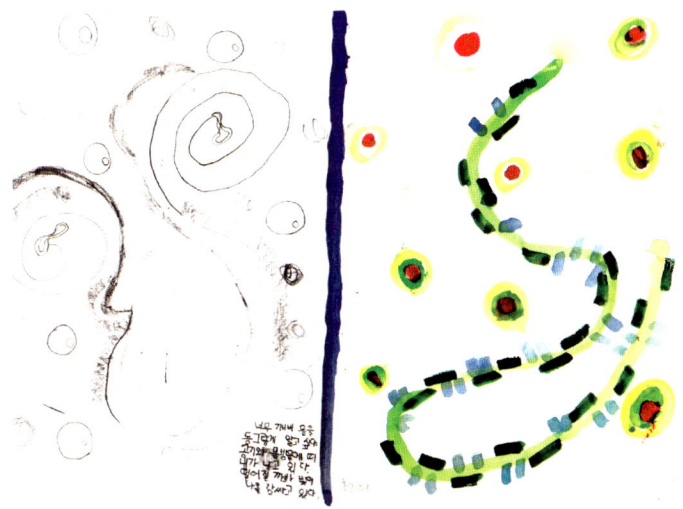

**개념의 이미지 표현(환희)-KJY(3학년), 2005**

연필로 먼저 그린 선 그림이 색채표현보다 더 감각적인 선으로 그려졌으며 '환희'라는 개념에 대해 좀더 밀접한 느낌을 갖게 한다. 사실은 '환희'라는 개념 자체가 환상적인 색채의 이미지로 먼저 떠올려진다. 그러나 연필로 먼저 그린 '환희' 이미지 표현이 첫 번째로 집중했기 때문인지 두 번째로 그린 색채 이미지 표현보다 감정이 더 실린 느낌이 든다.

환희에 대한 추상적 이미지를 연필로 그리고 물감으로도 색채인식을 하였다. 연필의 심을 조절하며 선의 느낌을 살렸고 작고 큰 점으로 감정을 실었다. 애초의 선 그림과 달리 수채 붓으로 그리면서 생각이 바뀌었는지 조금은 다른 느낌을 취하고 있다. 가늘고 짧은 선이 마치 점으로도 인식된다. 동심원 속의 몇 개의 점이 원이라는 면으로 인식되기도 한다. 연두색의 라인도 환희의 개념에 동감하지만, 개인적으로 왼쪽의 연필 선 그림의 추상적 선이 훨씬 리드미컬하고 부드러운 터치가 많아 환희의 기쁨에 대한 호소력이 더 크게 느껴진다.

■ 지도 방법

– 눈을 감고 '환희'에 대한 이미지를 떠올리며 명상한다.

– 반으로 나눈 8절 도화지에 먼저 4B연필로 '환희'에 대한 이미지를 상징적, 추상적으로 표현한다.

– 오른쪽 칸에 수채화 붓으로 연필 스케치 없이 점, 선, 면을 의식하며 마음이 가는 대로 채색한다.

– 작품에 만족하면 표현을 가득 채우려는 부담에서 떠나 과감하게 붓을 내려놓는다.

– 작품에 대한 이미지에 대해 자기만의 느낌, 생각, 표현의 의도 등을 시적인 글로 내면화한다.

**Tip**

먼저 그린 연필 이미지를 그대로 색채표현해도 되고, 생각이 바뀌면 다른 의도로 그릴 수도 있다.

■ 표현 재료

– 수채도구와 종이

② 초등 3학년 경험화

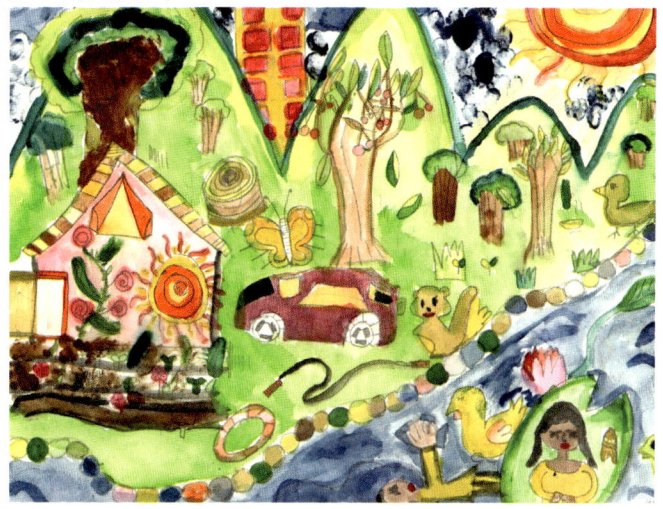

**인식적 훈련에 참가한 후에 그린 경험화 −KJY(3), 2005**

많은 생각을 그림으로 담아내고 있다. 예전보다 밝은색깔을 신선하게 표현하고 있다. 유치원 시절의 보라색 선호에서 이 시기에는 주로 연두색과 초록색 분위기에 빨간색을 포인트로 변화를 시도하는 경향으로 바뀌었다.


평소에 아이들 경험화에 자주 등장되는 소재들을 제시하여 이야기를 구상하도록 하였다. 원근감을 고려하며 왼쪽 코너에서 바라본 시점처럼 구도를 잡았다. 산과 들을 하나로 보고 연두색으로 통일하여 색칠했고 점 터치로 하늘을 재색함으로서 밋밋한 바탕질의 산과 들의 배경과 구분하였다. 산의 윤곽을 살리기 위해 선을 뚜렷하게 마무리하며 강조했다. 다양한 관점으로 집을 상상하여 그렸으며 면분할하여 지붕을 채색해서 변화를 시도하기도 했다. JY는 이제 점, 선, 면에 대한 인식이 자유로워 내 수업에 있어서만큼은 어떤 표현이든 구속받지 않고 자유로워진 거 같다. 집 안에 텐트, 식물과 텃밭, 태양이 공존하는 등 자신의 상상력을 마음껏 펼치고 있다. 창문을 열어 놓고 있으며 입체적인 자동차, 물 속에서 배영하는 자신의 모습 등 생각을 자유롭게 펼치고 있다. 개념에 대한 색채인식 훈련 이후, 6~7세 즈음의 보라색 계열의 칙칙하고 어둡던 색의 선호에서 이 시기에는 밝은 연두와 초록계열의 색을 선호하고 가끔씩 빨강색으로 포인트를 주며 변화를 시도하는 자신만의 미적 인식과 표현을 보여주고 있다.

■ 지도 방법

- 아이들의 경험화에 자주 등장하는 소재들을 칠판에 제시하고, 장면을 상상, 구상한다(산, 강, 나무, 해와 달, 구름, 집, 인물, 새, 동물, 자동차, 물고기, 꽃……).
- 수평적 구도와 고정적인 시각에서 탈피하여 특별한 자유로운 상상을 펼친다.
- 채색법에 구애받지 않고 점, 선, 면을 의식하면서 주제의 분위기를 살리며 미적으로 의미화한다.
- 전체적인 색의 조화를 고려하며 작품을 마무리한다.
- 상상그림에 대한 스토리를 글로 내면화한다.

**Tip**

배운 대로, 보는 대로, 아는 대로의 시지각적 사고와 경험들을 떠올려 열린 사고와 마음의 눈으로 자유로운 상상의 나래를 펼 수 있도록 한다.

■ 표현 재료

- 수채화 도구와 도화지

③ 초등 4학년 교실수업에서

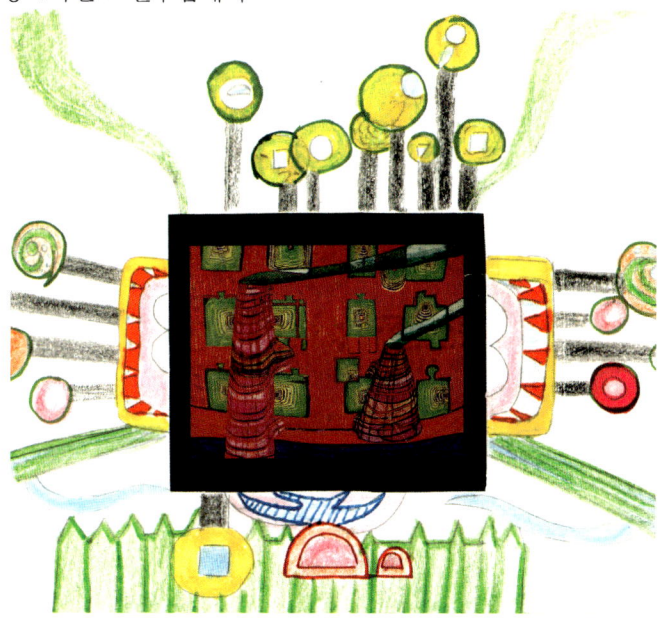

미적인식의 확산(학교수업에서의 작품) −KJY(4학년), 2006

작품사진의 강렬하고 암울한 분위기로부터 벗어나고 싶은 JY의 욕구가 드러
나 보인다. 작가의 작품에서처럼 구속하는 듯한 선으로부터 리드미컬한 곡
선과 밝은 연두색으로 자유로움을 찾고 싶은 것 같다.

학교 수업에서 추상 화가의 작품을 붙이고 생각을 연장하여 자신의 아이디어를
미적으로 의도화하였다. 사방의 균형으로 안정적인 구도를 취하고 있다. 또한 점,
선,면이 골고루 사용되고 있다. 적절하게 직선과 곡선 의 의도적인 표현도 응용하고
있다. 제3자의 눈으로 그냥 좋은 표현으로 끝나기 쉬운 이해 못할 추상그림이지만,
저 글 안에 JY만의 합리적이고 감성적인 상상력으로 작품화했음을 존중해야 한다.
대부분 주 배경은 기하학적 직선표현이지만, 옅은 안개 같은 선의 감성적인 선으로
경직된 이미지를 완화시켰다. 작가의 강한 빨강색과 초록색의 보색대비의 표현을
JY는 그보다 옅은 연두색과 적은 양의 빨강색으로 흩어 놓아 구속감으로부터
해방되고 싶은 욕구를 느끼게 한다. JY가 선택한 색깔들은 작가의 작품에 드러나는

색깔들과 거의 동일하다. 자기 작품으로 변형화하는 데도 작가와의 표현 균형과 통일을 의식하고 있다고 볼 수 있다.

④ 초등 4학년 교실수업에서

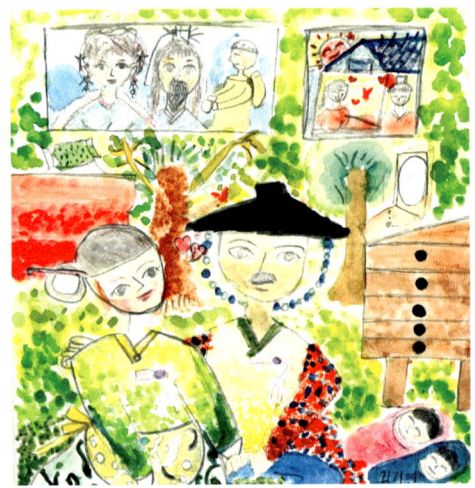

콩쥐와 원님이 서로서로 도와주며 금실 좋은 부부로 다스리는 고을에 소문이 났다. 착한 콩쥐는 자신이 갖고 있는 보물들을 가난한 사람들에게 나눠주고 떡두꺼비같은 예쁜 아들 딸 낳아 행복하게 살았다. 새어미는 죄를 뉘우치고 씻기 위해 도를 닦아 스님이 되어 죽었고, 팥쥐는 자기처럼 똑같이 생긴 남자를 짝사랑해서 결혼해 임신 중이다. 과연 어떤 아이가 나올지 고을 주민들이 관심이 많다.

미적인식의 확산(학교수업에서의 작품)- KJY(4학년), 2006

학교수업활동에서 보여준 전형적인 4학년 작품이다. 콩쥐팥쥐에 대한 스토리를 변형하여 상상한 이야기 그림이다. 점묘법을 응용하였다.

　학교 수업에서 콩쥐팥쥐에 대한 스토리를 변형하여 상상하고 그림으로 그리고 글로 쓴 작품이다. 선으로 밑그림을 그리고 주로 바탕을 점묘법으로 채색하여 주제를 살리고 있다. 마치 콩쥐 부부의 다정한 가족사진같다. 콩쥐의 왼쪽으로 살짝 기울인 얼굴이 너무 강조되어 어색하지만, 행복해 보이는 표정을 하고 있다. 연두빛과 초록색으로 행복한 분위기를 마무리하고 있다. 콩쥐 머리 위에 빨강 배경물체는 생략되어도 될 듯 싶다. 이야기 구성그림이라 다른 아이들과 크게 다르지 않은 4학년 전형적인 수준의 그림이지만, 교실에 걸려있는 다른 아이들 그림과 비교했을 때 그림 속에 이야기를 많이 담으려는 노력과 점묘법으로 채색한 점은 다른 아이들과 구분되었다. 아쉬운 점이 있다면 나로부터 배운 미적인식훈련을 교실 수업에서는 제대로 발휘하지 못한다는 것이다. 일반 미술학원에서 배운 아이들의 사실적인 표현기술을 의식하면 약간 위축되는 거 같았다. 배운 바를 살려 실제 학교 수업에서 활용할 수 있도록 마음을 열어야 한다. 다른 친구의 표현을 의식하지 않고 자신만의 생각과 의도를 당당하게 펼칠 수 있어야 한다.

⑤ 미국 학교 6학년 미술수업에서

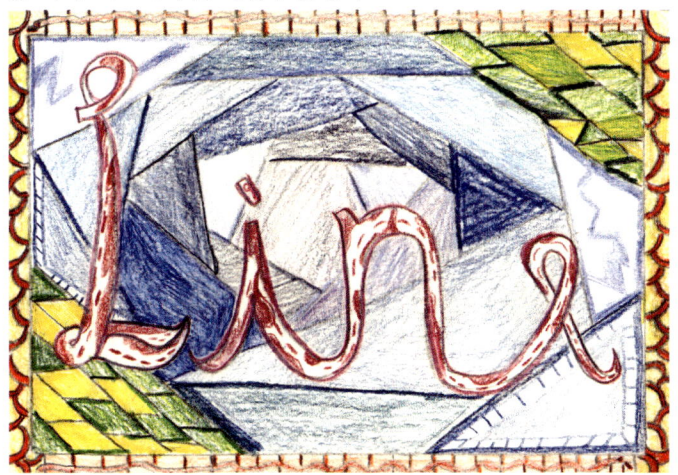

line에 대한 미적인식과 표현 – KJY(미국 중학교 6학년), 2008,

■ 지도 방법

– 'line' 의 글자를 제공된 종이 화면에 자기표현 방법으로 디자인한다.

– 5가지 종류의 선으로 주제와 배경을 구성한다(JY는 이 작품에서 직선, 곡선, 사선, 수식선, 수평선을 설정했다).

– 자신이 생각한 이미지에 어울리게 자유롭게 채색한다.

■ 표현 재료

– 색연필, 자, 도화지

⑥ 미국 학교 7학년 미술수업에서

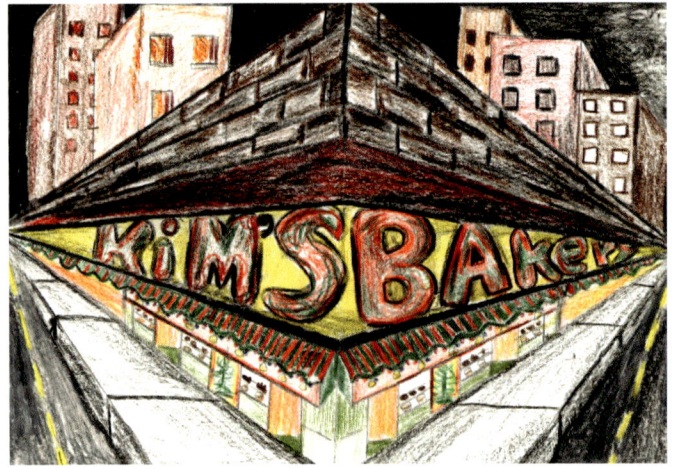

마름모의 형태로부터 건물구성과 원근감-KJY(미국중학교. 7학년), 2009

■ 지도 방법

- 제공된 도화지에 마름모를 설정하고 정면에서 바라본 듯한 시점으로
  건물을 구조화한다.
- 건물을 중심으로 길거리를 설정한다.
- 원근감이 드러나게 화면을 구성해야 한다.
- 중심 건물외 배경은 자유롭게 자신의 상상력에 의존한다.
- 자유롭게 채색한다(JY는 중심건물을 자신의 빵집인 Kim's Bakery라 이름
  짓고 크리스마스 밤의 도시 거리를 떠올려 이미지화했다).

■ 표현 재료

- 색연필, 자, 도화지

⑦ 미국 학교 8학년 미술수업에서

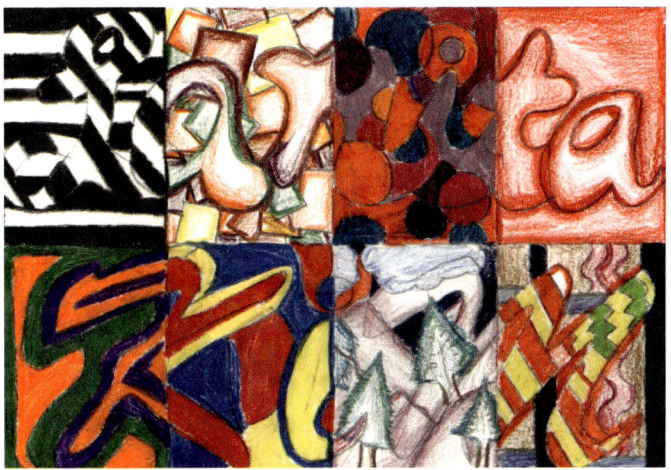

자신의 이름으로 디자인하고 색채인식—KJY(미국 중학교, 8학년), 2010

■ 지도 방법

　– 제공된 도화지에 교사가 제시한대로 8개의 면으로 똑같이 분할한다.

　– 자신의 이름을 8개의 면에 자연스럽게 이미지화하여 스케치한다.

　– 교사가 제시한 방법대로 각각 8개의 화면을 구성하고 채색한다.

　1. 직선적인 선으로 면분함하고 흑백대비 효과루 채색한다.

　2. 이름 외의 배경을 네모들로 구성하고 가을 분위기로 채색한다.

　3. 동그라미로 화면을 디자인하여 빛의 3원색(빨, 초, 파)의 혼색으로 채색하기

　4. 한 가지 색으로 명암효과 살리며 채색하기

　5. 빛의 3원색으로 채색하기

　6. 색의 3원색(빨, 노, 파)으로 채색하기

　7. 풍경적으로 이미화하고 채색하기

8. 5개의 선으로 디자인하고 채색한다(JY는 직선, 곡선, 사선, 지그재그선, 수직선을 설정했다).

■ 표현 재료
– 색연필, 자, 도화지

제대로 보고 느끼고 생각하며 아이들의 아름다운 눈을 높여라

# 마무리하면서

지금까지 아이들의 순수한 내적 세계와 창의적인 자기표현 향상을 위한 미술교육 방법으로 시지각적 사고와 미적 인식 훈련의 이론적 이해와 실제적 접근방법, 그리고 수업시간에 행해진 아이들의 참고작품과 미적 인식 훈련 전후의 참고작품, 훈련 후에 아이들이 학교 미술시간이나 기타 수업활동에서 보이는 미적 표현을 가늠하고자 참고작품을 제시하며 이해를 돕고자 했다.

아이들의 미술표현수준에 있어서 미적평가를 할 수 없다는 고정관념은 아이들에게 잠재적인 예술 창의적 자기표현을 기대하기보다 아이들의 성장표현 발달단계에서 보이는 미술표현에 대한 일반적인 미술교육학자의 분석과 통계 평가에 의한 관념의 영향 때문이라고 본다.

아이들에게 있어서 미술의 내적이고 창의석인 표현은 새로운 주제나 표현방법을 제시하고 적당하게 볼 수 있는 만큼, 또는 아는 만큼 적당한 수준표현으로 얻어지는 게 아니다. 자발적인 자기표현이 중요하다는 이유로 아이들의 세계를 표현하라며 그저 방치하거나 표현의 기술을 신장시키기 위해 억지로 떠먹여서 얻어지는 것도 아니다. 잠자고 있는 아이들의 내면을 자극하지 않으면, 아이들은 자신이 볼 수 있는 만큼, 아는 만큼만 제자리에서 적당하게 느끼고 생각하며 표현하고 만다. 이러한 자극은 수업 중 발상단계에서 동기유발을 제공하는 것만을 의미하는 게 아니다.

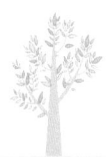

'인식적 훈련'이란 잠자고 있는 아이들의 내면을 살짝 건드려 깨우는 교육방법이다. 교육은 아이들로 하여금 새로운 세계를 알아 가도록 내면을 자극하여 스스로 깨우쳐 가는 훈련이다. '미적 인식 훈련'은 스치기 쉬운 아주 작은 하찮은 사물이나 현상이라도 아름답게 볼 수 있는 눈이며, 본질적인 아름다움을 찾아내어 자기의 내면에서 오가는 느낌과 생각을 놓치지 않고 그림으로 이미지화하며, 글로 의미화하고 내면화하면서 미술수업시간 내내 고도의 좌·우뇌의 사고활동을 필요로 하는 사고훈련이며 자신과 세상과 소통하는 시간이다.

모든 교과에서 응용하고 표현하는 시지각적 사고와 표현을 돕는 데 있어 미술은 가장 중요한 본질적인 도구교과임에도 불구하고 종래의 느낌의 정서표현 교육이라는 편협적인 생각 때문에 우뇌적 표현교과로만 무시되어 왔다. 21세기의 모든 지식과 산업, 문화는 디자인과 시지각적 예술을 지향하고 표방하고 미학적 관점을 반영한다. 이러한 다변화하고 있는 시각적 문화현상과 필연성에도 불구하고 아이들의 그림은 40년 전의 내 초등학생 시절의 그림표현 수준에서 크게 벗어나지 못하는 이유는 무엇인가. 한마디로 제대로 봐야 하는 시지각적 사고와 미적 인식의 본질적인 미술교육의 기회와 경험 없이 무의미한 교육을 받아 왔기 때문이다.

많은 학자들은 그간 미술교육의 중요성은 언급했으나 아이들에게 실제적으로 그것을 전달할 수 있는 기회가 적었고, 일반 교사는 교과 과정의 진도에 따라 진부한 기법과 수업

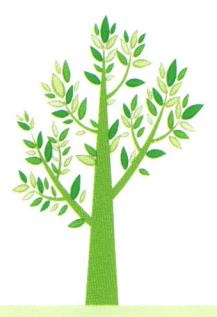

내용만 전달하느라 아이들의 깊은 내면의 본질적인 아름다움을 향한 미적 세계는 열어 주지 못했다.

자극받지 못한 아이들의 미술표현은 주위환경과 교육적 영향에 물려받은 교과서 삽화, 친구들의 그림, 만화, 게임, 시청각 매체나 광고로부터 그리기 쉬운 모방표현을 반영한다. 게다가 나의 존재의식과 내면에 충실한 주관적 표현의 이미지가 아니라, 타의에 종속되어 보편적인 아이들의 미술표현 기술 수준과 여전히 대물림받고 있는 교사의 미적 기준에 눈을 맞추고 순수함과 기발함도 독특함도 없는 맹숭맹숭한 표현으로 끝내는 경우가 많다.

학교가 만들어 낸 네모 틀, 반듯하고 정형화된 그림, 주제가 크게 강조되고 확대된 그림, 화면에 꽉 찬 그림, 빈틈없이 완벽하게 페인트칠하듯 곱게 색칠한 그림, 수평적인 구도, 정적이고, 무표정하고 늘 같은 방향, 같은 동작을 보이고 있는 인물표현, 늘 같은 소재와 매번 그려도 변함없는 고정적 시각의 사물들, 나란히 질서를 강조하고, 아이들 표현에 개입하지 않는 교사의 방관적인 수업, 미적 평가 없이 전시와 점수평가로 끝내고 마는 수업, 교사의 아동화에 대한 틀에 박힌 주관적 시각과 정해진 수업시간에 쫓겨 아이들은 나만의 내면세계를 들여다볼 여유가 없다. 이것이 우리 미술교육의 현실이다.

미술은 시지각적 사고예술로서 모든 사연과 사물 현상으로부터 나를 제대로 들여다보고, 아름답게 느끼고 생각하는 미적 인식의 과정을 통해 추출된 본질과 상징, 추상의 이미지를 시각적으로 재표현하는 미적 표현활동이다. 이 미술교육 방법은 사실 15세기 천재 미술가들,

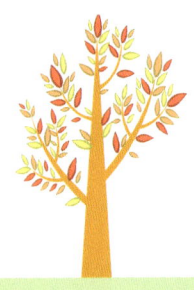

레오나르도 다빈치나 미켈란젤로 등이 사용했던 시지각화 방법과 크게 다를 바 없다. 아니 더 근본적으로 거슬러 올라가 원시미술에 드러난 그림처럼 보는 것과 아는 것을 그릴 수 있고, 상징화하거나 추상화, 왜곡, 변형할 수 있었던 원시 미술가들의 표현을 통해, 누구나 제대로 볼 수 있는 '마음의 눈'을 가지고 있다면 그렇게 본질적인 이미지를 여러 방법으로 쉽게 표출할 수 있는지 모른다. 그 본질적인 순수한 자연스러운 이미지를 현대 화가들은 원시인들과 고대미술, 아프리카 미술, 심지어 가장 순수한 동심의 표현에서 찾으며 자신들의 창조적 작품에 응용해 왔다.

어쩌면 우리는 지금까지 보아 온 완벽하게 잘 그린 사실주의적인 예술품으로부터 느껴 온 압도적인 강박감 때문에 편안하게 나를 표현할 수 있는 개방적인 사고와 표현을 잃어버렸는지도 모른다. 그렇게 교육을 아니게 모르게 받아 온 게 사실이다. 너무나 많은 교육적 영향과 제약 때문에 우리는 단순한 본질과 순수한 내적 세계를 어떻게 아름답게 드러내야 할지 모른다. 교육은 마치 나만의 독특한 미적 표현보다는 어느 정도의 표현기술과 수준을 요구하는 것처럼 우리를 억압한다. 그러나 자유로운 생각만으로는 예술적 체험을 할 수 없다. 아름다움에 대한 미적 인식이 병행되지 않으면 반짝 아이디어와 놀이나 낙서 수준의 자유표현으로 그치고 만다. 자유로운 생각도 순간 몰입에 의한 통제를 통해서 좋은 결과를 얻는다. 자발적으로 몰입할 수 있을 때까지 적당한 시간과 공간의 통제, 감정을 다스릴 스트레스 조절훈련이 필요한 이유다.

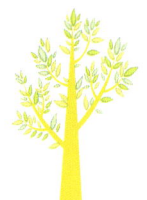

　실제로 그림 그리기를 두려워하던 5살 아이조차도 마음을 여는 어느 순간, 가장 원초적인 원시미술가와 같은 본질적인 상징과 추상적인 표현의 상상력이 표출되지 않았던가. 억압된 마음을 열어 준 순간에 아이는 '마음의 눈'을 열고 순식간에 특별한 자기만의 그림을 그릴 수 있었던 것이다. 부모의 간섭하에 책을 많이 읽거나, 글쓰기를 일찍 강요받아 온 아이는 그림 그릴 때, 잘 그려야 하는 부담감 때문에 마음의 문을 열지 못해서 소심한 표현으로 끄적거리곤 한다. 너무 모르는 아이는 몰라서 못 그린다. 시지각에 일찍 눈을 뜬 미술에 재능이 있는 아이도 미적 인식 훈련이 되어 있지 않으면 늘 잘 그리는 그림만 반복해서 그린다.

　그러나 제대로 보고 느끼고 생각하는 시지각적 사고와 미적 인식 훈련에 익숙한 아이들은 사실적이 표현이든, 추상적인 표현이든 그 어느 것에도 두려움을 갖지 않는다. 나아가 자기만의 내적 사고와 창의적 사고표현을 지향하면서 자발적으로 예술 창의적인 자기표현으로 발전시켜 나간다. 무엇보다 남에 이끌려가는 게 아니라, 자신의 몰입 세계에 빠져듦으로 인해 심연의 철학적 세계를 경험하며 깊이 있는 앎을 얻고 표출하게 된다. 따라서 자존감과 자긍심을 갖는 아이들로 성장하며 미술을 통한 지적 경험으로 인해 사고력이 높아지고, 논리적이고도 유연한 정서의 조화로 긍정적인 인격으로 성숙해 간다. 나아가 통합적 미술표현을 통한 지적 사고의 향상은 아이들의 학습력을 향상시키고 또래 집단에서 두드러진 존재가 되곤 한다.

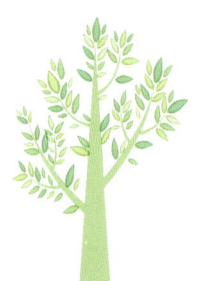

점, 선, 면의 칸딘스키 이론의 간단한 이해로부터 자연스럽게 자기표현 방법을 익혀 나가 예술적 표현으로 승화시켜 나가도록 안내해야 한다. 초등학교 때 너무 논리적인 이론 이해는 오히려 아이들의 개방적인 지적, 정서적 사고를 닫게 할 수 있다. 아이들은 그러한 어려운 조형개념 원리에 대해 정확한 개념이해는 못 하지만, 감각적으로 그리면서 이해하고 미술의 조형적 개념과 예술적 개념을 배운다.

아이들의 순수하고 자발적인 동심의 세계를 유지하면서 예술 창의적인 자기표현으로 이끌어 내기 위해선 무엇보다 교사의 시지각적 사고와 미적 인식에 대한 열린 시각이 필요하다. 모르면 가르칠 수 없고 아는 만큼만 가르치게 되어 있다. 교육의 대물림이란 그런 것이 아니던가. 알고자 하는 생각이 없으면 우리가 아는 대로 가르칠 수 밖에 없다. 아동미술교육에 관심이 있고 열린 시각을 갖고 있으며, 배운 경험이 있는 교사라면 자기 주도적인 창의적 미술수업을 시도할 것이다. 교사연수회에서 배운 지도 방법을 그저 아이들에게 전수하는 정도가 아니라, 자기만의 창의적인 시지각적 사고와 미적 인식 훈련의 프로그램으로 미술과 수업에 적용하고 응용하며 아이들을 가르친다면 교사들은 아이들의 수준 높은 작품을 통해서 가르치는 보람을 느끼게 될 것이다. 교육은 경험과 놀이에 그치는 게 아니라, 어느 것에든 직·간접적인 가르침을 통해 앎을 깨우치고 새로운 지식을 전달하는 일이다.

이 책은 정확하게 실기지도만을 제시하는 지도서가 아니다. 미술을 아이들에게 어떻게,

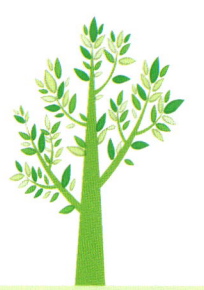

왜 가르쳐야 하는 관점을 건네고 싶은 책이다. 뒤늦게 깨우친 교육 경험과 시각으로 미술교육의 중요성을 얘기하고 싶은 책이다. 여기에 제시된 아이들 작품에 대한 지도 방법은 간략하게 제시하였다. 어떻게 가르치느냐는 교사와 학부모의 미적 주관에 따라 응용하고 자기수업 방법으로 바꾸어 의미 있고 재밌는 수업으로 이끌어 가면 된다. 가장 중요한 것은 아이들이 자신들의 세계로 깊이 빠져들도록 몰입의 기회를 제공하면서 조용히 느끼고 생각할 수 있는 실마리를 던져 창의적인 사고와 표현으로 끄집어내어 주는 일이다. 학생 수가 많건 적건, 아이들이 완전히 몰입하면 각자마다 의미 있는 좋은 작품이 나온다. 무엇보다 교사와 학부모는 아이들과 교감하고 동화되어야 한다. 특히 교사가 아이들과 동떨어져 있으면 아이들은 절대 집중하지 않는다. 아이들은 배울 때 엄마가 간섭하는 걸 싫어하는 경향이 많지만, 교사에 대한 기대와 반응은 특별하다. 아이들은 각자 다수의 아이들 틈에서 교사의 시선받기를 원한다. 아이들은 관심받고 사랑받고 있음을 느낄 때, 일체감을 느끼며 마음의 문을 연다. 교사는 아이들과 동화하면서 같이 느끼고 생각하며 이들 하나하나에 눈을 맞춰 주어야 한다. 별 거 없다. 아이들의 독특한 선 긋기 하나에도 관심을 보이며 미적으로 유도하면 된다. 교사가 수준 높은 척하면 아이들도 수준 높은 척한다. 그리고 정말 사발석으로 수순 높은 표현을 찾아간다.

엄마들은 한 발짝 물러나서 터치해야 한다. 아이들은 가르치는 선생님과 보호자인 엄마를 구분한다. 교실 밖에서 아이들을 가르치는 동안, 엄마들의 터치가 심할수록 아이들은

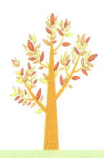

잠재능력을 스스로 가두어 버리는 경우를 많이 보아 왔다. 교육활동에서 적극적으로 가르쳐야 할 사람은 교육자이고 부모는 아이의 요구를 채워 주고 돌보아 주고 그들의 길을 안내해 주는 역할을 해야 한다. 집에서 억압하고 정작 학교에서 방치하면 교육은 역행할 수밖에 없다. 교실 밖을 오가면서 아이들이 엄청난 스트레스에 억눌려 생활하고 있음을 보아 왔다. 그 억눌림을 내적인 미술로 풀어낼 기회를 얻었을 때, 아이들은 너무나 행복해했다. 학교에서 잠깐의 미술시간이나 음악시간, 무용시간에 자신이 보고 느끼고 생각한 시지각적 사고, 경험을 통한 미적 체험을 통해 잠재되고 억눌린 내면의 예술적 사고를 원 없이 표출할 수 있는 기회를 가져야 한다고 본다.

아무쪼록 그동안 교육현장의 안팎에서 아이들을 가르치고 두 아이를 키우면서 바라본 교사와 학부모의 시각에서 마음을 기울인 이 글이 교사와 학부모들의 미술교육에 대한 시각이 변화되고, 생각을 열어 주는 데 한 몫이 되기를 기대해 본다. 나아가 아이들이 미술을 통해서 참다운 자아를 발견하고 꼬마 철학가와 꼬마 예술가로서의 경험에 푹 빠져 형이상학적이고 차원 높은 미술수업의 또 다른 즐거움을 얻길 기대해 본다. 더불어 이러한 본질적인 시지각적 사고를 통한 미적 인식 훈련이 문학과 음악, 무용 등의 예술적 표현과목에서도 자연스럽게 예술의 창의적 자기표현을 끌어내는 데 도움이 되리라 기대한다.

# 감사의 글

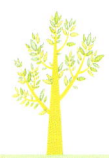

이 책을 출간하기까지 꽤나 긴 시간을 투자했습니다. 우뇌적 성향이 강한 평범한 주부인 제가 감성적인 제 오른쪽 뇌를 다스리며 어려운 이론을 독자들에게 쉽게 풀어내는 일이 가장 어렵고 힘들었습니다. 그래도 아이들을 키우고 가르치면서 얻어낸 과정과 결과를 비추다보니 오래전에 혼란스러웠던 이론적 배경이 제 것으로 소화되는 듯했습니다. 여전히 부족하지만 이쯤에서 출간하기로 했습니다.

돌아보니 이 모든 것이 저 혼자서 얻어낸 것이 아니라는 생각이 듭니다. 이 책을 펴내기까지 생각을 열 수 있었던 여러 가지 계기와 기회가 있었고, 좋은 교육 환경과 좋은 아이들, 좋은 엄마들과 친구가 옆에 있었으며, 저를 위해 조용히 기도해 주시는 분들도 계셨습니다. 이 모든 분들께 신심으로 감사를 드립니다.

특히 교대 시절, 특별한 관심으로 뒤늦게 미술에 대한 자아를 열어주신 당시 미술교육과 교수님이셨던 서양화가, 강일진 선생님, 한국교원대학교 대학원에서 공부할 수 있는 천운의 기회를 놓치지 않도록 붙들어주신 OOO 님, 대학원 공부에 한눈 파느라 학교 일에 소홀한 저를 눈감아 주시고 뒤에서 힘을 실어주셨던 전 광양제철남초등학교 조경호 교장님, 이 책이 출간되도록 도움을 준 한국학술정보(주)와 마지막 선택의 순간을 터치해 주신 N 대학교 김준연 교수님, 이 분들에게 소중한 감사의 말씀을 전하고 싶습니다.

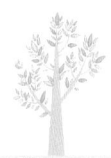

그리고 이 책을 쓰는 동안, 미국에서 간혹 저 없는 빈 자리에 서 있는 아이들을 지켜 주시고 이 책이 유용하게 쓰임 받기를 소망해 주시며 부모님처럼 저희 가족을 20년 가까이 사랑으로 지켜주신 Dr. Richard & Leanna Wright 목사님 내외분. 그리고 저를 이해하며 사랑의 손길을 건네준 Karen King과 Eleanor & Jim Green family와 같은 친구들이 있었기에 이 책을 완성할 수 있었습니다. 이 분들의 수고에 깊은 감사를 전합니다.

또한 집필하는 동안 컴퓨터 조작에 서툰 엄마를 위해 뒤에서 늘 수고해 준 두 아이들, 지연이와 태근이, 남편의 냉철한 쓴소리도 큰 힘이 되었습니다.

무엇보다 이 책을 쓰기까지 생각의 바탕이 되어 준 제자들에게 진심으로 고마움을 전합니다.

이 모든 건 많은 분의 관심과 배려, 사랑의 힘 덕분에 가능했습니다.

다년간 책 쓰는 일에 몰두하면서 가르침과 사랑의 미학을 배웠고 아이들과 같이 배우면서 교육에 대한 관심과 생각도 뒤늦게 자랐음을 고백합니다.

# 참고문헌

권상구(2001), 아동미술교육, 서울: 미진사

김영학(1989), 미술교육, 서울: 대완도서

김선현(2007), 미술치료의 실제: 만다라, 서울: 미진사

김정(1993), 세계의 미술교육, 서울: 예경

김재은(1991), 그림에 의한 심리진단, 서울: 교육과학사

＿＿＿＿(1991), 천재 그 창조성의 비밀, 서울: 교보문고

김춘일(1984), 미술교육론, 서울: 홍익사

＿＿＿＿(1988), 미술과 교육론, 서울: 갑을출판사

＿＿＿＿(1985), 아동미술론, 서울: 미진사

길버트 클락 · 에니드 짐머먼, 미술영재교육(이론과 실제), 홍소영 역, 서울:
　　　미진사

마르셀 마르나(1987), 파울 클레, 황의방 역, 서울: 열하당

마이클 J. 셀브, 레오나르도처럼 생각하기(2003), 공경희 역, 서울: 대산출판사

위니프레드 갤러거(2010), 몰입, 생각의 재발견, 이한이 역, 서울: 오늘의 책

박현일 · 조홍중, 아동미술인명사전(2010), 파주: 한국학술정보(주)

이영희(2009), 시각적 사고력 향상을 위한 디자인 놀이, 서울: 이화여자대학교출판부

이초식 감수(1988), 어린이를 위한 철학교육, 서울교육대학교 철학연구회
　　　역, 서울: 서광사

임영방(1990), 미술의 길, 서울: 지학사

＿＿＿＿(1990), 현대미술의 이해, 서울: 서울대학교 출판부

임정기 · 이성도, 김황기(2006), 미술교육의 이해와 방법, 서울: 예경

정범모(1969), 교육과 과학, 서울: 배영사

정여주(2001), 만다라와 미술치료, 서울: 학지사

정혜린(2008), 추사 김정희의 예술론, 성남: 신구문화사

진중권(2005), 놀이와 예술 그리고 상상력, 서울: 휴머니스트

_____(2003~2004), 미학 오디세이 1, 2, 3, 서울: 휴머니스트

김춘일(1987), 미술교육의 현상학적 접근, 박사학위 논문, 동국대학교 대학원

이영주(1991), 어린이 미술교육과 현대미술의 연계성에 관한 비교연구, 석사학위 논문, 서울대학교 대학원

임명숙(1993), 인식적 훈련을 통한 아동의 내적 표현 개발에 관한 연구 – 선그림 표현을 중심으로, 석사학위 논문, 한국교원대학교 대학원

마이클 J. 겔브(2003), 레오나르도 다빈치처럼 생각하기, 공경희, 서울: 대산출판사

박용운(1990), Paul Klee회화에서 기호화된 이미지의 상징적 분석, 조형교육 연구

백경원(1987), 창조성 교육의 표현학습에 관한 연구 〈미술을 중심으로〉, 동의공업전문대학

子安美知子(1988), 슈타이너 학교의 음악교육, 최시원 역, 서울: 세광음악출판사

커트 행크스 · 래리 벨리스톤(1987), 발상과 표현기법, 서울: 월간 디자인 출판부

Betti C & Sale T(1987), 현대 드로잉 기법, 하영식 역, 서울: 미진사

Brent Wilson, Al Hurwitz & Marjorie Wilon(2007), 명화로 배우는 드로잉, 김창식 역, 서울: 미진사

Charles Chadwick(1984), 상징주의, 박희진 역, 서울: 서울대학교 출판부

Dewey. J.(1990), 예술론, 윤형재 역, 서울: 희성출판사

Edwards Betty(1991), 눈으로 보고 눈으로 그리기, 강은엽 역, 서울: 미완

_____(1986), 오른쪽 두뇌로 그림 그리기, 강은엽 역, 서울: 미완

E. H. 곰브리치(1994), 서양미술사, 백승길, 서울: 예경

E. P. Cohen, & R. S. Gainer(1992), 아동미술교육의 실제, 서울대 미술교육연구회 역, 서우: 미진사

Herbert Read(1991), 예술의 의미, 박용숙 역, 서울: 문예출판사

Jaffe A.(1989), 미술과 상징, 이희숙 역, 서울: 열화당

Johannes Itten(1991), 색채의 예술, 김수석 역, 서울: 지구문화사

John A.Walker(1991), 대중매체시대의 예술, 정진국 역, 서울: 열화당

Constance Naubert, by Riser Gualtieri Di San Lazzaro, Klee/The masters of works, London: Bracken Books

Linstrom M(1990), 아동미술의 세계

Mattew Lipman, Ann Magaret Sharp, Fredick S. Oscayann(1988), 어린이를 위한 철학교육, 서울교육대학교 철학연구회 역, 서울: 서광사

Osborn A. F.(1984), 창의력 개발을 위한 교육, 신세호 역, 서울: 교육과학사

Rene Huygh(1989), 예술과 영혼, 김화영 역, 시울: 열화당

Rudolf Arnheime(1988), 예술 심리학, 김재은 역, 서울: 이화여자대학교 출판부

_____(1989), 미술과 시지각, 김춘일 역, 서울: 기린원

Susanne K. Langer(1990), 예술이란 무엇인가, 이승훈 역, 서울: 기린원

W. Kandinsky(1988), 예술에 있어서의 정신적인 것에 대하여, 최영필 역, 서울: 열화당

_____(1990), 점, 선, 면, 차봉희 역, 서울: 열화당

W. V. O. Quine & J. S. Ullian, 인식론, 정대현 역, 서울: 종로서적

Editted by Frank M. Farley & Ronald W. Neperud(1988), The Foundation of Aesthedtics, Art & Art Education, N.Y.: Praeger Publishers

Rueschhoff, P. Teaching Art in the Elementary School—Enhanching Visual Perception, N.Y.: The Ronald Press Co.

Stephen Mark Dobbs Editor(1988), Reaserch Reading for Discipline—Based Art Education: AJourney Beyond Creating, N.A. E.A

임명숙


1985년 광주교육대학교, 초등국어교육 전공
1993년 한국교원대학교 대학원, 초등미술교육 전공
2004년 숙명여자대학교 평생교육원, 영재지도사 취득
현) 한국미술교육학회 회원


1985~1993년 공ㆍ사립초등학교 교사로 7년 활동
1999~2006년 시지각적 사고와 미적 인식 훈련, 내적 표현 교육을 향한
　　프로그램을 개발하며 방과 후 특기적성교실 참여 및 교실 안팎에서
　　연구ㆍ활동함
2006년~ 집필에 몰두


평범한 두 아이의 엄마와 아동미술교육자로서
예리한 자연관찰의 여류화가이자 자녀교육가인 신사임당,
학예일치의 대가-추사 김정희,
다중지능의 천재-레오나르도 다빈치,
종합예술인-파울 클레와 같은 눈과 마음, 생각으로
지성적인 예술과 엘리트 교육으로 아이들을 높이고 싶어 한다.


초등학교 시기의 미적인 눈높이는 삶의 질과 자기철학, 자기직업에 있어서
창의성을 가늠한다는 견해를 갖고있다. 그림을 통해서 아이들의 성향과
개성, 재능을 발견하고 키워주어야 한다고 말한다. 또한 예술교육에서
내적표현의 발산은 예술치료 이전의 근본적인 예방책 임을 강조한다.

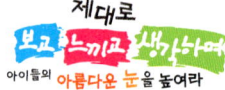

제대로
보고 느끼고 생각하며
아이들의 **아름다운 눈**을 높여라

초판인쇄 | 2011년 7월 30일
초판발행 | 2011년 7월 30일

지 은 이 | 임명숙
펴 낸 이 | 채종준
펴 낸 곳 | 한국학술정보(주)
주    소 | 경기도 파주시 교하읍 문발리 파주출판문화정보산업단지 513-5
전    화 | 031) 908-3181(대표)
팩    스 | 031) 908-3189
홈페이지 | http://ebook.kstudy.com
E-mail | 출판사업부  publish@kstudy.com
등    록 | 제일산-115호(2000. 6. 19)

ISBN        978-89-268-2468-9 13370 (Paper Book)
            978-89-268-2469-6 18370 (e-Book)

이담
Books 는 한국학술정보(주)의 지식실용서 브랜드입니다.